教育战略国际比较研究丛书

让天赋更好服务人类发展

—— 拔尖创新人才早期培养的国际经验

白学军 王永丽 张兴利 等 / 著

中国教育出版传媒集团
人民教育出版社
·北京·

责任编辑：张镕涵
装帧设计：陆　畅
责任校对：李嘉楠
责任印制：师　涛

图书在版编目（CIP）数据

让天赋更好服务人类发展 ： 拔尖创新人才早期培养的国际经验 / 白学军等著. -- 北京 ： 人民教育出版社，2024. 9. -- ISBN 978-7-107-38878-1

Ⅰ. C964.2

中国国家版本馆CIP数据核字第2024GW5825号

让天赋更好服务人类发展——拔尖创新人才早期培养的国际经验

出版发行　人民教育出版社
（北京市海淀区中关村南大街17号院1号楼　邮编：100081）
网　　址　http://www.pep.com.cn
经　　销　全国新华书店
印　　刷　北京盛通印刷股份有限公司
版　　次　2024年9月第1版
印　　次　2024年10月第1次印刷
开　　本　787毫米×1 092毫米　1/16
印　　张　22
字　　数　282千字
定　　价　68.00元

教育战略国际比较研究丛书编委会

总　序

20世纪80年代初，教育部成立情报资料室，专门从事国内外教育情报资料搜集、翻译、整理和研究工作。1986年，情报资料室更名为情报研究室。1990年，情报研究室并入教育管理信息中心。自此，收集、处理、分析国内外有关教育管理信息，为教育宏观管理和科学决策服务，为各级教育行政部门的管理工作服务，成为教育部教育管理信息中心的重要工作职责。

新时代以来，党中央、国务院做出加快建设教育强国的决策部署，国外教育研究事业肩负新职责新使命。教育部教育管理信息中心坚持围绕中心、服务大局，找准定位、开拓创新，明确国外教育研究新定位，将加强国外教育研究、服务教育强国建设作为攻坚方向，积极以数字化赋能国外教育研究，逐步形成全方位、多层次、立体化的国外教育研究体系。

教育部教育管理信息中心发挥自身技术优势，开发上线国外教育信息平台。基于决策需求导向，分国别、专题、语种，持续汇集和丰富国外教育最新战略、法律、案例等基础信息和数据资源，为国外教育研究提供支撑，建成国外教育综合性信息资源库。目前，国外教育信息平台累计汇集数据36万条、65亿字，覆盖20多个语种，涉及194个国家和32个国际组织，实现“一网看遍世界教育”。

教育部教育管理信息中心与高等院校、科研院所深度合作，汇聚研究力量，动员百校千人开展协同攻关，开展有组织科研，形成国外教育政策研究集群。累计完成动向研究报告 300 余篇、200 万字，涵盖战略规划、拔尖创新人才培养、学制改革、心理健康教育、国际教育、工程教育、数字教育、人工智能、校园欺凌预防与治理等各国教育共同关心的主题 20 多个。

为更好发挥系列研究成果的实用价值，促进信息交流与共享，教育部教育管理信息中心组织策划出版教育战略国际比较研究丛书，内容涉及主要国家教育发展战略规划、国外教育政策分析、拔尖创新人才早期培养、基础教育学制改革、心理健康教育、高中教育发展、数字教育等多个主题，服务管理决策和战略咨询，助力教育强国建设深入推进。

感谢课题组各位专家学者的辛勤付出。我们将继续加强合作，坚持学术追求与社会责任相统一，坚持正确方向，紧跟时代步伐，持续追踪、深入分析与研究国外教育动向。本套丛书难免有不足之处，敬请广大读者批评指正。

教育部教育管理信息中心
2024 年 7 月

序　言

心理学研究发现，创新人才或创造性人才成长涉及早期、中期、后期等全过程。其中，创新人才早期培养特别是天才儿童教育，是着力造就创新人才甚至拔尖创新人才的基础工程。从国际上来看，创新和创造力的研究是竞争的需要。随着国际竞争的日益加剧，创新人才培养由高等教育前置到基础教育阶段，成为许多国家教育发展的战略选择。天才儿童发展规律和教育方法是各国高度关注的课题。

党的二十大报告强调“着力造就拔尖创新人才”。2023 年 5 月 29 日，习近平总书记在中共中央政治局第五次集体学习时，进一步强调“加强拔尖创新人才自主培养”。因此，我们加强新时代天才儿童的发现、培养和教育，对加快建设教育强国、科技强国和人才强国，更好支撑社会主义现代化强国建设，具有十分重要的现实意义。

天才儿童作为创新人才的重要后备军，其发现、选拔和科学培养是事关我国长远发展的大计。中国科学院心理研究所的科学家对超常儿童即天才儿童已经研究了 40 多年。关于天才儿童的概念，尽管有着不同的说法，例如超常儿童、英才儿童、高天资儿童、资优儿童等，但都是指跟同龄人相比，智力、创造力明显超常出众，或有某方面特殊才能的儿童。天才儿童概念的发展体现了从单维智力到多维才能的变化，以及从静态到动态的变化。中华传统文化肯定天才儿童的存在。孔子在《论语·阳货》中指出了人类“上智”“中人”“下愚”的不同智能水平，天才儿童属于“上智”

之列。当然，并非每个天才儿童都能成长为创新人才，但是研究天才儿童，是挖掘我国创新人才甚至拔尖创新人才的一项基础工作，是落实“启智润心、因材施教的育人智慧”教育家精神的一项重要措施。因材施教与有教无类，即重视有特殊需要儿童的培养与满足全民受教育权两者并不矛盾，都是实现教育公平的需要。换言之，天才儿童与弱势群体一样，同样需要特殊教育，要采用差异化的方法因势利导，确保其得到充分发展。

教育部教育管理信息中心本着这种精神，积极开展相关科研工作，组织全国高校和科研院所知名专家学者，系统总结其他国家发现、选拔、培养和造就拔尖创新人才的经验，邀请白学军、王永丽、张兴利等著《让天赋更好服务人类发展——拔尖创新人才早期培养的国际经验》一书，由人民教育出版社出版。这是国内第一本从国家教育管理决策角度系统研究拔尖创新人才培养国际经验的专业书籍，对于建设教育强国、人才强国，特别是中小学开展创新教育可以起到科普以及统一观念的作用。

一本为新时代我国拔尖创新人才培养提供参考的科普著作，它的出版发行难免会在读者群中引发讨论。我恳切希望大家在阅读过程中结合我国国情批判地吸收一些值得借鉴的内容，也欢迎读者朋友本着“百花齐放、百家争鸣”的方针与作者深入讨论。

林崇德

2024 年 7 月于北京师范大学

前　言

习近平总书记在党的二十大报告中强调“着力造就拔尖创新人才”，为新时代拔尖创新人才培养指明了方向。拔尖创新人才培养涉及早期、中期、后期三个阶段，其中，拔尖创新人才早期培养特别是天才儿童教育，是着力造就拔尖创新人才的基础工程。天才儿童是我国拔尖创新人才的重要来源和国家战略性人力稀缺资源，加强新时代天才儿童教育，对加快建设教育强国、科技强国和人才强国，更好支撑社会主义现代化强国建设，具有重要意义。

关于天才儿童的概念，不同国家有不同说法，如超常儿童、英才儿童、高天资儿童、资优儿童等，一般是指跟同龄人相比，智力、创造力明显超常出众，或有某方面特殊才能的儿童。天才儿童概念的发展经历了从单维智力到多维才能的变化，以及从静态到动态的变化过程。

在我国，“拔尖创新人才”的提法最早出现在党的十六大报告中，具体是指在各个领域（特别是科学、技术和管理领域）为科技事业和社会发展做出突出贡献的成年个体。对比拔尖创新人才和天才儿童的概念可看出，两者都强调在某个或多个领域内的高能力发展和创新，具有能力多元化特征。但究其本质，拔尖创新人才是在某领域有所成就并做出卓越贡献的人，是个体高质量发展的结果，而天才儿童是在某些领域内具有超出同龄人能力的儿童，是处在动态发展中的个体。

天才儿童是我国拔尖创新人才的重要来源，重视天才儿童教育体现了满足全民受教育权以及实现教育公平和包容的需要。换言之，天才儿童需要特殊教育，需要采用差异化的方法来确保其充分发展。随着国际竞争的日益加剧，拔尖创新人才培养由高等教育前置到基础教育阶段，成为许多国家教育发展的战略选择。天才儿童作为拔尖创新人才的重要后备军，其发现、选拔和科学培养事关国家长远发展大计。

自2021年下半年以来，教育部教育管理信息中心秉承原教育部情报研究室传统，围绕中心、服务大局、主动作为，以数字化赋能国外教育研究，探索建立了国外教育研究体系，有效服务教育强国建设。2022年9月，教育管理信息中心设立研究课题——“拔尖创新人才培养国际比较研究及其数据库建设”，联合中国科学院心理研究所、天津师范大学、华南师范大学、福建师范大学，共同开展拔尖创新人才早期培养暨天才儿童教育的国际比较研究。本书就是课题组研究的学术成果。书中系统梳理了俄罗斯、德国、英国、法国、芬兰、美国、加拿大、巴西、墨西哥、韩国、日本、以色列、沙特阿拉伯、印度、新加坡、印度尼西亚、马来西亚、澳大利亚、南非等19个国家天才儿童教育推进的历史脉络，天才儿童的选拔标准及程序，天才儿童的培养体系、支撑体系、管理体系以及评价体系等，从整体上概括总结了拔尖创新人才早期培养的国际经验。本书作者包括：白学军、王永丽、张兴利、刘羽、郭秀丽、刘颖、卢柳柳、吕佳、单一鸣、韩洋、谢岩枫、冯萌萌、程埗渌（第一、二、三、四、五、六、七、八、十二、十六、十九章），李志甜、马早明（第九章），曾佳、常甜、马早明（第十章），许燕蔺、马早明、夏雪景（第十一章），陈雄飞、王永丽、曾文婕（第十三章），尹梓昂、常甜、马早明（第十四章），姚慧杰、吴佳妮（第十五章），易朝红、马早明（第十七章），尹雅丽、叶姿伶、钟莹、黄平宾、马早明（第十八章），夏雪景、马早明（第二十章）。

本书第一章中对“天才”和“天才儿童”已进行了详细的区分。“天才”是指在某一领域或多个领域具有出众才能，并在某领域中表现出非凡成就的个体；“天才儿童”则是指未满18岁的群体，在学习或其他方面展现出超越同龄人的能力，他们仍处于动态发展阶段。针对天才儿童及天才儿童教育，因为不同国家教育背景及其教育理念的不同，因此各国对其的命名有所差异，但教育目的殊途同归。为了避免混乱，在正文中统一采用“天才儿童”和“天才儿童教育”的表述。

《让天赋更好服务人类发展——拔尖创新人才早期培养的国际经验》一书是国内第一本从国家管理决策角度系统研究拔尖创新人才早期培养国际经验的专业著作，对于我国建设教育强国、人才强国，可以起到一定的科普以及统一观念的作用，有助于教育工作者以及家长保持对天才儿童培养科学、客观的态度，促进儿童健康成长。

白学军　王永丽　张兴利

2024年6月

目 录

第一章
拔尖创新人才早期培养的国际经验

习近平总书记在党的二十大报告中强调要“着力造就拔尖创新人才”，为新时代拔尖创新人才培养指明了方向。拔尖创新人才培养涉及早期、中期、后期三个阶段。拔尖创新人才早期培养是着力造就拔尖创新人才的基础工程。天才儿童是拔尖创新人才的重要来源和后备力量，大力发展天才儿童教育对拔尖创新人才的培养非常关键。[1]

一、概念解析

（一）我国对“拔尖创新人才”的界定

“拔尖创新人才”（tip-top innovative talent，top-notch innovative talent，top innovative talent，top talent）最早出现在党的十六大报告中，是国家为了促进知识经济的发展、满足全面建设小康社会的需要而提出的特殊人才类型。人们通常把在某一领域做出杰出贡献或有杰出表现的人称为“拔尖创新人才”或“杰出人才”，[2]具体是指在各个领域（特别是科学、技术和管理领域）有强烈事业心和社会责任感，有创造精神、思维和能力，勤于思考，勇于探索，为科技事业和社会发展做出突出贡献的杰出人才。[3]

（二）国外对“拔尖创新人才”的界定

国际上与“拔尖创新人才”一词相关度较高的是“创新型人才”（innovative talent）、“领导型人才”（leadership talent）和“卓越人才”（outstanding talent）等，对创新型人才培养的研究主要分布在心理学、教育学及哲学等学科的文献资料中。如美国心理学家吉尔福特（Guilford）认为创新型人才主要表现为完整、健全发展的智能，并提出以下创新型人才的人格特质：具有强烈的好奇心和求知欲、广阔的视野和独到的观察能力、严谨清晰的理性思维和逻辑思维、丰富的想象力和坚定的意志力、幽默的性格等。

英国作为全球教育强国之一，十分重视对创新型人才的培养。自18世纪洛克（Locke）提出“绅士教育”以来，培养“完人”的教育理念已深深植根于英国的教育思想。德国也强调创新型人才的培养。德国哲学家雅斯贝尔斯（Jaspers）提出“全人”观念，强调对学生创造性思维和学习主动性的培养。20世纪末，国际21世纪教育委员会提出新世纪创新型人才应包括如下标准：进取能力、高尚品质和责任意识、创新力和适应性、广泛的知识体系和解决问题能力、终身学习能力、多样化的个性、善于协调和交往的能力。[4]上述标准为各国培养创新型人才提供了明确的方向。

综上可知，国内国际都强调对拔尖创新人才的全面培养，对创新意识、领导能力、国际视野等非认知因素尤为关注。因此，有必要采用多元指标鉴别和培养拔尖创新人才。

（三）“超常儿童 / 天才儿童”界定

超常儿童（Super-normal Children）是我国学者提出的概念，强调遗传和环境对个体的交互作用。相对于“拔尖创新人才”的概念，对超常儿童的界定更为明确并可量化，通常将高出同龄儿童智商平均水平两个标准差作为鉴别超常儿童的标准，[2]具体指在某一方面或多个方面具有特殊才能的儿童。这些儿童与处于同一环境中的同龄人相比，表现出高成就或有取得高成就的潜能。[5]超常儿童教育主要是指对 18 周岁以下天才儿童（gifted children，gifted and talented children）的教育。[6]为了与国际上相关研究相统一及与前期研究工作保持一致，本文又将“超常儿童”称为“天才儿童”，并在下文中统一使用“天才儿童”。相关概念详细信息见表 1–1。

表 1–1　概念辨析一览表

标准	英文	智商	先天 / 后天	生命周期的位置	鉴别	干预
拔尖创新人才	tip-top innovative talent，top-notch innovative talent，top innovative talent，top talent	取决于领域	两者	成年期	在相关领域具有杰出贡献和表现	教育和培训
超常儿童 / 天才儿童	super-normal children，gifted children，gifted and talented children	高智商	两者	18 岁以下	标准化测试	教育和培训
天赋	giftedness	高智商	先天	儿童 / 青少年	标准化测试	教育和培训
才能	talent	取决于领域	两者，强调后天	毕生	竞赛、测试	教育和培训
天才	genius	取决于领域	两者	成年期	功成名就后的评价	几乎无法实现

（四）“拔尖创新人才”和“天才儿童”的关系

对比“拔尖创新人才”和“天才儿童”的概念可看出，两者都强调在某个或多个领域内的高能力发展和创新，具有能力多元化的特征。但究其本质，拔尖创新人才是在某个领域有所成就并做出卓越贡献的人，是个体高质量发展的结果，而天才儿童是在某些领域内具有超出同龄人能力的儿童，是处在动态发展中的个体。天才儿童与拔尖创新人才并不具有稳定的正相关关系，并非所有的天才儿童都能最终成为拔尖创新人才，而拔尖创新人才也未必都由天才儿童发展而来。[2][7]

虽然并非每个天才儿童都能成长为拔尖创新人才，但是重视天才儿童教育体现了满足全民受教育权以及实现教育公平和包容的需要。换言之，天才学生也需要特殊教育，需要采用差异化的方法来确保其充分发展。拔尖创新人才处于创新人才的顶端，是国家宝贵的人才资源，对国家的自主创新、可持续发展起着关键性的引领作用。随着国际竞争的日益加剧，拔尖创新人才培养由高等教育前置到基础教育阶段，成为许多国家教育发展的战略选择。天才儿童作为拔尖创新人才的重要后备军，其发现、选拔和科学培养事关国家长远发展大计。

本书将基于天才儿童群体，重点介绍拔尖创新人才的早期培养。天才儿童是国家的宝贵财富，也是全人类的宝贵资源，是未来拔尖创新人才的重要组成部分，具有很大的发展潜能。很多发达国家或发展中国家都通过立法、颁布政策、提供经费支持等保障天才儿童接受相应教育，满足教育强国要求。天才儿童具有特殊教育需要，为他们的发展提供与其能力相匹配的教育，也是切实落实教育公平的举措。当前，我国的基础教育体系已经十分完善，义务教育也取得卓越成就，但是针对天才儿童的特殊教育还处于探索阶段。基于这些考虑，本书以天才儿童为例，结合各国经验，探讨如何更好地将我国儿童尤其是在某些领域具有潜力的天才儿童培养为拔尖创新人才。

二、拔尖创新人才早期培养的国际经验

天才儿童是国家的宝贵财富，也是全人类的宝贵资源，很多国家，如美国、加拿大、新加坡、日本和俄罗斯等国，都有针对天才儿童教育的立法、政策、经费等方面的支持并取得了显著成果。因此，梳理各国天才儿童教育经验，分析各国天才儿童教育发展背后的原因，追踪其政策实施效果，比较各国天才儿童培养的一般规律和差异，将为我国天才儿童培养的具体实践提供有益的参考。

（一）明确天才儿童培养理念和目标

一是将天才儿童的个人成长与国家发展战略相结合。在确定天才儿童培养理念的过程中，众多国家以满足国家需要为目标，强调个体的成就与国家、社会的需求紧密相连。例如，美国天才教育的目标是培养具有全球意识的年轻公民；俄罗斯的天才儿童培养旨在促进人才实现自我的社会价值，使他们在选定的职业中取得显著成就；澳大利亚以培养服务社会的人才为开展天才儿童教育的目标；日本从本国实际情况出发，强调理科、科技和创造力人才培养；新加坡的天才儿童教育目标还包括培养强烈的社会责任感以服务国家和社会，培养良好的道德观，开发领导潜能。

二是基于教育公平理念，满足儿童个性化发展需要。例如，芬兰、加拿大、英国、法国、德国以满足儿童发展需要为目标，强调教育公平和个体健康发展，使天才儿童教育在秉持教育公平的理念下进行。教育公平不是简单的绝对平等，而是要兼顾个性化的发展，即所有学生，无论其具体的学习需求如何，都需要接受个性化的关注和针对其发展水平的指导。芬兰、加拿大、英国、法国、德国把天才儿童教育作为特殊教育的一部分，认为天才儿童是有特殊需要的儿童，要为其发展提供所需

的条件。

三是关注天才儿童非智力因素的培养和全面发展。天才儿童能否顺利成长为拔尖创新人才，非智力因素发挥着关键作用。一些发达国家在定义和培养天才儿童时，非常注重智力和非智力因素的同步发展。例如，加拿大、法国、德国既关注天才儿童认知能力，又关注其情感、人际交往等非认知因素的发展。芬兰对天才儿童的定义既包括了特定领域的动态发展，也包括了道德因素和个人的社会情感。除专业技能培养以外，俄罗斯联邦政府也重视对未来社会精英的道德培养，鼓励奥林匹克竞赛的获奖者积极参与社会志愿服务和公益活动，加强早期人才对社会民生问题的关注。新加坡教育充分考虑天才儿童的非智力因素发展，注重情感、道德的培养。

（二）加强天才儿童选拔培养体系建设

1. 明晰天才儿童概念及内涵

一是关注多层面对天才儿童的界定。美国从联邦政府层面统一了天才儿童的内涵，为各州天才儿童的界定提供了一般标准和重要依据。各州还可根据实际情况对天才儿童进行自己的界定。加拿大的教育法将天才儿童归于具有特殊性的学生类别之中，认为这些学生需要以非标准的方式接受教育，以满足其特殊的智力、认知、情感和社会需求。加拿大各省在天才儿童教育的政策制定、管理体系等方面具有一定的自主权，对天才儿童的定义也不尽相同。澳大利亚各州（领地）对“天才”的界定不同，有的甚至没有对“天才”进行明确界定。

二是关注多维才能而非单一智力。众多国家关于天才儿童的定义均强调“在一个或多个领域中呈现（或潜藏）高水平的儿童”，这一定义关注了天才儿童的多领域智能。例如，加拿大萨斯喀彻温省将天才儿童定义为“在特定的学术能力、推理和发散思维、视觉或表演艺术、心理运动能力，至少一个领域中表现优异或具有潜力的学生”；法国将天才儿童分为天赋型（gifted）和才华型（talented），天赋型指那些在一门或多门学科上（例如数学、英语）表现优异的学生，才华型指那些在体育、音乐、舞蹈和艺术等实践技能上表现出色的学生。

三是关注动态的才能发展过程。对天才的定义不仅强调儿童现有的高成就，而且关注儿童表现出的高成就潜能。这一点在芬兰和澳大利亚尤为突出，两国天才儿童教育都以加涅（Gagnés）的“天赋和才能区分模型”（Differentiated Model of Giftedness and Talent）为理论模型，该模型关注天赋转化为才能的过程，认为外部的环境和机会在这个过程中起着重要作用。[8]

四是兼顾智力与非智力因素。加拿大、法国、德国、芬兰对天才儿童概念的界定兼顾了智力因素与非智力因素。加拿大关注天才儿童社交、动机、情感的发展。法国学者提拉斯耶（Terrassier）从智力“不同步性”角度提出“智力早熟儿童”一词，认为某些智力早熟儿童有其特定的非同步性发展，即在智力层面上是早熟的，但在情感、心理运动能力和人际关系层面上并不一定早熟。因此，法国认为，天才儿童并不意味着在各个方面都表现优异，有的儿童甚至面临学业失败的风险，需要特殊教育。德国学者海勒（Heller）提议要从多个维度来定义天才儿童，例如智力、创造力、社交能力等，以此来更好、更充分地发现天才儿童。[9]芬兰将道德、社会情感因素纳入天才儿童的定义中。

五是基于本国实际情况，对天才儿童概念进行独特界定。例如，日本受其平等文化的影响，倾向于以“才能”取代“天才”。日本政府在公立教育系统中避免提及“天才”，但并不否认天才的存在，并通常用“才能”代替“天才”。日本更强调通过教育培养儿童的能力，强调后天努力的重要性，认为能力不是与生俱来的，是实践和努力的结果。日本还特别关注双重特殊学生，即在某些领域具有突出能力的学习障碍儿童。芬兰学者认为，斯腾伯格（Sternberg）提出的“转化天赋”（transformational giftedness），即“能够让世界变得更美好的特殊能力”更符合芬兰的国情，应用终身学习促进个人智力和品德发展，引导天才不断超越自我，让世界变得更加美好。

2. 构建科学、规范的天才儿童鉴别体系

一是基于本国实际，制定本土化的测评工具或标准。将智力测验与非智力测验相结合。例如，德国学者海勒提出天才多维鉴别模式——“慕尼黑天才模型”，并针对此模型发展和评估了鉴别天才儿童和青少年的“慕尼黑天才测验量表”（Munich High Ability Test Battery，MHBT），该量表包含认知能力测试（语言、数学、空间等）、创造力问卷、社交能力问卷、成就动机问卷、求知欲问卷、兴趣问卷等标准化问卷，并包括小学阶段（1—4年级）的MHBT-P和中学阶段（5—12年级）的MHBT-S两个版本。[10] 英国教育部发布《识别天才学生——从此处开始》（*Identifying Gifted and Talented Pupils—Getting Started*），列举了几十种天才儿童可能的行为表现，甚至包括一些不良的行为表现。例如：有广泛的常识；学习速度很快；对那些与大孩子相关的话题感兴趣；与成年人沟通良好，通常比与同龄人沟通要好；有广泛的兴趣爱好，有些甚至达到痴迷；对解决问题表现出不同寻常的偏好；显得傲慢或不善社交；容易对例行公事的工作感到厌烦；表现出很强的领导意识；认为并不一定需要表现得很好，或者被别人喜欢；等等。加拿大认知能力测试（Canadian Cognitive Abilities Test）是加拿大为K-12年级学生编制的智力测试，包括语言、非语言和定量推理三个分测验。[11]

二是坚持动态选拔，努力实现天才儿童选拔的全覆盖。例如，在英国具体的教育实践中，教师需要不断地在课程中为儿童提供展示自身能力或

潜力的机会，以确认天才儿童或发现有潜力的儿童。但在大多数国家，智商测试和考试成绩是选拔天才儿童的传统方法，也是主要方法，各国会结合实际情况对通过选拔的人数比例进行设定。例如，新加坡的天才儿童鉴别主要依赖全国性的天才教育计划（Gifted Education Programme，GEP）选拔考试，筛选出考试成绩前 1% 的 3 年级学生进入天才班学习。日本的天才儿童选拔，主要针对理科人才，且主要指向高中、大学阶段的入学考试。在德国、俄罗斯、芬兰，学科和技能竞赛也被当作选拔天才儿童的一种有效手段。

三是采用多主体评价方式，保障选拔公平。除客观测验外，还会综合考虑教师、同伴和家长的推荐来考察潜在的天才儿童。例如，法国国民教育部确定了个别智力测试、儿童的日常学习成绩、教师评价、心理学专家意见、创造力测量、学习水平测验、集体智力测验 7 种获专家一致认可的方式。[12] 美国、英国、澳大利亚等国家在天才儿童选拔中均采用家长提名、教师提名、同龄人提名、自我提名等方法，其中，教师提名是最常见的非正式的鉴别方法之一，家长提名往往能够有效识别孩子的天赋，同伴提名对于识别少数群体或来自偏远地区的天才儿童有重要作用，自我提名往往适合高年级学生。

四是明确天才儿童的选拔年龄。例如，美国会在小学 2 年级对学生进行筛选和选拔，但具体筛查时间和对象各州有所不同。加拿大大部分学校董事会在 3 年级选择学生参加天才课程，从 4 年级开始为天才儿童选择合适的教学模式。例如，安大略省首先对 3 年级学生进行加拿大认知能力测试，得分前 2% 的学生将由心理专家使用韦氏儿童智力量表（Wechsler Intelligence Scale for Children，WISC）进行一对一测试。日本民间教育组织如伏见猛弥创办的天才儿童教育研究所招收 2—12 岁天才儿童。[13] 俄罗斯“天狼星”教育中心接收 10—17 岁高天赋青少年。

3. 构建多元化的天才儿童培养模式

一是多种培养模式相结合，打造适合每个天才儿童的个性化培养路径。在天才儿童教育的课程设计上，加速制（acceleration）和充实制（enrichment）是两种主要模式。加速制被认为是课程的纵向延伸，包括内容和技能的早期引入及加快提供和回应；充实制被认为是课程的横向延伸，主要根据天才儿童的能力和需要提供相应深度和广度的学习活动。大多数国家都采取了这两种培养模式或这两种模式的结合。在天才儿童教育的具体实践中，美国、加拿大、法国采取了能力分组学习模式（cluster grouping），即在充分考虑天才儿童能力和兴趣的基础上，把多个天才儿童聚集在一起，制定适合其天赋的学习模式。[14]这种方式为天才儿童提供了专门的学习时间和空间，有利于因材施教。新加坡在实施“天才儿童教育计划”的中小学，采取了普通教育和天才儿童教育在部分课程或班级融合发展的模式。

二是补充教育机构和竞赛对一些国家的天才儿童教育影响重大。例如，俄罗斯“天狼星”教育中心是专门用于支持俄罗斯天才儿童教育的补充教育机构，创造了一种新的教育模式。[15]该模式有如下特点：其一，能够灵活适应不同学生的需求，小学生依据选择的方向完成必修课，同时可以选择其他方向的课程；其二，教学以研讨会的方式进行，不再拘泥于教师讲授的传统教学模式；其三，课程结束后，学生需要提交一份学科论文，作为结业考核的参考。竞赛系统也影响了俄罗斯中小学对学生的培养方案。由于奥林匹克竞赛成绩是评估学校教育水平的标准之一，所以学校十分重视培养学生的竞赛能力，并为学生备战竞赛制订培训计划。

三是注重天才儿童教育的层次性和连贯性。例如，日本设立了针对不同年龄阶段天才儿童的教育。幼儿园和小学有专门的天才儿童教育机构和私塾，中学有“超级理科高中”，中学与大学的过渡段有“高中—大学联合培养”，大学有“研究型大学”，使拔尖创新人才培养具有了层次性。同时，日本政府通过科学、技术、工程、数学（Science、Technology、Engineering、Mathematics，STEM）教育将所有培养模式进行纵向贯穿，实现了天才儿童教育的一贯式发展。其一，将STEM教育纵向贯通在从小学到大学的课程学习中；其二，将STEM横向贯通于不同学科中；其三，为数理资优学生提供从小学到大学的资源贯通体系。又如，法国对拔尖创新人才的培养起于学龄儿童的智商测试，止于帮助有物理、数学方面天赋的学生进入“精英大学”。虽然不同阶段的教育采取不同的选拔、培养和管理方式，但是同样的培养目标使拔尖创新人才的基础教育和高等教育实现了贯通。

四是注重对天才儿童的跨学科培养。日本是典型的重视跨学科培养的国家，通过STEM教育推动天才儿童教育有层次地连贯发展。法国针对中小学生提出STEM科学项目。澳大利亚STEM课程也主要在中小学开展。[16]为了培养女性的逻辑思维，澳大利亚开展了针对女性的STEM项目——“奇思妙想女生暑假学校”，以激发女性的科学兴趣。[17]新加坡的科学、技术、工程和数学应用学习计划（Science，Technology，Engineering and Mathematics Applied Learning Programme，STEM ALP）在中学推行。[18]为了提高中小学教师的STEM素养和建立STEM教育工作者社区，从而鼓励学校更普遍地采用STEM教育，新加坡开展了“赋能STEM教育专业人才”项目。[19]芬兰教育部通过开展LUMA（芬兰语“自然科学LUonnontietee”与“数学MAthematics”两词的缩写，可视为芬兰的STEM教育）教育发展项目，逐步形成了本国STEM教育发展模式。LUMA项目定期组织世界不同国家16—19岁青少年学生参加营地教育活动，旨在传播芬兰在STEM领域的专业知识和最新进展，并让这些年轻人了解芬兰在STEM领域的进展和就业机会。截至2020年，除了国家 LUMA 中心，芬兰还有 13 所大学设立了 LUMA 中心，与多个中小学开展教育联合项目。

五是构建多样化的深造渠道。其一，正常参加大学入学选拔考试。在美国教育体系中，天才儿童并没有特权直接升学。一方面，天才儿童的考核过程公开公正，没有特殊通道；另一方面，天才儿童的考核标准仅在特定的州或学校适用，每到新的学校或者学习阶段，都需要重新进行资格考试。但天才儿童如果提前参加了高校组织的天才儿童项目、夏令营等相关活动，可能会有更多机会接触并进入大学学习。英国采用"整合式"策略将天才儿童教育融入普通班级教学，没有专门针对天才儿童申请大学的特殊政策和渠道，但天才儿童可以通过参加竞赛、夏令营等活动，证明自己在某些方面的卓越能力或天赋，从而增加被录取的机会。德国和新加坡都通过学业成绩对学生进行分流选拔和培养，天才儿童升大学也没有特别通道。其二，天才儿童教育的整体衔接。日本天才儿童升学或继续教育通道具有整体性和连贯性的特点，从高中提前毕业，到大学提前入学，再到研究型大学创新人才选拔，最后到博士课程教育引领计划，在各个不同的教育阶段均设置了针对天才儿童的对接措施和培养计划，为其继续教育预留了极大的空间。其三，基于竞赛成绩、项目成绩直接进入大学。俄罗斯高校主要通过考试成绩选拔能力更高的学生，包括各种竞赛成绩和高考成绩。由于竞赛考试本身具有公平性和普遍性，俄罗斯的高校也乐于通过竞赛成绩挑选优秀学子，并且提供各种优惠政策吸引天才儿童，包括免试政策、加分政策等。

（三）构建科学化的天才儿童培养管理体系

1. 为天才儿童教育提供法律或政策保障

天才儿童教育相关法律或政策的出台为天才儿童教育提供了强有力的

支持，为天才的识别、培养，天才儿童培养的组织保障、经费保障、师资建设等提供了基本遵循。

一是制定天才儿童教育相关法律或计划。例如，美国通过立法和政策为创新型人才培养提供保障，并颁布相关法律法规来保障天才儿童教育的经费。如《每一个学生成功法》（*Every Student Succeeds Act*）反映了经济发展对创新型人才的需求。在具体实施过程中，为天才儿童教育制定了高水平并具有挑战性的学习标准，使学生能够迎接未来更具挑战性的工作。“美国卓越人才搜索项目”（Talent Search Program）则旨在识别并协助来自劣势背景、有潜力在高等教育中取得成功的个体。英国政府推出《城市卓越计划》（*Excellence in Cities*），其中包含的天才儿童教育项目是英国第一个国家性的天才儿童教育项目，计划为城市中心每所学校中 5%—10% 的天才儿童提供相应的天才教育资源。[20] 英国教育与技能部（Department for Education and Skills）在名为《学校：取得成功》（*Schools: Achieving Success*）的绿皮书中提出，在所有学校的教育战略中均纳入对天才儿童的支持。[21]

二是将天才儿童教育政策制定权下放，促进政策在不同地区差异化落实与发展。例如，加拿大各省能够出台本省关于天才儿童教育的法律，学区或学校一级的决策者能够决定由谁、如何及何时提供特别方案。德国各州对本州的教育和文化政策负责，拥有教育方面具体事宜的独立决定权。澳大利亚的 6 个州和 2 个领地具有独立立法权，在 20 世纪 70 年代就相继颁布了与天才儿童教育相关的政策文本和研究案例。

三是国家和个人发展需求是促进天才儿童教育政策发展的积极因素。通过比较分析发现，加快天才儿童教育政策发展的因素主要有两个：其一，满足提升国家竞争力的政治需求。以美国为例，其天才儿童教育政策进入快速发展阶段是在第二次世界大战之后，苏联成功发射人造地球卫星给美国带来了前所未有的冲击，太空装备竞赛的劣势激起了美国的深刻反思，美国意识到在许多高度专门化的领域内缺乏高水平的人才，加强天才儿童教育势在必行，因而颁布一系列的政策法规支持天才儿童教育的发展。21 世纪以来，在国际竞争的推动下，日本持续深入推进天才儿童教育政策，制定了一系列的人才培养计划。芬兰、新加坡历来重视人才培养，因为其自然资源匮乏，要想实现国家发展、提高国际竞争力，就必须充分开发本国的人力资源。其二，满足天才儿童发展的特殊教育需求。例如，法国认为天才儿童与残疾儿童类似，天才儿童在某方面有天赋或多方面有超常表现，但是无法很好地适应学校生活，因而需要根据其实际需求开展专门教学。2002 年，法国官方将智力早熟儿童归为有特殊需要的天才儿童；2005 年，颁布《面向未来学校的方向和计划法》，提出充分发挥天才儿童的潜能；2009 年，颁布《智力早熟儿童培养模式设计指南》，为识别天才儿童提供依据。加拿大、英国、德国也把天才儿童教育作为特殊教育的一部分，认为天才儿童是有特殊需要的儿童，要为他们的发展提供所需条件。

四是存在阻碍天才儿童教育政策发展的因素。不利于天才儿童教育政策发展的因素主要包括：其一，绝对平等主义。例如，日本在第二次世界大战前曾明确提出天才儿童教育制度，认可提前入学或跳级制度，开设“特别科学教育班”。但在第二次世界大战后受绝对平等主义的影响，以机会均等原则进行教育改革，禁止天才儿童教育。直至 20 世纪 80 年代中期，新自由主义思潮兴起，天才儿童教育再次受到关注，但仍然避免使用“天才”这样的敏感词，而是使用“例外措施”“杰出人士”等表述替代。[22] 同样，德国的天才儿童教育政策发展也经历了一段沉寂时期，从第二次世界大战后直至 1977 年，德国强调教育机会均等，天才儿童教育长期备受争议。其二，政党或领导人交替。例如，英国的天才儿童教育始于20世纪末提出的天才儿童教育项目，之后10年得到了一定发展。但自2010年起，保守党重新执政，由于社会思潮对公平的再次强调，以及对天才儿童教育“浪费金钱”的批评，新政府并没有延续先前的教育政策，天才儿童教育项目进入了停滞期。[23] 1950—1980年，日本两次重提天才儿童教育，但都由于首相更迭而未能落实。

2. 设置专门管理机构

各国天才儿童教育都有相应的管理机构（官方 / 非官方）。美国、加拿大、德国、澳大利亚、新加坡、法国、日本成立了专门的天才儿童教育组织，其中加拿大、法国的天才儿童教育组织为非官方机构。各管理机构在天才儿童教育中有不同的职能。以美国为例，1954年成立的美国天才儿童协会，每两年进行一次全国调查，形成《全美天才教育报告》（*The States in Gifted Education*），以系统监测和改进美国公立学校的天才儿童教育。[24] 美国特殊儿童理事会天才儿童分会旨在向专业人士和家长提供有关天才儿童及其所需的信息，致力于提高具有特殊需求的儿童和青少年的教育和生活质量，促进天才儿童的成功。[25] 美国教育研究协会天赋与才能发展研究小组是美国教育研究协会的特殊兴趣小组之一，重点关注如何发展和培养天才的学术天赋、才能和创造力。[26] 美国天才儿童教育政策中心，旨在从心理学的视角提高公众对天才的正确意识、加强科学的宣传、提供前沿研究理念，以提高天才儿童和青少年在各个领域的成就和表现。[27] 一些国家没有设立专门的天才儿童教育管理机构，其天才儿童教育依托于其他组织。如英国的天才儿童教育由教育、儿童服务和技能标准办公室（Office for Standards in Education，Children’s Services and Skills，Ofsted）负责，俄罗斯的天才儿童教育依托于联邦教育科学督察署，芬兰的天才儿童教育则由芬兰国家教育委员会（Finnish National Board of Education，FNBE）负责。

3. 提供财政支持

一是将天才儿童教育经费纳入政府计划，成为政府专项拨款的一部分。例如，1984 年加拿大修订的特殊教育财政制度，对用于天才儿童教育的经费进行了明确规定。美国《贾维茨天才学生教育法》（*The Jacob K. Javits Gifted and Talented Students Education Act*）指出，联邦政府要做到每年给地方的天才儿童教育拨款。[28] 澳大利亚联邦政府实行“优质教师计划”（Quality Teacher Programme），将在三年内提供 7400 万澳元用于教师的专业发展。[29] 澳大利亚新南威尔士州政府提出“高质量教师计划”，对天才儿童教育优秀成果给予资金支持。[30] 二是通过个人组织基金提供经费支持。法国天才儿童教育经费一部分出自政府拨款的特殊教育经费，一部分来源于民间组织。俄罗斯、日本无相关政策规定为天才儿童提供经费保障。在俄罗斯，补充教育机构的支持和在国际重要赛事中获得的奖金是天才儿童教育经费的主要来源。日本天才儿童教育经费主要来源于政府支持的一些人才培养项目，如超级理科高中项目等。

（四）构建天才儿童培养的专业支撑体系

1. 建立学术研究机构

一些国家成立了专门的研究型机构，进行天才儿童教育研究。美国研究天才儿童的大学科研中心及研究所，为美国天才儿童教育事业发展提供了源源不断的创新思想和方法，特别是提供了大规模的追踪数据，对于公众持续了解天才儿童教育事业的发展动态及热点问题具有重要意义。澳大利亚联邦教育、科学与培训部（Department of Education，Science and Training）资助新南威尔士大学开发了在线课程——英才教育教师专业发展包（Gifted and Talented Education Professional Development Package for Teachers），旨在为全澳大利亚教师提供天才儿童教育学习资源。

2. 加强天才儿童教师硕博士培养

硕博士阶段的高端人才培养为天才儿童教育教师资源的储备提供了重要保障。根据美国国家教育统计中心（National Center for Education Statistics）的统计结果，美国有70所公立和私立大学提供天才儿童教育领域的硕士学位，其中部分大学提供博士学位。[31] 例如，康涅狄格大学天才教育领域的研究生计划在国内和国际享负盛名，根据层次和授予学位证书的不同，学位可以分为天才儿童教育硕士学位和博士学位。该大学除了以全日制的天才儿童教育硕、博士的形式授课，还通过夏令营的硕士计划和在线学习计划为非全日制的在职人员提供课程培训。

德国卡尔斯鲁厄师范大学与瑞士西北应用科学与艺术大学合作授课，提供面向教师的"促进天才和人才综合教育"（Integrative Begabungsund Begabtenf Rderung）硕士学位。莱比锡大学还设立"能力和能力发展研究"硕士学位，使毕业生能够在辅导中心和支持天才儿童的机构工作。[32]

澳大利亚的大学几乎都设有教师教育专业课程，有7%的大学提供天才儿童教育本科课程，在研究生阶段，有26%的大学提供天才儿童教育课程。其中，新英格兰大学、新南威尔士大学、福林德斯大学、查尔斯特大学、墨尔本大学和莫纳什大学设立了硕士或博士层次的天才儿童教育专业。[33]

3. 制定天才儿童教师专业规范，并提供高质量师资培训

一是设定明确的从业标准，保障从事天才儿童教育教师的质量。例如，美国规定从事天才儿童教育的教师必须具备相关资格证书。加拿大对从事天才儿童教育的教师提出了四项具体要求：完成至少三门天才教育课程；发表天才教育领域的文章，有正在进行或完成的相关研究；至少有两年在常规课堂环境中成功教学的经验，并有与天才儿童一起的工作经历；加入国家、州和地方专注于天才教育的专业组织。新加坡认为从事天才儿

童教育的教师除了要具有良好的教学技能，还要具备热情、乐于接受新观念、灵活性强等个性特质。

二是通过丰富的培训形式，提升从事天才儿童教育教师的理论与实践技能。大多数国家都为从事天才儿童教育的教师提供了专业培训，将相关教育理念、教育目标和技能培训纳入教师入职培训，建立培养天才儿童的专业化教师队伍，以保障与提升天才儿童的培养质量。例如，新加坡对新入职和有经验的从事天才儿童教育教师分别设置了不同的培训方案，政府部门会定期举办各种教师短训班、研讨会等，使教师能够与同行、专家交流。美国各州都为从事天才儿童教育教师提供专业培训，如爱荷华州要求学校提供相关课程，包括天才儿童心理学、天才儿童项目的管理和监督以及天才儿童项目的实习经验。

三是通过专业机构为教师培训提供实力保障。例如，德国以大学为主体，并与欧洲高智能理事会、国际天才研究中心等合作，提供针对从事天才儿童教育教师的学历教育和各种培训课程，使相关从业人员可通过学习获得对应的学历和资质。俄罗斯联邦政府计划发展高等教育教学培训组织，开设“Quantorium”教学科技园，为教学人员和管理人员提供额外的专业教学，对新教师进行统一培训。

（五）加强天才儿童培养评价体系建设

一是形成国家和地方两级评价体系。例如，英国形成了比较完备的天才儿童培养评价体系。在国家层面，主要由教育、儿童服务和技能标准办公室负责评估天才儿童教育整体情况，从而影响教育政策的制定。在地方层面，由地方教育局派遣视察员视察各个学校的天才儿童教学情况，发现和推广优秀的实践经验。英国还发布了一系列相应的天才儿童教育质量标准，如《学校质量标准》（*Institutional Quality Standards*）和《课堂质量标准》(*Classroom Quality Standards*),[34]为天才儿童教育提供了一套完整的评价体系。

二是设立专门评价机构，整体把控实施情况。以新加坡为例，其天才儿童教育评价由天才教育处全面负责。从国家角度，为了考察各个学校天才教育的实施情况，天才教育处制定了相关的考核与评估措施：在课程综合考察方面，天才教育处要组织天才儿童教育专家定期到执行“天才儿童教育计划”的学校听课，并与学校的管理者和教师进行座谈，以便在每学年末对课程进行修订。在整体评估方面，每隔几年，天才教育处还要用正式的评估标准对执行“天才儿童教育计划”的学校进行审核。从学校角度，需要全面评价各学科的教学情况，此工作主要由教育部委派的专人负责，一方面，将天才儿童的全国统考成绩、各科考试成绩等进行详细记录；另一方面，邀请天才儿童及其家长参与评估，一般会与儿童及其家长面谈。[35]

三、对我国天才儿童教育的启示

（一）政策引导，组织经费保障

天才儿童教育的发展需要法规和政策的有效引导和保障。这些法规和政策必须有较强的可操作性，才能为天才儿童教育的发展提供有力保障和支持。美国从基础教育法层面对天才儿童教育提供政策和财政支持，同时还专门立法帮助天才儿童教育发展得更加完善，给予各州具体执行的权力，以满足各地的不同需求。日本的培养政策具有实时性和连续性，如其自制定以来每年都更新的《科技创新统合战略》和《人工智能战略》，为培养拔尖创新人才指明了方向。加拿大颁发相关的人才发展战略计划(“天才计划”项目)和移民政策，以培养和吸引全球顶级技能创新人才。

国家层面较完善的政策立法是保障拔尖创新人才培养顺利实施的根本，也是促进拔尖创新人才培养持续进步的基础。来自国家层面的重视，将引导社会正确认识和看待天才，并为拔尖创新人才的教育指明方向。从美国、加拿大和俄罗斯等国家拔尖创新人才的教育实践中可以看出，相关的教育政策立法决定着拔尖创新人才教育的发展方向。天才儿童是国家拔尖创新人才的后备军，专门的支持性政策是天才儿童培养工作得以顺利、有效开展的重要前提，也是提升天才儿童培养质量的可靠保障。天才儿童教育事业的顺利开展，需要国家与地方政府积极推进相关教育法制建设。因此，建议我国制定与出台《天才儿童教育条例》或者促进天才儿童教育事业发展的相关规定或办法，尤其是制定关于天才儿童教育的课程、教学、师资以及管理等方面的教育行政规章。未来，我国可以根据天才儿童教育事业的发展需求，适时制定与颁布《天才儿童教育法》，推进天才儿童教育事业的法制建设工作，使得天才儿童教育有法可依。

（二）统筹兼顾人才培养和教育公平

天才儿童是国家人才资源的重要组成部分，也是拔尖创新人才的重要潜在力量，天才儿童培养工作的有力推进对于保障与提升拔尖创新人才培养质量具有重大意义。人才储备要从基础教育阶段抓起，天才儿童极具潜能，应当重视。教育公平的最终目的是每个人在有充分选择的基础上，找到适合自己的教育，这是更科学、更高水平的公平。开展天才儿童教育不仅符合国家发展需求和教育改革的方向，而且能保障天才儿童自身的受教育权，使天才儿童获得满足其差异化发展需求的教育，这也是教育公平的体现。例如，常规学校可以为天才儿童开设课外兴趣班或兴趣小组，或在条件允许的情况下，为适龄儿童开设天才实验班。在我国大力推进义务教育均衡发展时期，我们对天才儿童发展的特殊需求关注不足。当前，在进一步推进义务教育事业发展过程中，为充分发挥人才战略在社会主义现代化强国建设过程中的保障与支撑作用，需处理好天才儿童教育与均衡配置教育资源之间的关系，使天才儿童得到更好的培育和支持。因为，体现更高水平的教育公平，是教育的重要使命。

（三）建立拔尖创新人才的多元选拔指标

早期阶段天才儿童的甄别与选拔以智力为主要鉴别内容。后期阶段，创造力以及包括人格、动机、兴趣在内的非智力因素越来越受到关注。天才儿童是客观存在的，应该承认他们的天赋，但智商不是鉴定天才儿童的唯一标准，天才儿童也不都是全才，天赋的发展是不均衡的，每个人都有自己的优势潜能。在选拔天才儿童时，还要考察其兴趣、创造力、自信和意志力等人格特质。天才儿童要顺利成长为拔尖创新人才，不仅需要先天的禀赋，还需要后天的努力和良好的教育环境。随着天才儿童鉴别内容多元化的发展，我国应当建立既包含智力，也包含创造力、人格、兴趣、意志力等非认知能力以及特殊才能等多元指标的天才儿童鉴别体系。

（四）强调专才和复合型人才培养的统一

全球范围内人才竞争的加剧，使各国深刻认识到加快培养高科技领域拔尖创新人才的重要性与紧迫性。我国要着眼长远，有意识地发现和培养更多具有战略科学家潜质的高层次复合型人才，形成战略科学家成长梯队，努力建设一支爱党报国、敬业奉献、具有突出技术创新能力、善于解决复杂工程问题的卓越工程师队伍。要调动高校和企业的积极性，实现产学研深度融合。同时，培养的拔尖创新人才应该是多元的，以满足社会对各类人才（包括学科型拔尖人才、应用型拔尖人才、领袖型拔尖人才等专才和复合型人才）的需求。

（五）打造纵向和横向贯通的培养体系

拔尖创新人才培养是一项系统工程，具有长期性和复杂性，要在教育体制机制方面统一谋划，协同进行。全国政协委员主张，要尽快建立高质量的拔尖人才贯通培养体系、全面培养体系与培养支持体系。[36]天才儿童教育是拔尖创新人才培养的重要根基，在国家实施的各项人才战略中具有基础性与奠基性作用。随着国家对拔尖创新人才培养政策关注度的提升，天才儿童教育实践也将深入推进并广泛开展。

天才儿童培养与发展的“人才发展巨型模型”（Talent Development Mega Model）提出，天才儿童在其发展各个阶段的学习动机、自我概念、社会技能等心理变量都是不容忽视的。此外，外部支持和持续的能力实践对天才儿童潜能发展也非常必要。[37]据此，应该针对天才儿童建立相对完善的培养与教育体系。具体而言，从纵向来看，需要建立与完善覆盖学前、小学、中学与大学/科研院所四个阶段的天才儿童教育体系，并注重各个阶段之间的相互衔接。从横向来看，需要进一步完善甄别体系、培养体系、科研体系、经费保障、制度体系建设，并在普通教育体系内部逐渐建立起相对独立的天才儿童教育体系。

（六）关注价值观教育，强调德才兼备

先进的教育理念是一流人才培养的思想前提。要坚持中国特色，把道德教育融入学校课程体系，强化社会主义核心价值观教育，提高学生核心价值分析与判断能力。天才儿童教育更要扎根中国、融通中外，立足时代、面向未来，坚持中国特色社会主义教育发展道路。要树立科学成才观念，坚持以德为先、全面发展，坚持面向人人、因材施教、知行合一，坚

决改变用分数给学生贴标签的做法，创新德智体美劳过程性评价方法，完善综合素质评价体系，切实引导学生坚定理想信念、厚植爱国主义情怀、加强品德修养、增长知识见识、培养奋斗精神、增强综合素质。

浓厚的学习兴趣、旺盛的求知欲、专心致志和坚毅顽强等个性品质是天才儿童发展不可或缺的主观因素，应该重视对天才儿童学习兴趣和个性品质的培养。此外，在天才儿童培养过程中，对道德问题也要予以更多关注。一些表现出色且极具天赋的儿童，可能缺乏处理道德问题所需的敏感性，要引导他们超越自我，为国家和社会服务。天才儿童的发展并非仅仅由智力因素决定，而是智力因素和非智力因素相互作用的结果。因此，在促进天才儿童认知因素发展的同时，还要培养其社交能力、情绪调节能力、抗挫折能力等，并特别关注其道德水平的发展。要通过促进天才儿童与非天才儿童互动，帮助天才儿童形成健全人格，促进其全面发展。

（七）加强基础研究和应用研究，夯实教育实践支撑

我们要深入贯彻落实习近平总书记提出的基础研究和应用研究相辅相成、学术研究和成果应用相互促进的重要指示，把天才儿童教育的基础研究和应用研究有机结合起来，以天才儿童教育基础研究的理论支撑应用研究创新，以应用研究的活力促进基础研究深化。

许多国家基于心理学理论对天才儿童的概念进行界定，这些理论为各国天才儿童的选拔和培养指明了方向。美国对天才儿童的界定是基于三环模型（Three-Ring Model）、多元智能理论（Theory of Multiple Intelligences）和智力三元理论（Triarchic Theory）；加拿大阿尔伯塔省卡尔加里大学的门达格利奥（Mendaglio）提出多面高度敏感模型，强调既要关注个体卓越的学习品质，也要关注其独特的人格特质，全面培养，促进其生命价值的实现。

前沿科研成果的助推作用不容忽视。在美国，无论是政府、机构还是大学都有相关的天才儿童培养项目，如约翰·霍普金斯大学的天才儿童中心、杜克大学的天才儿童识别项目等，特别是美国国家天才儿童协会，每两年会对各州的天才儿童教育情况进行一次调查，帮助教育者为天才儿童提供更适合的教育。

我国可以建立天才儿童身心发展纵向追踪数据库，以学术研究推动理论构建。对天才儿童成长规律的科学认识必须建立在全面的、大规模的纵向追踪调查和研究的基础上，基于大规模测试，建立我国天才儿童动态发展数据库，为拔尖创新人才选拔和培养方案的动态调整提供依据，以描绘我国天才儿童“潜能—优异成绩—拔尖成就”的成长路径，快速指导我国天才儿童的早期发现工作，为未来政策的制定提供依据。

参考文献：

［1］苏君阳，时思．“十四五”时期我国超常儿童教育事业发展面临的机遇、挑战与应对策略［J］．中国特殊教育，2022（6）：3-8+59.

［2］施建农．超常儿童教育与杰出人才培养［J］．中国特殊教育，2021（9）：54-55.

［3］徐晓媛，史代敏．拔尖创新人才培养模式的调研与思考［J］．国家教育行政学院学报，2011（4）：81-84+57.

［4］李保忠．“双一流”背景下研究生拔尖创新人才培养模式研究［D］．武汉：华中农业大学，2021.

［5］褚宏启．追求卓越：英才教育与国家发展——突破我国英才教育的认识误区与政策障碍［J］．教育研究，2012（11）：28-35+67.

［6］赵厚勰．“超常教育”“英才教育”“天才教育”“资优教育”辨［J］．中国特殊教育，2003（3）：91-93.

［7］程黎，王美玲．国内外超常儿童概念的发展及启示［J］．中国特殊教育，2021（10）：65-69+76.

［8］阎琨，段江飞，黄潇剑．拔尖人才培养的国际范式和理论模型［J］．清华大学教育研究，2019（5）：32-39.

［9］Heller K A. The nature and development of giftedness: a longitudinal study［J］. European Journal of High Ability, 1991, 2（2）: 174-188.

［10］Heller K A, Perleth C. The Munich High Ability Test Battery（MHBT）: a multidimensional, multimethod approach［J］. Psychology Science, 2008, 50（2）: 173-188.

［11］The Testing Mom. CCAT Test（Canadian Cognitive Abilities Test）What is the CCAT 7?［EB/OL］.［2023-03-22］. https://www.testingmom.

com/tests/ccat-test/.

[12] 张梦琦. 法国智力早熟儿童教育研究及启示：理念、政策与实践路径 [J]. 外国教育研究，2016（12）：81–94.

[13] 陆莎，肖非. 日本“有实无名”的英才教育 [J]. 比较教育研究，2013（5）：53–58.

[14] Davis G A, Rimm S B, Siegle D. Education of the gifted and talented（6th Edition）[M]. London: Pearson Press, 2013.

[15] КУЧИНА Т Г. Педагогические технологии XXI в.: опыт образовательного центра«Сириус» [J]. Ярославский педагогический вестник, 2017（6）: 403–405.

[16] 乐欣瑜，董丽丽. 澳大利亚中小学 STEM 教育的举措与展望 [J]. 世界教育信息，2020（10）：66–71.

[17] Fitzpatrick J, O’Grady E, O’Reilly J, et al. Promoting student agentic engagement through curriculum: exploring the negotiated integrated curriculum initiative [J]. Irish Educational Studies, 2018, 37（4）: 453–473.

[18] 李阳，韩芳. 指向 STEM 教育的新加坡“应用学习计划” [J]. 教学与管理，2020（15）：118–120.

[19] 李珍. 新加坡：创新 STEM 教育专业人才培养方式 [J]. 人民教育，2022（Z1）：82.

[20] Department for Education and Employment. Excellence in cities [M]. London: DfES Publications, 2005.

[21] Department for Education and Employment. Schools: building on success [M]. London: Stationery Office, 2001.

[22] 李建民. 从隐性到显性：日本英才教育政策及实践路径分析 [J]. 比较教育研究，2018（1）：30–36.

[23] 邓清文. 英国整合式资优教育模式研究 [D]. 上海：华东师范大学，2013.

[24] National Association for Gifted Children. 2020–2021 state of the states

in gifted education [EB/OL]. [2023-03-22]. https://nagc.org/page/state-of-the-states-report.

[25] The Association for the Gifted. A critical call to action: supporting equity, diversity, and access for gifted students [EB/OL]. (2022-03-03) [2023-03-22]. https://cectag.com/about-tag.

[26] American Education Research Association. Research on Giftedness, Creativity, and Talent Development (RGCT) [EB/OL]. [2022-12-22]. https://www.aera.net/SIG091/Research-on-Giftedness-Creativity-and-Talent-Development.

[27] American Psychological Association. About the Center for Gifted Education Policy (CGEP) [EB/OL]. (2016-01-01) [2022-12-22]. https://www.apa.org/ed/schools/gifted/about.

[28] U. S. Department of Education. Jacob K. Javits Gifted and Talented Students Education Program [EB/OL]. (2019-04-01) [2023-03-11]. https://www2.ed.gov/programs/javits/index.html.

[29] 谢宜宸. 澳大利亚天才教育政策研究 [D]. 福州：福建师范大学，2012.

[30] 高莉，褚宏启，王佳. 卓越与公平：澳大利亚英才教育发展 [J]. 比较教育研究，2012 (12)：44-48.

[31] National Center for Education Statistics. University of Cincinnati-Main Campus [EB/OL]. [2022-12-22]. https://nces.ed.gov/collegenavigator/?s = all&p = 13.1004&l = 91&ct = 1 + 2&ic = 1&id = 201885#programs.

[32] Fischer C, Müller K. Gifted education and talent support in Germany [J]. Center for Educational Policy Studies Journal, 2014, 4 (3): 31-54.

[33] Whitton D. The training of teachers of gifted students in universities in Australia [J]. Gifted Education International, 2006 (21): 190-200.

[34] Department for Children, Schools and Families. Identifying gifted and talented learners: getting started [M]. Annesley: DCSF Publications, 2008.

[35] 罗震雷. 新加坡的天才教育 [J]. 教育科学，1998（2）：60-61.
[36] 中国政协网. 创新培养模式　优化科研环境　加快建设国家战略人才力量——全国政协“深入实施新时代人才强国战略”专题协商会发言摘登 [EB/OL].（2022-07-27）[2023-12-10]. http://www.cppcc.gov.cn/zxww/2022/07/27/ARTI1658890225614338.shtml?eqid = d0ce6ded0006f76b000000066442833a.
[37] Subotnik R F, Olszewski-Kubilius P, Worrell F C. A proposed direction forward for gifted education based on psychological science [J]. Gifted Child Quarterly, 2012, 56（4）: 176-188.

第二章

俄罗斯天才儿童教育发展

21 世纪以来，俄罗斯政府为快速恢复强国地位，取得国际社会话语权，提升国家综合竞争力，陆续出台一系列天才儿童教育法令和国家纲要，大力创建和完善新型高效的天才儿童发现与培养体系，以此加强对于天才儿童的培养。俄罗斯的天才儿童教育由补充教育系统和竞赛教育系统组成，前者通过申请考核和学习过程中的绩效表现鉴别天才儿童，后者通过竞赛名次选拔天才儿童。民间机构也会通过各种科技活动发掘在某些领域有天赋的儿童。经过 20 年的积极探索与实践，俄罗斯已经形成比较成熟的天才儿童教育体系。重视发现并培养天才儿童已经成为俄罗斯重要的教育战略，更是一项长远的国家人才发展战略，其意义远不止于教育教学质量的提高，更关乎国家整体竞争力的提升。

一、俄罗斯对天才儿童的定义

俄罗斯《天才工作纲要》将天才儿童界定为在某种类型活动中具有明显或突出成就（或具有达到这些成就的内部先决条件）的儿童。历史上，俄罗斯对天赋的定义与其他西方国家有很大不同。俄罗斯是一个注重科技实力的国家，热衷于在数学和科学领域鉴别和利用天才儿童的杰出能力。利用心理测量学的语言来说，天才儿童就是那些成就测验成绩显著高于常模的儿童。通俗来讲，那些在一个或多个成就领域中笔试和口试成绩突出的孩子被称为“天才”。[1][2] 鉴于俄罗斯的教育系统是集中化和同质化的（例如，除天才儿童学校外，所有学校都有相同的课程、教科书和考试），教育局很容易确定在特定学科领域表现出色的儿童。

二、俄罗斯天才儿童教育制度的发展历程

总结苏联时期和俄罗斯时期的天才儿童教育可以发现，俄罗斯的天才儿童教育主要有两个发展方向：一是补充教育系统，二是学生竞赛教育系统。

（一）补充教育系统的发展历程

补充教育是一种与儿童个人发展相关的非正规教育，类似于中国的课外兴趣班，学生可以根据自己的兴趣和需要选择相应领域。补充教育的发展分为两个阶段，分别是苏联时期的校外教育阶段和俄罗斯时期的补充教育阶段。

校外教育是补充教育的前身。1917 年，俄罗斯苏维埃联邦社会主义共和国成立，百废待兴之际，校外教育展现了它作为国民公共教育系统组成部分的重要价值。到 20 世纪 20—30 年代，校外教育系统初具规模，也正是在这一时期，补充教育开始形成科学的教育方法。40—50 年代，为了适应教育系统化需求及儿童自主性发展与初步职业定向的需要，补充教育系统进入稳定发展期。到了 80 年代，国家的培养范围以少先队组织为重点，设有少年宫、科技中心、歌舞艺术团、体育中心等。[3] 苏联时期的补充教育不仅涉及专业技能的培养，也注重德育。例如，少年宫课外活动系统会采用大众化的教育方法向儿童传递民族优越感、爱国主义精神，

其中还包括共产主义理想教育。其他的科技中心、歌舞艺术团、体育中心也允许儿童根据自己的兴趣自由报名。这些校外教育机构会为儿童提供各种研究课题，儿童可以自由参与各项活动，充分发挥自主性和创造性，也可以向相应的研究组报告自己的发现，以此获得参与活动的成就感。1986年以后，校外教育机构业务规模下降，机构数量减少。1991年，伴随苏联解体，苏联少先队和共青团组织的解体更加剧了这一危机。

1992年，随着新《教育法》的颁布，校外机构更名为“儿童补充教育机构”。1995年，联邦政府通过了《补充教育机构标准条例》，为补充教育奠定了法律基础。自1992年以来，补充教育机构数量趋于稳定，业务进展顺利，表明已脱离危机。这一时期的补充教育机构有以下突出特征：自由选择课程、自由选择教师；自主选择授课形式和学习小组；以发展儿童创造力为目的；师生之间建立独特的相互合作和创造的关系；使儿童在生活中能够自我定位，获得初级职业技能。2002年通过的《2002—2005年儿童补充教育体系发展的跨部门联合纲要》《2010年前儿童补充教育体系发展的跨部门联合纲要》《2010年前儿童补充教育现代化构想》等文件，规定要提高儿童补充教育质量、提高教师队伍质量。[4]

补充教育机构兼具鉴别、选拔和培养天才儿童的功能，它们不仅可以在培养儿童的过程中发现有潜力的天才儿童，也可对鉴别出来的天才儿童设计专门的培养方案。有研究者强调，补充教育的目的不是选拔天才儿童，而是发现学生的潜力。[5]

（二）学生竞赛教育系统的发展历程

俄罗斯的竞赛体系最早可以追溯到19世纪，当时的俄罗斯帝国天文学会举办了第一届“学生心灵奥林匹克”，此后被称为“学术奥林匹克”。[6]20世纪30年代重新出现的学术奥林匹克竞赛变得非常受欢迎，成为苏联教育制度中最著名的竞赛之一。将奥林匹克竞赛重新引入苏联（俄罗斯）教育，苏联著名数学家鲍里斯·德隆（Boris Delone）发挥了关键作用。他于1934年在圣彼得堡组织了第一届数学奥林匹克竞赛；1938年，物理和化学也被列入了该竞赛。苏联的奥林匹克竞赛与当前的国际奥林匹克竞赛有所不同。国际奥林匹克竞赛始于1959年，而苏联创办奥林匹克竞赛的时间要远远早于这一时间。第二次世界大战期间，苏联的奥林匹克竞赛被中断，直到20世纪50年代末才恢复，且举办这些竞赛的目的发生了变化。

为了与其他西方国家在技术发展方面持续竞争，苏联于1963年在莫斯科、列宁格勒、基辅和新西伯利亚建立了4所专门为数学和科学天才儿童开设的寄宿学校。这些学校是所在城市主要大学的“前哨站”，由大学教师为学生们授课。学校通过奥林匹克竞赛招收学生，也通过远程教育以及在这些学校和全国各地举办的暑期学校招收学生。

20世纪80年代末，学科培养呈现出多元化趋势。苏联的政治变革有效结束了数学和物理作为最重要学科的统治地位，促进了艺术和科学等多个领域的教育资源再分配。[7]改革后的俄罗斯愈发认识到，艺术和人文科学领域的天才儿童也很重要，并加大了在这些领域的投入。例如，每年举行一次“艺术与儿童节”，年轻的音乐家、艺术家、诗人和其他有艺术天赋的儿童都会报名参加。在计算机科学、工程和建筑方面有天赋的年轻人有自己的年度大会，他们在会上展示自己的作品，并能与他们感兴趣领域内的专家交流。这些其他形式的竞赛活动为发掘特殊领域的天才儿童提供了便利条件。

1997年发布的《1998—2000年对天才儿童教育的整体纲要》进一步巩固了竞赛和各种展示活动在俄罗斯天才儿童鉴别体系中的主导地位，指出天才儿童通常是通过各种奥林匹克竞赛、益智类综艺节目、青少年学术交流会、展览、各类夏令营等活动展现出才能的。俄罗斯当局认为这些活动的开展不但有利于发现和培养天才儿童，还有利于提高知识在人们心中的地位。为此，俄罗斯每年仍会举办一些大型活动。例如，1998 年曾组织了名为“艺术与儿童”的全俄儿童艺术创作联欢节；在格连吉克和顿河罗斯托夫市组织了全俄儿童文学竞赛；举办了全俄少年儿童体育运动会等。[8]

三、俄罗斯对天才儿童的鉴别

（一）补充教育机构对天才儿童的鉴别

补充教育机构自成立以来，一直肩负着鉴别和选拔天才儿童的使命，其鉴别和选拔分为两个部分，包括进入之前的选拔和学习过程中的鉴别。

俄罗斯的一些补充教育机构特别是为培养天才儿童创办的专门学校是设有门槛的，想要进入这些学校需要经过一系列严格的选拔，通过上下配合、认真查访、全面考察并同考试相结合的选拔方法，确保入学的儿童确实具有过人的天赋。[9]例如，由“天才与成功”基金会建立的“天狼星”教育中心就是采用申请考核制的补充教育机构。[10]它们通过补充教育形式，向全联邦 7 年级及以上天才儿童提供支持。培训向全联邦开放，由个人在网络上申请，经选拔获得培训机会。培训的一切费用由国家承担，包括食宿、往返交通费用等。“天才与成功”基金会专家委员会根据俄联邦教育部制定的规则，为通过选拔的申请者提供科学方向的培训机会。“天狼星”教育中心接收 10—17 岁的青少年，招收的学员分为体育、科学和艺术三大类。体育部要求学员必须是俄罗斯公民，在体育项目中获得过区域性、全国性或国际性赛事的奖项。报考学生的专业水平由各类体育项目的专业委员会评定，评委会向表现优异的学生颁发推荐书。科学类的考生需要向基金会提供参与过的竞赛结果以及相关认证材料。艺术类只招收12—16岁的少年。音乐类考生的录取要根据柴可夫斯基音乐学院提供的考核结果和基金会的审核结果确定；美术类考生须提供自己的绘画作品。14—17岁的青少年可报考文学创作专业。[11] 总体来看，“天狼星”教育中心的选拔依据主要包括：地区、全联邦或国际学科奥林匹克竞赛成绩；其他获得认可的竞赛成绩；独立完成的科技或研究项目；其他智力活动成果证明等。

还有一些面向全联邦学生的补充教育机构，旨在发掘儿童的潜力，并带领他们深入了解某一个领域。例如，战略倡议署自2015年以来实施的儿童科技园“Quantorium”系统就是要通过专门化的教育模式促进儿童在不同科技领域的发展。该系统的教育计划主要针对10—18岁的儿童，具体年龄范围因部门而异，比如，由于所用设备的特殊性，某些部门只招收12岁以上的学生，只要学生年龄适合，任何儿童都可以在该系统学习。在学生培训中，教师、心理学家和教育学家会共同观察学生的表现并从中鉴别有天赋的儿童。培训工作将持续一个学年，最终由学生进行项目答辩。那些表现最优异的学生会被归类为“天才儿童”并进入项目组，他们需要时刻为参加各种竞赛做准备，并接受有针对性的培训。

（二）竞赛系统对天才儿童的鉴别

通过竞赛活动来鉴别天才儿童一直是俄罗斯的传统，活动规模宏大且历史悠久。目前，全俄奥林匹克竞赛包括英语、天文学、生物学、地理学、信息学、艺术、西班牙语、历史、意大利语、汉语、文学、数学、德语、生命安全基础、社会理论、法律、俄语、工艺学、物理学、体育、法语、化学、生态学和经济学共24个学科的竞赛。从5年级到11年级的学生都可以参加竞赛，小学生可以参加数学和俄语竞赛。不同级别的竞赛由不同级别的部门负责，如地方机关负责校级和市级竞赛，联邦主体国家权力机关负责州级竞赛，俄罗斯教育部负责联邦级竞赛。

所有的学生都可以参加校级竞赛，在学校中表现出色的学生可以被推荐参加市级竞赛，上届市级竞赛的冠军可以直接参加市级竞赛，州级和联邦级竞赛以此类推。奥林匹克竞赛由奥林匹克中央组织委员会在主席的领导下进行，如果学生达到了委员会制定的分数，他就是该学科的得奖者，但是中央组织委员会限制奥林匹克竞赛最后阶段得奖者的配额，每一个学科的得奖者数量不能超过进入最后阶段人数的45%，而获得一等奖的人数不超过总人数的8%。[12]

在1998—1999学年，有2000名8—11年级的学生进入全俄奥林匹克竞赛的最后阶段，不到参与者总数的1%。这些人将成为俄罗斯未来的精英。决赛阶段的优胜者将参加数学、物理、化学、生物学、地理、生态和计算机科学的国际奥林匹克竞赛。2017—2018学年，约有584万名5—11年级的学生参加了校级奥林匹克竞赛，而在2018—2019学年则有约600万学生参加。[13]

由于参加全国奥林匹克竞赛的学生基数很大，而进入决赛的学生又属凤毛麟角，所以专家普遍认为，不同学科的奥林匹克竞赛是选拔天才儿童最有效的方法。

（三）民间科普机构对天才儿童的鉴别

俄罗斯也有一些非政府的慈善组织如全俄康复中心、莫斯科天才儿童国际论坛和德尔菲理事会等，旨在鉴别和支持天才儿童。这些非政府组织是新发展起来的从事科学教育活动的组织，会开展一些科教性质的项目。如“火星特福：未来探险”项目，由盖尔曼·蒂托夫（Gherman Titov）的地球与太空非营利文化与教育公司于2012年创建，目前位于世界展览中心宇宙馆。该项目建造了一个完全还原的火星研究基地模型，由三个房间组成了能源站、地质研究所和工作中心，可以为儿童和成人提供参观、情境模拟、角色扮演、讲座、培训等服务。其中，角色扮演允许每个儿童尝试不同的角色，包括生物学家、地质学家、技术专家、记者和其他职业。通过观察儿童在活动中的表现，研究人员可以由此鉴别儿童所拥有的能力。

四、俄罗斯对天才儿童的培养

（一）补充教育机构对天才儿童的培养

虽然补充教育机构有助于鉴别和选拔天才儿童，但培养和发掘儿童的潜在天赋才是这些机构创设的初衷和主要职能，其中不乏一些专门机构。“天狼星”教育中心就是专门用于支持天才儿童教育的补充教育机构。该中心的主要目标是不分高低贵贱，为学生个人潜力的实现尽可能地创设条件。“天狼星”的教育课程为期 24 天，包括科学、艺术、体育和文学创造力四个教学方向。此外，“天狼星”还创造了一种新的教育模式。[14]一是它可以调整，灵活适应不同学生的需求，小学生依据选择的方向上必修课，同时可以选择其他方向的课程。二是教学以研讨会的方式进行，不再拘泥于教师讲授的传统教学模式。三是课程结束后，学生需要提交一份学科论文作为结业考核的成绩参考。此外，“天狼星”还为奥林匹克竞赛的参加者准备了特别课程：对重要的主题展开研究，而且关注文化、科学、活动等领域的发展，学生的成果也会在各种比赛和会议中展示。

“天狼星”所有的学习计划，其本质都是跨学科的融合，由相关领域的专家和科技公司牵头实施，可供实习的领域包括人工智能、信息技术、遗传学和生命科学。在这里，学生不仅可以学习知识和技能，还可以从事相关研究、进行实践培训、撰写论文，并参加“天狼星”和“天才与成功”基金会合作公司提供的研究项目。

（二）竞赛系统对学校教育的影响

尽管奥林匹克竞赛的作用是鉴别和选拔天才儿童，但是竞赛本身的重要性还是影响了俄罗斯中小学对学生的培养方案，这一点就如同高考对于中国高中学生的重要意义。

学校帮助学生备战奥林匹克竞赛的方法有两种。一是尽可能地保持学生对学科的兴趣，鼓励学生学习课外资料，并通过一些尖锐的问题引导学生查阅资料，进行自主学习。二是为每位学生制订合适的学习计划。为此，教师不仅要教授学生教案以外的知识，而且还要提出具有创造性的问题。对于学校来说，最重要的是前两个阶段，即校级和市级的竞赛。教师要意识到这些阶段在青少年养成学科兴趣中的作用，同时为他们创造有利条件，使他们能够理解这些超过教学大纲的知识。

学校也要为学生备战竞赛制订合理的培训计划。首先，学校要分析学生的需求，拟定愿意参加竞赛的学生名单。其次，学校会组织讨论，制订参加竞赛的目标，以及筹备各种备战竞赛的资源，包括教师、教室、课程安排、学习资料等。最后，学校要详细安排训练计划，包括训练内容、组织形式以及应对各种突发事件的备选方案。

（三）专业侧重型中学对天才儿童的培养

专业侧重型中学是依托科研机构和大学创办的中学，负责培养在某一特殊领域具有天赋的儿童，对切实解决学校教学师资、实验室资源受限等问题，发现并培养学生的学术潜能，有很大帮助。

20 世纪 60 年代初，苏联的科学院和大学就参与创办了“数学—物理”中学，以及其他专业侧重型中学，面向数学、科学和计算机科学方面的天才儿童招生。学校的天才儿童教育项目遵循丰富和加速的教育模式。[2]除必修课以外，学生还需要在其专业的特别研讨会上花费大量时间，并在人文学科上花费时间。例如，莫斯科1514中学在莫斯科大学和苏联科学院支持下，开展了数学专业侧重教学，并且借助莫斯科大学和苏联科学院计算中心的力量，为学生开设编程课程。

目前，俄罗斯有4所重要的天才儿童寄宿学校，分别设立于莫斯科大学、圣彼得堡大学、新西伯利亚大学和乌拉尔联邦大学内。[15]例如，依托新西伯利亚大学成立新西伯利亚数学天才儿童学校[16]，为国家培养有数学天赋的儿童。该校安排了严格的时间表：7:15早餐，8:30开始上课，一直持续到晚上9:25，其间有几次短暂的娱乐休息和较长时间的用餐休息（总休息时间为3小时），晚上11:00睡觉。在新西伯利亚数学天才儿童学校学习的学生，除了要学习数学、科学、俄语、文学以及体育，还要学习一些特殊课程，包括物理、生物、计算机等。学校采取淘汰制度，如果期末成绩不达标就会面临劝退的风险。天才儿童学校的课程难度要远远超过普通学校，授课教师中还包括该大学的教授。这些教师会为每门课程准备三种教材：一是普通高中选用的教材，二是学术性较强的教材，三是天才儿童学校专用教材。此外，天才儿童学校可以与新西伯利亚大学共享各种教学资源，包括图书馆、实验室等。

五、俄罗斯政府对天才儿童教育的支持保障

（一）俄罗斯政府为天才儿童教育制定的法律法规

1996年，俄罗斯联邦政府推出《天才儿童》联邦目标计划[17]，要为天才儿童设立的各种类型的教育机构提供有针对性的支持，随后该计划得

到扩展。

2000年，俄罗斯联邦政府发布《关于批准组成俄罗斯青年人才支持国家协调委员会》文件。[18] 由国家创造条件，用以鉴别、发展和支持天才儿童，确保他们自我实现；通过奖学金制度为天才儿童提供有针对性的支持，举办让学生能够展示自己的活动，安排与科学家和艺术家进行面对面交流的讲座。

2006年，俄罗斯联邦政府发布俄罗斯联邦总统令《关于国家对有才华的青年的支持措施》[19]，直到2016年，以发放奖金的形式持续支持奥林匹克竞赛和其他竞赛的获奖者。

2012年，俄罗斯联邦政府批准《在全国范围内选拔和发展青年人才的理念》[20]，制定全国青年人才培养体系的基本原则和主要任务，强调建立天才儿童教育机构；发布《关于批准组成俄罗斯国家天才儿童协调委员会》[21]，要在2012—2018年建立全国鉴别和发展天才儿童的制度，改善全国鉴别和发展天才儿童系统，为儿童和青年创造机会，为鉴别和发展天才儿童提供全面法律保障；批准《2012—2017国家儿童战略》[22]，要在2012—2017年制定关于天才儿童特殊教育需求的法律规定，为天才儿童教师建立特殊培训制度。

2015年，俄罗斯联邦政府制定《关于识别和支持天才儿童章程》[23]，确定了联邦国家机构、俄罗斯联邦主体教育机构、地方政府机构、各地区支持和发展中心选拔人才的过程。

2017年，俄罗斯教育部发布《建立天才儿童识别和支持中心》[24]，提出要建立天才儿童信息资源库，其中应当包括与天才儿童教育有关的活动清单、活动结果、有关获奖者的个人信息。

需要特别强调的是，俄罗斯自2012年《在全国范围内选拔和发展青年人才的理念》发布之后，便确定了以下天才儿童教育的基本原则：

一要保障儿童和青少年的人权；二要保持天才儿童教育的灵活性和开放性；三要依托专家、补充教育机构和先进的教育方法；四要在各级教育机构之间保持紧密联系；五要接受公众监督和专家监督；六要将国家政策和专家建议相结合。

（二）俄罗斯的教师培训计划

为培养教师鉴别和发展天才儿童的能力，雅罗斯拉夫尔地区从 2013 年开始举行全国“俄罗斯未来的知识领导”论坛，并实施高阶教师培训计划。该地区建立了教学资源中心体系，协助区域鉴别、支持和发展天才儿童；在雅罗斯拉夫尔师范大学的基础上引入了大学与教育机构之间的互动模型，以实施针对天才儿童的教育；成立区域间资源中心，在此基础上出版了《在普通、补充和专业教育的互动中为天才儿童提供教师指导》。[25] 在该计划中，对教师的支持和激励系统是培训教师与天才儿童工作系统的一部分，其中包括“优秀老师”“为孩子们献上我们的心”“教师功绩”等全俄罗斯的比赛，参加这些比赛的准备过程有助于提高教师的专业技能。计划还将在一些地区举办教学竞赛，如“发现天才儿童的才艺”、“寻找、支持和发展天才儿童的教育方法节”、网上竞赛等；车里雅宾斯克教师进修学校还举办“有充满创意的老师，就有天才儿童”在线竞赛。[13]

六、俄罗斯天才儿童升入大学的途径

总体看，俄罗斯天才儿童既可以凭借竞赛成绩、项目成绩直接进入大学，也可以参加统一高考，凭成绩入学。

通过奥林匹克竞赛体系筛选天才儿童。这是俄罗斯最重要的筛选天才儿童的途径。俄罗斯奥林匹克竞赛体系会从全国范围筛选成绩优异的学生，通过层层选拔，最终只有极少数的学生可以进入国家级比赛。奥林匹克竞赛是鉴别天才儿童的有效途径，通过《俄罗斯联邦教育法》也可以发现，俄罗斯对于天才儿童的识别主要通过国内已有的奥林匹克竞赛系统，通过最高级别奥林匹克竞赛筛选出来的学生在升学和就业方面都会获得独特优势。该法第七十七条规定，为发现和培养学生的创新能力和对科学（研究）活动的兴趣，促进科学知识积累，需要定期举办全俄学生奥林匹克竞赛和学生奥林匹克竞赛。对于在奥林匹克竞赛中有突出表现的中小学生，会以联邦预算拨款的形式给予金钱奖励或其他奖励，包括免费升学、免费出国留学、给予特定奖学金等。[26]

研究型大学优惠政策吸引天才儿童。全俄罗斯最高级别学生奥林匹克竞赛决赛的获奖者拥有免试录取的权利，其他奥林匹克竞赛的获奖者可以在入学后获得学分奖励，对于未列入俄罗斯儿童奥林匹克委员会名单的部分奥林匹克竞赛的获奖者入学后可以申请免除学费。同时，针对不同专业的奥林匹克竞赛，高校会根据参赛者的成绩给予不同程度的优待政策。例如，在数学奥林匹克竞赛中分数不低于 75 分的学生也可以获得免试入学的权利或者入学后获得学分奖励。[27]

参加国家统一招生考试入学。竞赛系统本身存在各地区参赛质量参差不齐、参赛要求差别较大等问题：经济较为发达地区，学生能够接受优质教育，参赛质量较高；经济较为落后地区甚至无法接触奥林匹克竞赛，仅仅依靠奥林匹克竞赛系统会遗漏一些经济落后地区的天才儿童。[28]因此，除奥林匹克竞赛选拔以外，俄罗斯天才儿童升入大学更为普遍的路径是参加国家统一招生考试。俄罗斯高考制度不断完善，联邦政府不断细化考试程序，优化考试优惠政策，统一考试制度的影响逐渐扩大。全俄社会舆论研究中心 2019 年 5 月的调查结果显示，54% 的受访者认为，统一考试制度使考生享有平等进入大学的机会，61% 参加过统考的受访者赞同此观点。天才儿童的能力往往高于普通儿童，他们在高考中也容易崭露头角，进入大学深造。

七、俄罗斯天才儿童教育的问题和启示

（一）俄罗斯天才儿童教育制度的问题

时至今日，俄罗斯的天才儿童教育系统主要由两个关键体系驱动：测量儿童才能的奥林匹克竞赛体系，以及精英化和高度专业化的学校体系。这些体系的人口覆盖率很低，每年仅有 1000 名儿童。考虑到每年的高中毕业人数在 100 万左右，天才儿童教育体系的人口覆盖率约 0.1%，显著低于大多数建立了天才儿童教育体系国家的覆盖率。此外，需要改进的不仅是系统的大小，还有系统本身。有人认为，虽然该系统有值得保留的优点，但也存在以下问题，有需要改进之处。[29]

一是缺乏系统的科学方法来鉴别儿童天赋。一方面，尽管俄罗斯联邦积极制定政策，为鉴别和培养天才儿童提供了便利，但对现状的分析表明，国家对教育资源的投入和评估不足。根据俄联邦“俄罗斯儿童计划”的“天才儿童计划”次级方案的实施结果，在 1998—2009 年，国家共向 574 个从事天才儿童工作的教育组织提供了技术基础支持，总金额约为 8200 万卢布。在 12 年间，对俄罗斯联邦支持天才儿童的结果进行分析发现，大多数教育发展方案没有提到天才儿童，在某些情况下，方案包括不同主题的竞赛，以及提供奖学金和助学金。然而，竞赛奖励金额很少，只占本土教育发展方案资金总额的 0.1%—8%。另一方面，俄罗斯寻找和鉴别天才儿童的途径包括竞赛以及广告宣传、综艺节目和职业体育比赛。无论是参加比赛还是参加综艺节目或进行宣传，都需要前期资金投入，贫

困家庭是无法支撑的。然而，有天赋的孩子并不总是出生在富裕家庭，也可能没有接受过良好的教育。也就是说，他们被剥夺了发展自己能力的机会，或者在发展过程中面临更多困难。因此，许多来自贫困家庭的天才儿童会被漏掉。一个真正有效的天才儿童教育系统不应只关注已经准备好参与各种竞赛和考试的天才儿童，而应在天才儿童的天赋表现出来之前就找到并培养他们。

二是天才儿童在受到专业学校的教育并获得高中文凭之后，很难再继续接受这种专业化的训练。因为大学教育是面向大众的一般性教育，这与专业学校的精英化教育理念脱节。专业学校提供的教育在难度和多样性上早已和大学相当，甚至超越一般的大学，因此当专业学校的学生被大学录取时，往往会表现出参与度、兴趣和学习动机较低等问题，因为大学课程对他们而言太过简单甚至肤浅。此外，国家也没有为这些天才儿童准备系统的就业规划，导致有些天才儿童在大学毕业后没有找到能够与其天赋相匹配的工作。

（二）俄罗斯天才儿童教育的经验与启示

尽管俄罗斯的天才儿童教育制度存在一系列问题，但也不能否认其辉煌成就，其中不乏有益的经验和启示。

一是需要考虑能够鉴别天才儿童的有效指标。根据已有研究，在数学、美术和体育竞赛中脱颖而出的儿童，很可能具有较高的天赋。国家应该适当考虑将这些竞赛成绩作为鉴别天才儿童的重要指标。

二是有必要为天才儿童准备专门的学校、培训机构、教育机构。在俄罗斯，这样的培训学校很多。例如，柯尔莫哥洛夫（Kolmogorov）数学与科学学院在国际上久负盛名，其文凭得到世界一流大学的青睐。同样，塔蒂亚娜·塔拉索娃（Tatiana Tarasova）的花样滑冰学校因培养出许多奥运会冠军和其他重要赛事的冠军而扬名世界。同时，对学校内教师的培训也必不可少，教师需要提高鉴别天才儿童的能力，通过接触天才儿童积累经验，国家也需要建立教师支持系统，提高教师鉴别天才儿童的积极性。

三是重视对天才儿童和天才教育的宣传。在俄罗斯，大众媒体特别是电视、广播和报纸等热衷于对个体才能的卓越性和独特性进行持续宣传，使大众对天才儿童的认可度比较高。许多受大众喜爱的节目强调天赋的稀缺性，以及强调天赋与学校教育之间相互匹配的重要性。这些节目经常扮演媒介的作用，为天才儿童提供展示自己的机会，帮助他们寻找能够进一步发展和最终取得成功的伯乐。

参考文献：

[1] Karp A. Thirty years after: the lives of former winners of Mathematical Olympiads [J]. Roeper Review, 2003 (25): 83-92.

[2] Heller K A, Mönks F J, Sternberg R J, et al. International handbook of research and development of giftedness and talent (2nd Edition) [M]. Amsterdam: Elsevier, 1997.

[3] 大卫·W. 弗尔曼，廖广平．苏联的天才教育 [J]. 教育理论与实践，1988 (5)：59-60.

[4] 李静．俄罗斯儿童补充教育发展经验及启示 [J]. 首都师范大学学报（社会科学版），2021 (2)：182-188.

[5] Евладова Е Б, Погинова Л Г, Михайлова Н Н. Дополнительное образование детей [M]. Москва: ГУМАНИТАРНЫЙ ИЗДАТЕЛЬСКИЙ ЕНТР, 2004: 40.

[6] Jeltova I, Lukink, Grigorenko E L. We can still do this, or can we? The Russian system of education and promoting talent in mathematics and science. In: Balchin T, Hymer B, Matthews D J. (Eds). The Routledge international companion to gifted education [M]. London; New York: Routledge, 2009.

[7] Donoghue E F, Karp A, Vogeli B R. Russian schools for mathematically and scientifically talented: can the vision survive unchanged? [J]. Roeper Review, 2000 (22): 121-128.

[8] 雷启之．俄联邦支持天才儿童的教育 [J]. 学科教育，2000 (10)：48-49.

[9] 卞善艺．苏联特殊音乐学校钢琴才能教育初探 [J]. 人民音乐，1996

（2）：26−29.
［10］朋腾，肖甦．俄罗斯天才儿童补充教育的新型模式研究［J］．比较教育研究，2022（9）：37−44.
［11］肖文秀．天狼星教育中心：俄罗斯免费天才少年班［N］．环球时报，2017−07−31（13）.
［12］base.garant.ru. Приказ Министерства образования и науки РФ от 18 ноября 2013 г. N 1252 “Об утверждении Порядка проведения всероссийской олимпиады школьников”［EB/OL］．（2013−11−18）［2022−12−17］．https://base.garant.ru/70575694/#ixzz6fjmdd%20Dcc.
［13］Yulia N. 苏俄的超常儿童教育研究［D］．上海：华东师范大学，2021.
［14］КУЧИНА Т Г. Педагогические технологии XXI в.: опыт образовательного центра«Сириус»［J］．Ярославский педагогический вестник, 2017（6）: 403−405.
［15］于翔．俄罗斯将建更多天才儿童学校［N］．中国教育报，2010−05−04（3）.
［16］Evered L J, Nayer S. Novosibirsk's school for the gifted-changing emphases in the New Russia［J］．Roeper Review, 2000（23）: 22−24.
［17］ips.pravo.gov.ru. О президентской программе “Дети России”［EB/OL］．（1996−02−19）［2022−12−17］．http://ips.pravo.gov.ru/?docbody = &prevDoc = 102031896&backlink = 1&&nd = 102039650.
［18］Постановление Правительства РФ от 25 августа 2000 г. N 625 “О федеральных целевых программах по улучшению положения детей в Российской Федерации на 2001−2002 годы”［EB/OL］．（2000−08−25）［2022−12−17］．http://base.garant.ru/1583996/.
［19］Указ Президента РФ от 6 апреля 2006 г. N 325 “О мерах государственной поддержки талантливой молодежи”［EB/OL］．（2006−04−06）［2022−12−17］．http://base.garant.ru/6198652/#ixzz6gO6G4nAL.
［20］legalacts.ru. Концепция общенациональной системы выявления и

развития молодых талантов [EB/OL].（2012–03–04）[2022–12–17]. https://legalacts.ru/doc/kontseptsija-obshchenatsionalnoi-sistemy-vyjavlenija-i-razvitija-molodykh/.

[21] base.garant.ru. Правительство Российской Федерации Распоряжение от 5 октября 2012 года N 1848–р [Об утверждении состава Национального координационного совета по поддержке молодых талантов России] [EB/OL].（2012–10–05）[2022–12–17]. http://base.garant.ru/70238126/.

[22] base.garant.ru. Указ Президента РФ от 1 июня 2012 г. N 761 "О Национальной стратегии действий в интересах детей на 2012–2017 годы" [EB/OL].（2012–06–01）[2022–12–17]. http://base.garant.ru/70183566/.

[23] consultant.ru. Постановление Правительства РФ от 17.11.2015 N 1239（ред.от 27.05.2020）"Об утверждении Правил выявления детей, проявивших выдающиеся способности, и сопровождения их дальнейшего развития" [EB/OL].（2015–11–17）[2022–12–17]. http://www.consultant.ru/document/cons_doc_LAW_189018/.

[24] consultant.ru. О создании центов выявления и поддержки одаренных детей [EB/OL].（2017–12–18）[2022–12–17]. http://www.consultant.ru/cons/cgi/online.cgi?req = doc&base = EXP&n = 396410#06296483735099049.

[25] Золотарева А В, Лекомцева Е Н, Пикина А Л. Тьюторское сопровождение одаренного ребенка в условиях взаимодействия общего, дополнительного и профессионального образования [M]. Ярославль: Изд-во ЯГПУ, 2014: 274.

[26] Федеральный закон "Об образовании в Российской Федерации" N 273-ФЗ от 29 декабря 2012 года с изменениями 2020 года [EB/OL].（2012–12–29）[2023–03–09]. https://zakon-ob-obrazovanii.ru/.

[27] Риемная Комиссия Ниу Вшэ. Поступление по результатам олимпиад

школьников-2024［EB/OL］.（2023−01−01）［2023−03−09］. https://ba.hse.ru/bolimp.

［28］凌琳. 中国中小学超智儿童特殊精英教育培养政策制定研究［D］. 重庆：西南大学，2020.

［29］Рубцов В В, Журавлев А Л, Марголис А А, et al. Образование одаренных-государственная проблема［J］. ПсихологическаяНаука и Образование, 2009（4）: 5−14.

第三章

德国天才儿童教育体系的构建与发展

德国的教育体系强调教育机会均等，其教育立法和行政管理权主要由各州负责。作为高度发达的工业国，从制定政策的出发点来看，德国仍然注重教育公平，即以回应和满足每个学生特殊的教育需求，确保每一个儿童得到最适合其能力发展的机会为目标，其在天才儿童的选拔、培养、管理等方面也进行了积极的探索，并取得了丰富成果，为德国经济、科技等方面的卓越发展奠定了人才基础。

一、德国天才儿童及天才儿童教育概述

（一）天才儿童的定义

在德国语言环境下，人们习惯用“Hochbegabten”即“天才”（giftedness）一词指代具有潜力的儿童。1985年，德国联邦教育与科学部（现为联邦教育与研究部）在《天才儿童的发现与促进——家长、教育者和教师指南》中将天才儿童解释为“一般在很小的时候就表现出非同寻常的能力，这种能力可能涉及各个领域，有的甚至在多个领域均具有天赋，并有可能在某些领域取得远超平均水平的成就，例如学业、体育、音乐、艺术等方面”。[1]德国的著名教育学家海勒也提议要从多个维度来定义天才儿童，例如智力、创造力、社交能力等，以此来更好、更充分地发现天才儿童。[2]

（二）天才儿童教育发展历史

受纳粹时期反犹主义和人种优越论的影响，第二次世界大战后，德国的教育体系更强调教育机会的均等。因此，其天才儿童教育长期存在争议，并经历了一个曲折的发展过程。

一是沉寂时期（第二次世界大战后—1977年）。第二次世界大战结束后直至20世纪70年代后期，德国政府和民间有意无意地回避甚至忽略天才儿童的甄别和培养。1975年9月，首届世界天才儿童大会在英国伦敦召开，为各个国家和地区的天才儿童研究者搭建了一个交流沟通的平台，但在德国反响平平。1977年，德国学者马丁（Martin）出版《天才儿童的行为障碍》一书，标志着德国逐渐开始重视对天才儿童的甄别与培养。[3]

二是萌芽时期（1978—1985年）。受《天才儿童的行为障碍》一书的启发，德国的一些学校和协会开始相继开展天才儿童教育。1977年，德国最大的私立学校——布劳施瓦克的“青少年之村”决定从11年级起，为天才儿童设立“特殊班级”。[3] 1978年2月，德国天才儿童协会成立，并于1984年和1985年相继在汉诺威和柏林建立地方机构。1981年，下萨克森州不伦瑞克市的克里斯托佛罗斯文理学校启动“天才学生促进计划”，成为德国首个开展天才儿童教育实践的学校。[1]

三是突破时期（1985—1992年）。1985年之后，包括官方在内的各界开始重视天才儿童教育问题。1985年，德国联邦教育与科学部资助出版《天才儿童的发现与促进——家长、教育者和教师指南》，为甄别和培养天才儿童提供了具体的指导和建议。[1] 1985年8月，第六届天才儿童国际会议召开。此次大会涉及天才儿童的概念定义、鉴别、遗传或环境对人发展的作用、天才儿童的培养等多项主题，引发了德国各界对天才儿童教育问题的大讨论。此次大会后，汉诺威的文化部长计划建立“德国快车班级”等缩短学制的天才儿童教育形式，以此促进普通中学、实科中学（教育目标介于义务教育和升大学之间的实用中学）和文理中学的天才儿童发展。1991—1992 学年开始，巴登—符腾堡州的文化部长计划设立可以让天才儿童用 8 年读完的文法学校。[3]

四是发展时期（1992—2001 年）。1992 年之后，德国天才儿童教育协会和组织陆续成立，标志着德国天才儿童教育进入新阶段。1992 年 10 月，“欧洲高能力理事会”第三次大会在慕尼黑举行，德国的天才儿童教育和人才支持渐成体系并受到欧洲其他国家的认可。1993 年底，德国成立“天才教育协会”，作为联邦范围内的中央协会，该组织主要负责协调各州之间的天才儿童教育工作。2001 年，德国明斯特大学、奥斯纳布吕克大学和荷兰奈梅亨拉德堡德大学联合组建国际天才研究中心。作为欧洲最大的天才儿童教育研究机构，该研究中心围绕天才儿童教育的基本理论、甄别测试工具、教学方法、环境对天才儿童的影响等主题开展研究，同时开展师资培训和项目指导评估。2001 年 3 月，德国联邦教育与研究部部长布尔曼在“发现和促进天才儿童”教育论坛上发表题为“促进精英教育就是促进天才儿童教育”的讲话，指出“界定天才儿童的标准，不是父母的地位和收入，而是天赋、天分、能力、投入精神和富有责任感”，强调了天才儿童教育的公平性。[3]

五是蓬勃发展时期（2001 年至今）。进入 21 世纪，德国政府加快了推动天才儿童教育的步伐，先后出台了一系列政策和措施来推动这一领域的快速发展。例如，2009 年出台了《各州有关根据天才需要培养学生的原则立场》，以满足对有特殊才能的学生提供更多个性化教育和支持的需求。[4] 2014 年，成立青年社会科学教育学生研究院，由德意志学生研究院主管，由来自德国各大高校的教职人员、学生和组织开展相关活动。[5] 2016 年出台《联邦与各州有关促进资优学生以及具有资优潜力的学生的联合倡议》，旨在为德国的天才儿童提供更多的教育机会和资源，并通过引入新的教学和评估方法，提高德国学校的教学质量。[6]截至2017年7月，德国共有994名天才儿童获得了学习德意志学生研究院课程的机会。[5]2018年，德国联邦政府和州政府共同启动了计划为期10年（2018—2027年）的“中小学培优”计划，在兼顾移民学生以及社会地位较低学生的同时，还对天才儿童的理念、措施等进行评估，并在全国推广。[7]

二、德国对天才儿童的选拔与培养

（一）天才儿童的选拔

1. 天才儿童的鉴别标准

德国教育学家泰科斯托（Textor）总结了天才儿童的若干特征，具体包括：在某些领域具有特殊的学习能力和技能（如音乐、美学、体育、数学与自然科学等领域）；对某种类型的活动有特别明显的兴趣或偏好，可以在特定活动中全神贯注并表现出极大的耐心；具有强烈的同理心，表现出领导能力，可以调解纠纷，解决他人的人际冲突，对社会问题兴趣浓厚；（在谈话和儿童的“成果”等方面）展现出极强的创造力和独创性；对学习充满渴望，具有好奇心、自我决定或控制力、完美主义和批判性思维，会提出许多问题并快速处理新信息；能够在没有外来帮助的情况下自己学习、阅读、写作或算术；具有比其他儿童更多的词汇量，经常使用少见或复杂的术语，表达时通常使用长句；具有优秀的观察力，可以快速识别因果关系、相似点和不同点、原则和规律；注意力高度集中，记忆力好，如可以快速学会歌曲、诗歌等；对某些（成人的）主题特别感兴趣，并且在某个领域具有“专门知识”；更愿意选择同样超常的或者年龄较大的儿童作为游戏和对话伙伴，如果在高要求活动中没有合适的玩伴，他们会单独活动；行为问题或心理问题并不具有标示性，天才儿童通常与其他儿童一样具有良好的适应性和成熟的情绪。[1]

2. 天才儿童的选拔工具

基于天才儿童的多维概念，海勒等人2008年开展了天才儿童纵向研究，发展和评估了鉴别天才儿童和青少年各种形式的天赋的鉴别诊断工具——慕尼黑天才测验量表（The Munich High Ability Test Battery，MHBT）。该量表包含27个测试和标准化问卷，包括认知能力（语言、技术和空间等因素）、非认知人格因素（自我概念、行动控制和成就动机等）以及学习环境的社会条件（家庭和学校氛围、教学质量等），并针对不同年级开发了不同的测试问卷。实践证明，该量表在天赋研究框架以及天赋项目评估研究中具有较高的信效度。[8]

3. 天才儿童的选拔流程

德国天才儿童选拔分三个阶段。第一阶段根据教师检查表对全部学生进行筛选，最终筛选出10%—20%的学生。在第二阶段采用慕尼黑天才测验量表对前10%—20%的学生进行测试，筛选出前2%—5%的学生。在最后一个阶段，根据测试结果，对这2%—5%的学生提供适宜的培养方案。[8]具体流程见图3-1。

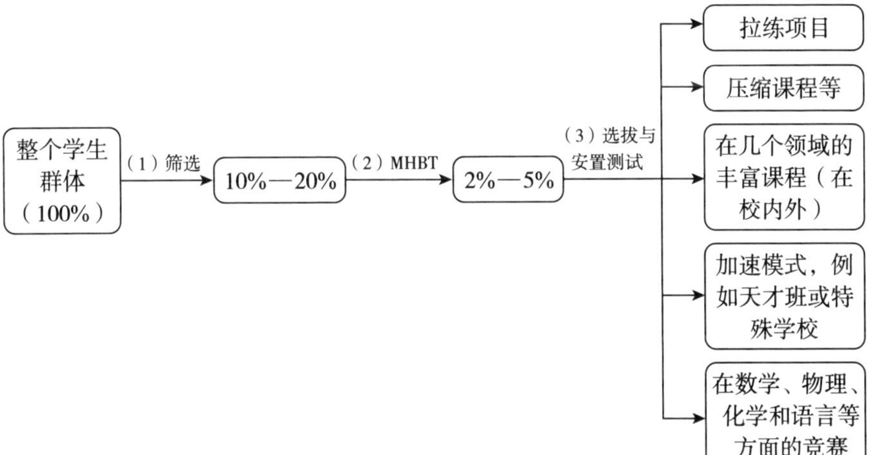

图3-1　教育项目识别天才儿童的顺序策略模型（Heller & Perleth，2010）

（二）天才儿童的培养

1. 天才儿童的教育模式

德国的天才儿童教育采用的是起源于美国的"充实制"和"自主学习模式"。这两种模式的共同点是，利用自我调节的终身学习形式（一种以研究为基础的学习形式）来支持学校的天才。"充实制"分为三个类型：第一类使学习者通过一般探索性活动发现自己的个人兴趣；第二类是群体训练活动；第三类是让天才儿童对实际问题进行个人或小组调查。"自主学习模式"也采用了类似概念，具体划分为五个维度：一是"定向"维度，包括明确能力概念和课程设计；二是"个体发展"维度，传授自我调节学习的能力；三是"丰富"维度，包括课外内容，为学习者提供差异化的可能性；四是"研讨会"维度，学习者合作研究，提出和评价不同主题；五是"深入研究"维度，学习者以独立或小组形式，从他们感兴趣的领域中选择独立的长期项目。[9]

2. 天才儿童教育体系

德国拥有多元化的天才儿童教育体系，各州的政策和措施既有共同点，也存在特殊性。就天才儿童接受教育的形式而言，德国的南部和东部州倾向于设立专门的天才儿童学校，而德国的北部和西部州则主要依托普通学校和课程实施天才儿童教育。[1]

例如，巴登—符腾堡州有两所专门的天才儿童特殊教育学校，其中一所是公立学校，包括一个咨询中心，接受 7 年级或 10 年级的天才儿童；另一所是私立学校，特别关注科学课程，儿童从 5 年级到 10 年级要参加生物、化学和物理的额外课程，此外还教授计算机科学。该州还有 15 所文法学校为天才儿童提供特殊课程。在这些学校，天才儿童会以更快的速度学习（加速制），通常由大学和企业合作提供课程。[9]

柏林州的天才儿童教育形式多样。有 13 所小学提供额外和特殊课程。

一些中学提供直接跳过 8 年级的特殊班级，学生可以在常规教学时间内加速学习常规课程，每年可多出 6 周的时间用于学习额外课程和从事特殊项目。不同学校的侧重点也各不相同，有的聚焦体育、音乐或语言等领域的特殊人才，有的则更关注有数学天赋的儿童。[1]

巴伐利亚州文教部则在全州的文理中学（相当于我国的普通中学）共设立了 8 个天才班，除完成正常的教学内容外，还提供附加课程和特别辅导。例如，天才班 11 和 12 年级的学生可以参加“天才网络”研讨课；每年暑假，该州文教部都会委托州内 7 大区为天才班 11 年级特别优秀的学生举办跨校天才研讨课；中学生研究院在暑假提供为期一周的类似拓展课程，每年定期举办各学科竞赛；中学生还可以参与早期大学学习。目前，有 4 所文理中学在文教部的支持下与大学联合培养早期大学学习者。[10]

3. 天才儿童学科竞赛促进项目

除了常规化的教育，德国还会开展竞赛等促进项目，包括涉及多个学科领域的竞赛和一些经常性的天才儿童促进项目。例如，“青年研究大赛 / 少年实验大赛”是欧洲最大的天才选拔竞赛项目。要求 14 岁以下儿童参加少年研究大赛，15—21 岁的年轻人参加青年研究大赛。对于学生而言，在这些选拔赛中脱颖而出，意味着有机会打破一般学校生活，自己决定学什么、怎么学，从而充分挖掘并发展自己的特殊天赋。此外，参与者还有机会测试自己的艺术和文化水平。该竞赛项目还出版了《联邦教育和研究部的学校和青年比赛》。[11]

此外，“教育与天赋协会”还组织了大量侧重点不同的数学或外语竞赛。“德国青年科学家竞赛”旨在培养数学、科学和信息技术领域的优秀学生，4—21 岁的学生都有资格参加竞赛并围绕他们感兴趣的问题展开研究。还有如“德国小学生学院”“德国青年学院”“榜样学院”等经常性的天才儿童促进项目。[9] 这些全国性的竞赛为儿童和青少年提供了远远超出常规学校学习的机会。

4. 天才儿童教育国家促进项目

为促进天才儿童的发展，联邦教育与研究部和州教育部共同投入 1.25 亿欧元实施了“中小学培优”计划。该计划于 2018 年启动，为期 10 年，分两个阶段开展。第一阶段（2018—2022 年），各联邦州评选出 300 所中小学校参与计划，按地区和学校类型分配名额，同时照顾移民学生，以及社会地位较低、学生比例较高的学校。联邦教育与研究部部长万卡（Wanka）认为，为天才儿童提供更好的学习机会是教育机会均等的重要议题。为此，德国成立了“中小学培优”计划联盟。学者们和参与计划的中小学校共同制定促进天才儿童发展的战略和举措，同时积极参与课堂质量评价，激发教师的教学动机和学生的学习热情，提升中小学教师的教学能力和发现学生天赋的能力等。第二阶段（2023—2027 年），对开发出的理念、措施等进行评估，并将其推广到全国范围。[12]

5. 大学支持

天才儿童教育也得到一些大学的支持。大多数德国大学为天才儿童提供学习课程，天才儿童在大学听课并参加考试后，所得学分可用于未来学位申请。[1] 例如，罗斯托克大学和达姆施达特高等专科学校开设大学学习日，天才儿童可以每一周或每两周到此学习一天化学、哲学和信息学。[3] 德国比较有影响的促进措施还有儿童大学和大学先修课。儿童大学主要是激发 8—12 岁儿童对科学的兴趣。大学的专家可以一周一次也可集中安排在某一个月，采用授课、展示、实验或小组工作等多种组织方式，帮助学生提前熟悉大学生活。大学先修课针对高中生。那些展现出高潜力和学习积极性的学生，可以在中学课程之外定期参加大学提供的常规课程并参加考试，所获学分可被大学认可。总的来说，大学先修课程是一种兼具充实和加速学习要素的促进措施。[4]

三、德国天才儿童教育的支撑体系

（一）组织机构

1. 组织协会

1978年2月，德国成立德国天才儿童协会。该协会分设较多的地方性协会，基层民主性很强，重要的计划都由地方性的协会共同决定，但也因此导致决策过程很长。协会主要负责向公众解释天才儿童问题；向家长、教师、心理学家和社会教育工作者说明如何识别天才儿童；与学校、高校合作，建立全国天才儿童及其家庭的咨询和教育中心；为家长交流经验、同龄天才儿童学习互动和专业人员问题研讨提供场地；为天才儿童举办相关活动、讨论班和可以促进天才儿童发展的培训课程等。1993年，成立天才儿童教育协会，其任务主要是服务于天才儿童家庭，避免家长对孩子提出过高要求。[3]还有一些协会侧重于不同形式的人才培养，如德国支持天才国际音乐学院支持有音乐天赋的个体。[9]

2. 研究机构

一是德意志学生研究院。1988年，德意志学生研究院成立。该研究院以支持天才儿童教育研究为宗旨，为德国高中阶段的学生提供参加课题研究和校外课程的机会；对充满学习积极性和有天赋的青少年天才进行支持性培养；为社会发展及天才儿童教育的研究提供后备力量。2001年，德国联邦政府开始逐步接管该研究院的课程及研究赞助工作，直至2009年全面接管。[13]

二是国际天才研究中心。2001年，德国明斯特大学、奥斯纳布吕克大学和荷兰奈梅亨拉德堡德大学联合组建“国际天才研究中心”，其研究人员涉及领域广泛，有自然科学家、教育学家、数学教学法专家、心理学家和语言学家。该研究中心与1988年在荷兰尼姆威根大学建立的“天才儿童研究中心”密切合作，对所有学校、所有学科教师和准备当教师的学生实施有关天才儿童教育的培训计划。作为欧洲最大的天才儿童教育研究机构，该中心围绕天才儿童教育的基本理论、甄别测试工具、教学方法、数学天才儿童研究、环境对天才儿童的影响等主题开展研究，同时开展师资培训和项目指导评估等。[1]目前，该研究中心的工作主要围绕天才研究、天才资助和继续教育三个重点展开。具体来说，天才研究负责对有特别才能的天才儿童进行发展状况的评估以及天赋测试；天才资助负责对特别有才能的儿童、青少年和成年人的天赋、学习能力和个性发展进行诊断与支持，以及在课内与课外对家长、教育工作者和教师的咨询进行答复并给出相应的建议；继续教育则主要聚焦于构想并实现跨学科以及国际化的教育培训课程、评估、会议和一系列有关天才研究和天才儿童教育的作品的出版。[5]

此外，德国国际天才研究中心作为天才儿童教育的研究基地，每年都会组织各种活动、开展各类项目为天才儿童教育的研究和发展提供全方位的支持。例如，该中心参与了作为欧盟“伊拉斯谟+项目”子项目的“EGIFT项目”，这是一个由开放教育资源机构协助实施的项目，旨在支持对天才儿童教育有兴趣的教师。该项目除了提供在线资源，还会定期举办培训课程，每月还会为家长开设讲座和小型研讨会，帮助家长对天才儿童与少年的情感需求与社会定位有更好的了解并且获得专业的知识和指导。[5]

三是青年社会科学教育学生研究院。2014年，青年社会科学教育学生研究院在德国联邦教育与研究部的大力倡导下，以德意志学生研究院的组织形式为范本而成立。其接受德意志学生研究院的管辖，由来自德国各大高校的教职人员、学生和组织开展相关活动。青年社会科学教育学生研究院开设包括数学、医学和哲学在内的6门课程，课程持续12天，加上短途旅行、音乐会等活动，共计16天。此外，在2017年，青年社会科学教育学生研究院还开展了可持续发展研究院项目。[5]

（二）经费保障

1. 民间基金会

在德国，各类协会和基金会也部分承担了促进天才儿童教育的责任。其中尤为突出的是“卡尔格天才教育基金会”，该基金会促进对天才儿童的支持和天才儿童信息的交流，与其他组织进行相关资讯的沟通，并帮助不同机构之间进行合作。[9]

该基金会很大程度上代表了德国民间机构对于天才儿童教育发展的支持。卡尔格基金于1989年由卡尔格夫妇创立，主张教育公平并非每个人得到一样的教育，而是让孩子们都能得到最适合自己的教育支持。该基金致力于满足天才儿童的特殊学习需求，建立考虑到个体特殊性的教育系统，促进德国天才儿童教育资助体系的构建。其资助项目包括：托儿所、学校和咨询机构的天才示范和试点项目（以未来发展和教育公平为主题）；天才儿童教育及咨询效果评估项目；天才儿童教育家和心理学家的继续教育与培训。[5]

2. 官方基金

天才儿童教育财政支持的框架条件由联邦教育与研究部的资助指南规定。2016年11月10日，德国各州文教部长联席会议提出《联邦与各州有关促进资优学生以及具有资优潜力的学生的联合倡议》。该政策为期10年，5年进行一次中期总结，德国联邦和各州各资助一半费用，共计1.25亿欧元（约人民币9.5亿元）。[6]近年来，联邦政府通过天才儿童促进组织不断扩大对优秀青年的培养，用于人才提升的预算从 8050 万欧元（2005 年）增加到约 3.129 亿欧元（2022 年）。2008 年，首次有 1% 的学生获得了天才儿童促进组织颁发的奖学金。尽管学生人数不断增加，但支持所有学生中 1% 成为奖学金获得者的目标仍在继续。天才儿童教育机构资助的学生人数也已从约 13 400 人（2005 年）上升至 32 333 人（2021 年）。[14]

（三）教师培养

1. 欧洲高能力理事会培训

欧洲各国越来越意识到天才儿童教育发展的重要性，并联合成立了欧洲高能力理事会。该机构是天才儿童教育教师、研究人员、心理学家、天才儿童家长交流学习的重要平台。此外，理事会与国际天才研究中心合作，提供针对中小学教师、幼儿教师、志愿工作者等不同目标群体的各种课程，参与者完成后可获得相应的资质。[1] 例如，“天才儿童教育专家”文凭针对的是教师，“学前天才儿童教育专家”证书针对学前教师，“天才儿童指导专家”资格则面向志愿辅导员。[9]

2. 大学提供的培训

卡尔斯鲁厄师范大学与瑞士西北应用科学与艺术大学合作授课，提供面向教师和其他支持天才儿童工作者的“促进天才和人才综合教育”硕士学位。莱比锡大学还设立“能力和能力发展研究”硕士学位，使毕业生能够在辅导中心和支持天才的机构工作。此外，幼儿教师和教育工作者在完成由德累斯顿社会工作、教育和护理应用科学大学和罗斯托克大学提供的继续教育课程后，可以获得“天才儿童教育工作者”资格。2014 年 1 月，柏林心理学院与卡尔格天才教育基金会合作成立了“天才系”，通过与德国各地的独立运营机构开展合作，进一步提升了天才儿童教育质量。[9]

四、德国天才儿童升入大学的途径

天才儿童可以提前入学和独立编班，但必须参加高中会考。天才儿童在小学阶段可以提前入学（5 周岁），还可以跳级，在两年时间内完成 1—3 年级的学业。[4] 升入中学后，有些州会在选定的文理中学[15] 设立天才班，如巴伐利亚州文教部在全州设立 8 个天才班，这些天才班通常设立在大城市[10]。天才班的学生不用像普通学生一样在中学阶段进行分流。从天才班顺利毕业的学生，可以获得高级中学毕业文凭（高等学校入学资格），此外还可以获得参加天才儿童教育的证书。但天才学生与普通学生都要参加高中会考，获取升入大学的机会。[4]

提前进入大学学习是衔接中学和大学的有效措施。在中学阶段，一些中学会与大学合作为天才儿童提供提前进入大学学习的机会。提前进入大学学习是衔接中学和大学的有效措施，不仅给予天才儿童更多的学业拓展空间，而且缩短了大学学习年限，从而使他们可以更早地进入下一个发展阶段。作为早期大学学习者的天才儿童，可以旁听大学基础阶段的常规课程，参加课程正常考试，其取得的成绩也将记录在案。只要他们取得文理中学毕业证书，并在大学相应专业注册，之前取得的成绩就被视为有效成绩。[10]

五、德国天才儿童教育的成果

目前，德意志学生研究院的工作由 12 人组成的专门顾问委员会进行统筹协调。截至 2017 年，德意志学生研究院的 7 所分院在联邦政府支持下已经将 360 名青少年天才培养成才。此外，德意志学生研究院启动“2017 年德国天才儿童教育培训项目”。截至 2017 年 7 月，德国共有 994

名天赋异禀的学生获得了学习德意志学生研究院课程的机会。[5]

此外，为了促进天才儿童教育在全国的实施和推广，德国联邦教育与研究部还建立了专门的信息网站——“人才见面”。该网站作为德国全国范围内的门户网站，为所有学生、家长和教育从业者提供有关人才发展和人才提升主题的全面信息。除了人才部门的最新信息和广泛的数据库，民众还可以搜索所在联邦州的措施，并且在德国范围内不受时间和地点的影响，为全国天才儿童教育的查询与推广提供了巨大便利。[16]

参考文献：

［1］邓舒．德国超常儿童教育及其对我国的启示［J］．大学，2020（44）：148–151.

［2］Heller K A. The nature and development of giftedness: a longitudinal study［J］. European Journal of High Ability, 1991, 2（2）: 174–188.

［3］彭正梅．德国天赋儿童教育的历史发展和现状［J］．山东教育科研，2002（10）：41–44.

［4］孙进．德国如何开展拔尖人才早期培养［J］．人民教育，2022（17）：69–72.

［5］李琛晨．英才教育的三大支柱：培养、科研、民间资助［J］．上海教育，2017（29）：15–19.

［6］王苏雅．德国政府资助基础教育阶段资优生培养［J］．上海教育，2017（32）：54–55.

［7］王霏，董翼，尹巧．资优教育的国际现状及启示——以美国、德国、日本为例［J］．内蒙古教育，2020（11）：101–103.

［8］Heller K A, Perleth C. The Munich High Ability Test Battery（MHBT）: a multidimensional, multimethod approach［J］. Psychology Science, 2008, 50（2）: 173–188.

［9］Fischer C, Müller K. Gifted education and talent support in Germany［J］. Center for Educational Policy Studies Journal, 2014, 4（3）: 31–54.

［10］黄崇岭．德国巴伐利亚州基础教育阶段的精英培养计划［J］．世界教育信息，2018（2）：39–40.

［11］Bundesministerium für Bildungund Forschung. Über die Schule hinaus: jugendwettbewerbe bieten mehr［EB/OL］.（2023–01–17）［2023–

01－25］. https://www.bmbf.de/bmbf/de/bildung/begabtenfoerderung/jugendwettbewerbe/ueber-die-schule-hinaus-jugendwettbewerbe-bieten-mehr.html#searchFacets.html.

［12］肖军. 德国实施“中小学培优”计划［J］. 世界教育信息，2018（7）：76.

［13］Ministerium für Schule und Bildungdes Landes Nordrhein-Westfalen. Deutsche SchülerAkademie［EB/OL］.（2023-01-01）［2023-12-09］. https://www.schulministerium.nrw/schule-bildung/schulorganisation.

［14］Bundesministerium für Bildungund Forschung. Das BAföG eröffnet Bildungschancen［EB/OL］.（2023-01-17）［2023-01-25］. https://www.bmbf.de/bmbf/de/bildung/finanzierung-bafoeg-andere/bafoeg/das-bafoeg-eroeffnet-bildungschancen.html.

［15］赵杰. 新加坡、德国、美国的普职分流模式及其对我国的启示［J］. 教育与职业，2013（29）：17-20.

［16］Bundesministerium für Bildungund Forschung. Talent Trifft［EB/OL］.（2022-07-04）［2023-01-25］. https://www.bmbf.de/bmbf/de/bildung/begabtenfoerderung/talent-trifft/talent-trifft.html#searchFacets.html.

第四章

英国天才儿童教育研究

拔尖创新人才是科技创新和发展的重要力量，受到世界各个国家的重视，被视为宝贵的国家资源。天才儿童是拔尖创新人才的重要来源和预备队，是拔尖创新人才早期培养的主要对象。纵观世界各国的天才儿童教育，英国起步较早，并形成了一套完备的、以整合式为主要特点的天才儿童教育体系，同时对众多欧洲国家的天才儿童教育产生了重要影响。

一、英国对天才儿童的定义

英国对天才儿童的定义标准主要受到多元智能理论而非单一强调智商的理论的影响。[1] 基于此，英国儿童学校家庭署（Department for Child, School and Families）对有天赋的学生和有才华的学生进行了区分。“有天赋的”学生是指那些在历史、科学和数学等一门或多门学科上表现优异的学生，而“有才华的”学生是指那些在体育、音乐、舞蹈和艺术等实践技能上表现出色的学生。[2] 此外，英国的学校还经常使用一系列术语，例如高能力（high ability）和高潜力（high potential）来形容天才儿童。[3] 在实际执行中，英国原教育与就业部（Department for Education and Employment）发布的《城市卓越计划》（*Excellence in Cities*）规定，参加天才儿童项目的学生是每所学校中就能力而言处于前 5%—10% 的学生，具体的比例通常依照学校的资源水平（例如师资和经费等）来决定。[4]这一规定实际上表明天才儿童的界定是相对的，每所学校都有属于自己的天才儿童群体，这些儿童在该所学校中比其他儿童更有天赋，需要更加有挑战性的课程和培养模式。而由于学校之间的差异，一所学校的天才儿童到另一所学校中可能会不再被认定。

总体而言，英国天才儿童的定义基于儿童多方面的能力，而不仅基于其学业水平。并且，儿童是否被划分为天才儿童是根据所在的学校水平而不是绝对的标准。这样的标准，保障了不同类型天才儿童的受教育权利，也保障了不同教育水平的学校内天才儿童的受教育权利。

二、英国天才儿童教育的发展历史

英国早在20世纪初就形成了严格的双轨教育体制，彼时精英教育主要依赖于文法中学、公学和大学等机构，服务于权贵家庭。此后的很长一段时间内，由于对社会公平的强调，英国政府对天才儿童教育始终持冷淡态度。[5]直到20世纪90年代末《城市卓越计划》的发布，意味着英国开始建立真正意义上的现代天才儿童教育体系。以下主要对此后的英国天才儿童教育发展历史进行回顾。

（一）天才儿童教育的高速发展期（1999—2010年）

从1999年到2010年的10多年间，天才儿童教育一直是英国教育规划的优先事项。1999年，新当选不久的工党政府发布了《城市卓越计划》。这一政策旨在通过教育促进社会流动来解决那些低收入家庭的学生遇到的问题，为有天赋和有才华的学生提供适当的资金，支持他们的个人成就，并加强社会阶层流动的潜力。该政策的发布，极大地促进了英国天才儿童教育的发展。为了响应天才儿童政策的要求，英国于2003年在华威大学设立了国家青年天才学院（National Academy for Gifted and Talented Youth）。该学院的职责是为全国排名前5%的11—18岁的天才儿童提供支持，包括向学生提供暑期学校、在线论坛等一系列机会，向教师提供专业的天才儿童发展资料，并资助基于学校的天才儿童研究项目[6]等。总之，这一时期的英国天才儿童教育得到了英国政府的大力支持。

（二）天才儿童教育的停滞期（2010—2014年）

2010年，英国保守党重新执政。由于社会思潮对公平的再次强调，以及对天才儿童教育"浪费金钱"的批评，新政府并没有延续先前的教育政策，导致天才儿童项目资金中断，主管机构被撤销，教育资源不再更新，天才儿童教育项目陷入了停滞。[5]同时，天才儿童教育的权力开始下放，英国政府仅通过教育、儿童服务和技能标准办公室对每所学校的天才儿童教育服务进行监督。由于没有中央统一提供的服务，各个地方学校分配给天才儿童教育的资金也根据学校每年的优先事项而有所不同。[7]总的来说，由于政府政策的转向，英国天才儿童教育在此期间陷入了停滞。

（三）天才儿童教育的复苏（2014年至今）

教育、儿童服务与技能标准办公室于2013年发表了报告《最有能力的学生》（*The Most Able Students*），指出普通中学许多有天赋的学生未能充分发挥潜力，同时对天才儿童提出了特别关切。[8]鼓励学校领导采取行动，提高对课堂教学中的天才儿童的期望值和挑战程度。为了解决这些问题，英国政府2014年在全国范围内引入了新的教育、儿童服务与技能标准办公室天才儿童教育框架，要求学校报告向天才儿童所提供的额外课程，以及与他们的成就和进步有关的数据。此外，英国教育部（Department for Education）于2016年发布了白皮书《卓越无处不在》（*Educational Excellence Everywhere*），进一步强调有必要促进学校的学术潜力，并指出最优秀的学生可以促进国家的经济发展和增长。[9]

总的来说，通过英国天才儿童教育的发展历史可以看到，英国天才儿童教育受到政策连续性的影响较大，不连贯的政策对英国天才儿童教育产生了一定的负面影响。

三、英国对天才儿童的选拔与培养

（一）天才儿童的选拔

英国教育部提供了用于识别天才儿童的技术指南《识别天才学生——从此处开始》，对天才儿童识别的标准、流程以及方法等方面进行了详细介绍。[10]

1. 选拔标准

英国天才儿童教育主要基于多元智能理论，即英国天才儿童的选拔并不限于学业能力，这点在天才儿童的选拔过程中体现得尤为明显。在英国教育部出台的天才儿童识别技术指南中，提出了几十种特征作为天才儿童的可能指标，包括：是一个好的阅读者；以他们的年龄来说，口齿伶俐；能够给予快速的口头回应；有广泛的常识；学习速度很快；对那些与大孩子相关的话题感兴趣；与成年人沟通良好，通常比与同龄人沟通要好；有广泛的兴趣爱好，有些几乎到了痴迷的程度；对解决问题表现出不同寻常的偏好；比起书面活动，更喜欢口头活动；富有逻辑；能在自己感兴趣的领域自学成才；有快速心算的能力；有很好的记忆力；有艺术感；具有乐感；擅长运动；有自己的观点和意见；有想象力 / 幽默感；足够敏感；注重自身的兴趣，而不是教授的知识；善于社交；显得傲慢或不善社交；容易对认为是例行公事的工作感到厌烦；表现出很强的领导意识；认为并不一定需要表现得很好，或者被别人喜欢。但需要指出的是，这些特征不一定是天才或高能力的证明，而是可以作为提醒教师需要进一步观察儿童的指标。

2. 选拔流程

英国的天才儿童选拔并不限于单次的评估，而是强调动态的过程。在具体的教育实践中，教师需要不断地在他们所教授的课程中为儿童提供展示自身能力或潜力的机会，以寻找天才儿童或以前未发现的有潜力的儿童。基于天才儿童识别技术指南，选拔流程包含以下几个步骤：一是确认儿童是否已被以前的学校或教师辨别为天才儿童；二是确认儿童是否通过参加校外活动表现出特定的能力和兴趣；三是确认儿童在课堂内外的表现是否处于全国排名前 5%；四是确认儿童在最近的正式测试中的表现，例如 SAT（Scholastic Assessment Test）、CAT（Cognitive Abilities Test）上的成绩是否显著高于班上其他人；五是确认儿童是否表现出天才儿童的一些特征或行为；六是确认儿童是否偶尔不一致地表现出优秀的特质或后进生的特点，有没有什么因素可能会掩盖这个儿童的能力或阻碍他们取得一致的优异成绩，如果是，则针对其问题提供相应支持，再进行上述的评估过程。

3. 选拔方法

在英国教育部出台的指南中，筛选天才儿童的方法主要包括以下几种。

一是提名法。提名可以包括来自教师、同伴和家长三个方面。提名法是一个广泛且在一定程度上灵活的选拔过程，可以有效地将那些有潜力和发展机会的儿童鉴别出来。但是相对于量化和标准化的分数来说，提名法也有一定缺点。在提名的过程中不可避免地会受到个人喜好的影响，甚至掩盖儿童成为天才的潜力，最终影响到提名的公平性。

二是行为核对表法。天才儿童识别技术指南中提供的行为核对表可以将儿童的日常表现与一系列可能与过人天赋相关的行为指标进行比较，然后对符合的程度进行评估。这种方法提供了相对量化的指标，并且通过其多维、丰富的指标能够增强对潜在天才儿童的鉴别能力。

三是以考试成绩、课程和作业为评价参考指标。学业成绩一直是鉴别天才儿童的主要方法之一，包括考试测验和日常的学习情况。但是仅依赖这些指标可能会造成一些在学业上表现不佳的天才儿童被遗漏，因此需要和其他的方法综合使用。

总的来说，英国天才儿童选拔体系主要表现出以下特点。首先，没有单一的、完美的选拔天才儿童的工具，在具体的选拔过程中，主要采用多种方法的组合，收集定量和定性的证据，并寻找不同证据来源之间的匹配。其次，考虑到天才儿童选拔的困难性，选拔是一个动态和长期的过程，而不是单次的。最后，选拔的过程和方式会根据天才儿童的不同类型和年龄特点等因素进行适当调整。

（二）天才儿童的培养

1. 培养方式

英国天才儿童教育通过“个性化教学”的方式来满足天才儿童特殊的教育需求，例如整合到学校日常课程中的特殊课程，或加速教学的内容，以及进行分层分班教学等。[11] 在英国的整合式天才儿童教育模式中，必须通过个性化教学才能保障天才儿童的教育需求，即根据不同儿童的能力、需要和兴趣等方面的差异，为他们提供不同的但最适合其发展的教学资源，从而使不同的儿童均能有良好的发展。

在具体的实践中，应用较为广泛的有两种方式。一是课程充实法，在英国的天才儿童教育实践中，经常会通过在主流课程体系之外增加额外课程的方式来满足天才儿童的特殊学习需求，这种方法也是英国整合式天才儿童教育模式的重要体现。二是加速法，由于天才儿童的学习能力较强，学习同样课程的速度比同龄人更快，因此需要根据天才儿童的学习速度为其安排适当的课程，而不是根据正常的速度来提供课程，例如提前入学或者跳级等方式。[5]

2. 课程设置

英国天才儿童教育课程设计的纲领性思想是个性化学习。具体来说，要做到以下几点：一是进行有效的学习评估，以便规划考虑到先前的学习情况，为天才儿童设定额外课程的目标；二是通过加速、充实和延伸等方式结合，在课堂学习活动中为天才儿童提供额外的学习机会；三是为天才儿童提供独立学习的机会以及形成不同学习风格的机会；四是提供在课堂外环境中学习的机会，例如在解决问题和应用知识与技能的现实环境中进行学习；五是在天才儿童的优势领域提供支持，例如通过语言的支持或辅导，以及在其优势领域不断增加挑战；六是为所有人都提供丰富的额外学习机会。[2]

为了达到这些要求，英国在为主流学校中的天才儿童提供常规课程外，通常会额外提供一些课程来满足天才儿童的教育需求。安排方式主要有三种：一是把充实性课程“加”在普通学校教育外，天才儿童仍旧参与普通课程教学，充实性课程作为一种补充。二是“压缩”原有的普通课程内容，剩余的学习时间用于完成充实性课程，或是不压缩原有的普通课程，到规定的时间将这些天才儿童抽离原来的班级去参加充实性课程活动。三是通过个性化学习实现普通班级的分层教学，即在原本课程知识的基础上拓宽和加深内容，以满足资优生的学习需求。这种方式将“充实性课程”理念融入日常课堂教学，最能体现英国政府一直支持的“个性化教学”思想。但是实际操作上，天才儿童能从中获益多少却取决于教师的教学水平以及教师对天才儿童学习需求的态度。这些方法为天才儿童的发展提供了丰富的资源，也允许教师通过分层教学的方法对不同能力的学生进行教学。[12]

四、英国天才儿童教育的支撑体系

一是在相关立法和政策方面。英国政府对于天才儿童教育发展的推动总是伴随着相应的立法和政策保障，然而英国执政党更替以及执政理念的变化也影响了天才儿童教育立法和政策的连续性。其中最有代表性的是 1999 年英国工党执政时期原教育与就业部推出的《城市卓越计划》，该计划中包含的天才教育项目（Gifted and Talented）是英国第一个国家性的天才教育项目，该项目计划为城市中心每所学校中 5%—10% 的天才儿童提供相应的教育资源。这一政策在促进英国天才儿童教育发展的同时，其作为通过教育促进社会流动问题议程的一部分，也特别强调鼓励更多来自贫困家庭的儿童接受高等教育。[4] 此后，相继推出一系列政策，例如英国教育与技能部 2001 年在名为《学校：取得成功》的绿皮书中提出，在所有学校的教育战略中均纳入对天才儿童的支持。[13] 此外，英国还发布了一系列相应的天才儿童教育质量标准，例如《学校质量标准》（*Institutional Quality Standards*）和《课堂质量标准》（*Classroom Quality Standards*）[2]，为天才儿童教育提供了一套系统的评价体系。

二是在项目管理方面。英国教育部负责所有国家资助的学校和项目，包括天才儿童教育。因此，关于公立学校的天才儿童教育及其管理的规章制度在全国范围内较为统一。但另一方面，英国教育部在天才儿童的选拔、培养上也给予了各个学校很大的自主权力。例如，可以使用符合学校自身的教学水平的天才儿童标准。此外，英国教育部还建立了国家、地方、学校三级天才儿童教育管理体系。在国家层面主要由教育部提供技术服务和质量标准等教育资源，在地方层面由地方教育当局负责教师培训及合作事宜，而学校层面负责具体的管理和实施。[11]

三是在支持机构方面。英国天才儿童教育的支持机构主要分为学校和校外机构两类。在英国整合式教育背景下，学校依然是天才儿童教育的主要承担者。学校主要通过提供丰富的额外课程、实施加速制或者是独特的学习模式等方法为天才儿童提供相应的教育资源。此外，校外的天才儿童教育机构也是重要的一部分。在英国，天才儿童教育机构根据功能也可以分为不同的类型，其中一些研究型机构主要负责对天才儿童教育的规律进行科学研究，如英国的资优教育专家中心（Expertise Centre）等。另一些服务型研究机构则为天才儿童提供具体的教育课程等服务，如国家青年天才学院。还有一些组织型的天才儿童教育机构则主要通过组织天才儿童相关的活动，为天才儿童提供交流和学习的平台，如英国的资优学生学术中心（Student Academy）。[14]

五、英国天才儿童升入大学的途径和通道

没有专门针对天才儿童申请大学的政策。天才儿童教育采用整合式策略，将天才儿童教育融入普通班级教学中。其大学招生通常是基于学术成绩、个人陈述、面试等多个因素来综合评估申请者的学术能力和适应能力，并决定是否录取申请者。其中，学术成绩最为重要。申请程序如下。

第一，通过 A-level（Advanced Level）考试（或同等级考试）。精英

大学（elite university）（通常指罗素集团大学，如牛津大学、剑桥大学、伦敦政治经济学院等）对此成绩要求普遍较高，需要拿到较高等级成绩才有可能被录取。

第二，通过UCAS网站提交申请。大学和学院招生服务中心（Universities and Colleges Admissions Service）负责英国大学和学院的招生，所有大学的申请都需要通过它进行。学生需要提供个人信息、学术成绩、个人陈述等材料。

第三，通过面试。大部分英国大学需要面试，以进一步评估学生的能力和潜力。

总的来说，英国对待天才儿童的入学没有特别政策和渠道，主要看学术成绩和综合素质。对于天才儿童来说，他们可以通过参加竞赛、参加夏令营等活动，来证明他们在某些方面有着卓越表现或天赋，从而增加他们被录取的机会。

六、英国天才儿童教育的成效与不足

英国的天才儿童教育政策大大推动了天才儿童的参与程度。首先，为天才儿童提供专门支持的学校数量和覆盖的天才儿童数量大大提升。例如，截至2007年已经有超过1000所学校参与《城市卓越计划》；到2008年，英格兰和威尔士地区70%左右的天才儿童成为国家青年天才学院会员。其次，英国的天才儿童教育政策也对天才儿童的发展水平起到了一定的促进作用。例如，参与《城市卓越计划》的学校中天才儿童没有达到预期目标的比例为5%，而其他没有参与的学校中这一比例是8%，但是参与《城市卓越计划》的学校中高于预期目标的天才儿童比例并没有比不参与的学校高。[5]

英国的天才儿童教育也存在不足之处。除了前文提到的政策缺少连续性，还表现在以下几个方面。一是从成效来看，虽然参与天才儿童项目的学校中的一些天才儿童取得了进步，但是整体来说效果还是较为微弱，许多参与天才儿童项目的学校和学生并不比那些没有参与的学校和学生发展得更好。二是天才儿童的鉴别指标存在不足，使用基于百分比的天才儿童识别策略，可能会鼓励教师和学校使用基于测试的定量指标来划分学校的天才儿童群体，从而忽略了其他非定量手段的重要性。三是为天才儿童提供的课程也存在一定缺陷，额外的充实课程往往计划不充分，很多时候天才儿童只是被安排了更多的工作，而不是更有挑战性的工作，并且在课堂外进行的充实活动与主流课堂内活动之间也缺乏协调性。四是对于天才儿童教师的培训过于重视对天才儿童的鉴别过程而忽略了培养过程，教师所受到的关于培养天才儿童的培训并不充足，这也导致教学效果受到一定影响。[3]

参考文献：

［1］Campbell R J, Eyre D, Muijs R D, et al. English model of gifted and talented education: policy, context and challenges［J］. Gifted and Talented International, 2007, 22（1）: 47–54.

［2］Department for Children, Schools and Families.Identifying gifted and talented learners–getting started［M］. Annesley: DCSF, 2008.

［3］Koshy V, Smith C P, Casey R. England policy in gifted education: current problems and promising directions［J］. Gifted Child Today, 2018, 41（2）: 75–80.

［4］Department for Education and Employment. Excellence in cities［M］. London: DfES Publications, 1999.

［5］邓清文. 英国整合式资优教育模式研究［D］. 上海：华东师范大学，2013.

［6］Casey R, Koshy V. Gifted and talented education: the English policy highway at a crossroads?［J］. Journal for the Education of the Gifted, 2013, 36（1）: 44–65.

［7］Dimitriadis C, Georgeson J. Provision for mathematically able children in primary schools: a review of practice five years after England dropped the gifted and talented initiative［J］. Educational Review, 2018, 70（3）: 358–380.

［8］Office for Standards in Education. The most able students: are they doing as well as they should in our non-selective secondary schools?［R］. London: Ofsted, 2013.

［9］Department for Education. Educational excellence everywhere［R］.

London: Department for Education, 2016.
[10] Department for Education and Skills. Identifying gifted and talented pupils-getting started [M]. Nottingham: DfES Publications, 2006.
[11] 冯大鸣. 英国英才教育政策：价值转向及技术保障 [J]. 教育发展研究，2009（4）：56-59.
[12] Heller K A, Mönks F J, Subotnik R, et al. International handbook of giftedness and talent [M]. London: Elsevier, 2000.
[13] Department for Education and Employment. Schools: building on success [M]. London: Stationery Office, 2001.
[14] 李翠翠. 美国、英国和澳大利亚资优教育国际比较及启示 [J]. 外国中小学教育，2019（4）：19-29.

第五章

法国天才儿童教育理念、特征及体系构成

受法国大革命的影响，法国人比较强调自由平等，其教育也主张平等主义。法国教育者认为，主张人人平等的国家在支持天才儿童教育时，不应强调天才儿童比普通儿童更聪慧，而是需要将其天赋当作一种特殊需要。从某种角度而言，天才儿童与残疾儿童类似，他们会因自己在某方面的天赋或多方面的超常表现而无法适应学校生活，需要教育者根据其实际需求开展专门教学。将天赋教育转化为特殊教育，是为有特殊学习需要的学生实现教育公平的努力。所以，天才儿童教育在法国被明确视为一种特殊需要教育。[1]

一、法国天才儿童教育概述

（一）天才儿童的界定

法语中对天赋高于一般同龄人的儿童有多种称呼，包括“天才儿童”（enfant doué）、“超天才儿童”（enfant surdoué）、“高潜力儿童”（enfant à haut potentiel）、“超常儿童”（enfant hors norme）以及“智力早熟儿童”（enfant intellectuellement précoce）等，其中“智力早熟儿童”是最为常用的一种称呼。[1]名称虽不相同，但所指人群的特点高度重叠，即具有超出一般水平的认知能力并在学习、理解以及注意力上有显著优势。[2]智

力早熟儿童并不意味着在各个方面都表现优异，有的甚至面临学业失败的风险，因此他们是有特殊教育需要的儿童。

法国对天才儿童的界定经历了从智力测试的单一维度到特殊认知能力的多维才能的发展过程。法国国民教育部将智力测验作为鉴别高智商儿童的工具，普遍接受把高于130分的儿童视为高智商者，其人数占基础教育总就学人数的2%—3%。因此，在法国6—16岁的学龄儿童中约有20万高智商者，每班有1—2名，男女生比例接近，社会文化和家庭出身也不存在显著差异。但随着现实需要的不断发展以及研究的不断深入，通过单一智力测试界定天才儿童的方式已不能覆盖所有特殊儿童，因此扩大概念范围、区分不同形式潜力的鉴别方式为更多人所接受。法国国民教育部（2009年）的官方公报提出，有天赋的学生的特点具有多样性，如果他们的学习需求没有得到适当解决，具有高智力高潜力的学生可能会在学校中出现糟糕的表现。各地的学校也确定了自己的定义，除考量智力测验外，将艺术、体育等某一方面有特殊表现的学生也视为天才儿童。[1]

（二）法国天才儿童教育的目标

法国在培养天才儿童方面有自己的独到之处，即兼顾公平和个性化的基本教育理念。一些儿童智力早熟，但可能在心理发育、同辈交往、自理能力等方面落后，因此需要从特殊教育的视角理解天才儿童的教育问题。[1]这一教育理念，让法国的天才儿童教育显得不那么特殊，从而让更多真正有天赋的儿童被发现，也让法国在追求卓越教育的过程中，关注儿童的自身特征以及发展困难，更好地顺应儿童的成长过程，全方位关注儿童身心发展，并为他们提供一个宽松的教育环境。

2009年，法国国民教育部发布《天才儿童培养模式设计指南》（以下简称《指南》），为与天才儿童教育相关的各级教育部门和一线教师提供了行动方针。《指南》重申，天才儿童教育应坚持四大目标：全社会都了解天才儿童，培养民众对他们开放和积极的态度；提升对天才儿童发展困难的识别和理解；促进从班级教师到学校校长再到教育部门的网络体系形成，满足天才儿童的就读需求；帮助教师与天才儿童家长形成良好且具有建设性的关系。[1]

法国培养天才儿童的着眼点是儿童长远的健康发展，强调为天才儿童解决学业困难，顺其自然地激发儿童的学习兴趣，发现并培养其更纯粹、更有后期竞争力的天赋，为其精英教育提供基石。

（三）法国天才儿童教育的历史

法国将天才儿童视为同残障儿童一样需要特殊关注与帮助的人，这一理念缘于对智力落后儿童的关注。20 世纪初，法国政府便准备从政府层面帮助智力落后儿童。1904 年，法国国民教育部授权著名实验心理学家比奈（Binet）研究巴黎学校智力落后儿童，并提出教育改进方法。1909 年，法国为学业落后生设立改进班（classes dites de perfectionnement）。1911 年，比奈及其团队开发出比奈—西蒙智力量表，该量表为全球鉴别正常与异常儿童的智力水平提供了重要方法，也使法国成为首个开展智力测验的国家。[1]

随着测试的广泛使用，一些法国心理学家如阿朱里亚格拉（Ajuriaguerra）、舒万（Chauvin）等发现，学校里不仅存在智力落后儿童，还存在天才儿童，这个群体中 2/3 的学生在某一方面或多或少都存在学业困难，其中 1/3 的学生出现留级现象，1/5 的学生没有拿到高中会考文凭。法国教育部门意识到让天才儿童更好地适应学校生活、解决学业困难迫在眉睫。法国心理学家将美国斯坦福大学教授推孟（Terman）修订完善而形成的斯坦福—比奈智力量表（Stanford-Binet Intelligence Scale）引入法国，有关天才儿童的科学研究从此逐渐丰富起来。

1971 年，法国学者提拉斯耶创建全国天才儿童协会（Association Nationale Pour les Enfants Surdoués）。1981 年，他从智力“不同步性”（dyssynchronie）角度提出“天才儿童”一词[3]，认为某些天才儿童具备特有的异质性发展特点，即虽然这些儿童在智力层面上是早熟的，但在情感、心理运动能力和人际关系层面上并不一定早熟。内部不同步有两个主要方面：智力—心理运动能力方面，心理运动能力低于或等于他们的生理年龄，往往明显落后于他们的智力；智力—情感方面，情感成熟更多地与一个人的实际年龄有关，而与智力无关。人际关系不同步可能导致与同伴关系困难，例如早熟的孩子更喜欢寻找年龄较大的朋友，也寻求与成年人的对话。

20 世纪 80 年代，秉持着“给匮者更多”的发展理念，法国选择了一些贫困地区，依据父母是否蓝领阶层、父母是否失业劳工、高中辍学率、家庭不完全率、家庭成员中是否有一人是非欧洲移民、母语是否本国语言、全国量评中 3 年级考试成绩等多重划分指标[4]，开始正式实施“教育优先区”政策。“教育优先区”使贫困地区的儿童有更多机会被鉴别出来，并享受公平、个性化的教育。

2002 年，法国国民教育部首次正式承认天才儿童的独特需求，委托教育总督学得劳彼耶（Delaubied）对天才儿童情况进行调查，并出台第一份与天才儿童教育相关的官方报告，将有天赋的学生归为有特殊需要的学生，提倡在课堂上开展融合和差异化教育。[2]得劳彼耶建议促进学校与学生及其家庭的关系；学校解决学生在小学阶段遇到的困难，在出现不足或困难的领域提供支持和补偿，开设辅导组、技能组；根据个人需要调整学习速度，采用加速课程、个性化时间表、多课程班级教育、学习专门学科的方式优化学习。

2005年颁布的《面向未来学校的方向与计划法》提出，应为天赋异禀或表现出特殊技能的学生制定“适当的规定”，以“使他们能够充分发挥潜力”。[5]该法唯一规定的是“加速教育”，其他则由当地学校决定。国民教育部随后发布了非规定性的一般指导方针，以帮助教师、校长和学校心理学家更有效地与有天赋的学生合作。[6]该法的颁布，标志着天才儿童的教育被纳入法国基础教育。

二、法国对天才儿童的选拔与培养

（一）测评与选拔

1. 选拔标准

如上文所述，法国教育部门在20世纪70年代以后开始关注天才儿童，始于其学业表现、生活表现等方面与普通儿童的不同步而致使其在学校中面临诸多困难。这一根本性的差异使得法国的天才儿童教育从选拔到培养的侧重点都与他国有所区别。

法国教育部门意识到天才儿童有不同类型，并参考了贝特（Betts）等人1988年对天才儿童类型的划分，将天才儿童划分为六种类型：一是成绩好的天才儿童，因循守旧，不会在学校生活中遇到困难；二是大胆而发散的天才儿童，极具创造力，质疑规则，捍卫自己的信念，常与家长、教师产生冲突；三是故意表现平庸的天才儿童，因为想被别人接受而拒绝承认自己的才能，这些儿童往往是小学毕业或中学毕业的女孩，希望被同龄人接受，她们抗拒挑战、缺乏自信、沮丧，而且往往缺乏自尊心；四是辍学的天才儿童，可能是打扰和压迫他人的学生，不做课业，似乎能力一般或较低；五是有双重标签的天才儿童，有学习障碍或情感障碍；六是独立天才儿童，他们是独立的，往往自学成才，有良好的自我形象，并能够很好地利用学校系统为自己创造新的机会。

法国国民教育部2009年颁布的《指南》解释说，在识别“天才儿童”时，除传统的智力因素外，还应考虑那些与创造力、动机和环境有关的因素。2013年，法国国民教育部发布题为《让天才儿童就学》的报告，并从认知、社会情感和行为/个性三方面为天才儿童的日常鉴别工作提供了参考框架。[1]

2. 测评方式

法国国民教育部考虑到不同阶段的儿童智力早熟特征不一样，即使相同年龄的儿童也可能表现出不同的智力早熟特征、不同的天赋，面临不同的困难，那么采用什么方式、什么工具、由谁负责测评便尤为重要。因此，法国国民教育部向239名专家征求意见，最终依照测评方法的有效性排名，确定了个别智力测试、儿童的日常学习成绩、教师评价、心理学专家意见、创造力测量、学习水平测验、集体智力测验7种获专家一致认可的方式。[1]

3. 鉴别程序

《指南》提出，天才儿童的教育应由学区主导，应建立、协调和评估中小学天才儿童的培养策略，并形成完整框架；由学区长指定责任人落实各项建议；由一名身份明确且受广大行动者认可的学区级代表，专门负责天才儿童事宜，加强地方政府与学校的对话联络。[1]鉴别和采取措施分以下四步：第一步，由教师和家长发现或观察，用表格记录学生表现，记录小学生表现的表格包含能力和技能、好奇心和知识、创造力和非学习技能、与人的相互关系四个部分，每部分包含具体条目，教师在每个条目上根据行为出现频率进行4点评分；第二步，心理学测试评估，由学校心理学人员完成，对学生行为的优缺点、可变性进行评估；第三步，采取帮助行动，教师调整学习节奏，发扬学生优点，提供不同的学习方案，提供与所查明的困难相适应的援助；第四步，成效检查，若依然存在学业困难，则进行口头和书面语言评估、健康和发展检查以及相关病症检查。

（二）培养模式

1. 国家层面

法国国民教育部基于公平和个性化的教育理念，要求在培养天才儿童时要先关注并保证他们掌握同龄人所必需的基本知识技能，通过解决他们面临的困难解决“不同步”问题。为了解学生的能力发展情况，法国政府为义务教育阶段的每位学生建立了个人成长手册，对他们进行个性化追踪。允许各年龄阶段学校采用融合、加速、分组的教学方式，对于已在文体、艺术等领域表现出过人天赋的初高中学生，根据该领域的能力和表现给予相应支持，允许学校采用开设天才儿童班等特殊教学方式，充分满足天才儿童的特殊发展需求。同时，政府在基础教育阶段开展各种全国学科知识、才艺类竞赛（活动），如 1991 年开始正式举办的小袋鼠全国数学竞赛是全球极具规模的青少年数学思维挑战赛事，针对 1—12 年级的学生，每年举办一次；还有音乐教育总竞赛、体育运动周等。这类竞赛一方面为天才儿童展现自己的天赋与才能提供了舞台，增强了他们的学习热情和自信心，另一方面构建了专门网站，为广大学生和家长提供丰富的线上学习资源。[1]

2. 学区和学校层面

一是融合教学，即让鉴别出的天才儿童融入一般课堂，与普通学生在相同环境中培养。融合培养并非“一刀切”，而是让天才儿童在接受正常教学外，再为其量身定制其他适宜的学习计划。可以采用丰富课程的教学方法，丰富课程也可以与加速学习结合，学生可以留在课堂上学习，节省下来的时间使学生能够在整个学年从基于其兴趣的活动中受益。丰富课程的方法有三类：第一类旨在通过唤醒和探索活动丰富学生的技能，使他们接触不同的内容和知识领域；第二类旨在小团体中开展创造性、解决问题类和批判性思维活动，通过书面、口头和视觉制作发展学习能力；第三类把学生放在研究者的位置上，提出具体问题，让他们面对一个自主性的实践类工作。

二是分组教学，即根据天才儿童的兴趣特点和学习能力分组，组成专门的班级，集中教学。如为天才儿童专设各类英才班，或允许学生参加某学科领域的高年级班，从而加速其学业历程的分化。专业化教学组织的建立，不仅使学校能够根据学生的具体学习计划 / 需求，提供“集成化”教学，而且能够提供统一的补充教学活动；还使学校能够为全校天才儿童制订全面的学习计划，在达到因材施教、最大限度激发学生天赋的同时[1]，也体现出公平与个性化的教育理念。

三是加速教学，是指使天才儿童能够在比其他学生更短的时间内完成学校课程的安排。加速教学主要有两种形式：跳级或压缩学习年限。跳级可以在整个学校跳一至两个年级，并且可以在一年中的任何时候跳级。可以压缩 1—3 年学习年限，学生进入两个年级学习，灵活性高，学习内容丰富。例如，一个 3 年级的学生可以调整自己的时间表，从而参加 4 年级课程（学校和家庭之间签署协议，并得到相关批准）。在学年结束时，学生可以由班级委员会和校长批准升学，可以跨年级参加全国考试。加速教学由教学小组负责，小组成员包括家长、教师、高潜力儿童顾问、学校管理人员、心理学家、国家教育医生、护理和保健专业人员等。教学小组只能决定有限次数的跳级和学制的压缩。

一般情况下，天才儿童占比较小的学校，主要开展融合教学，即让天才儿童和普通儿童一起上课，但教师会适时为天才儿童量身布置学习任务，提供学习资料，进行个别辅导，并鼓励他们自主学习；专门接收天才儿童的中小学需向学区报备，再由学区通过官网发布学校信息。[7]

三、法国天才儿童教育管理体系

（一）管理体制

法国的教育采用集中管理体制，教育行政机构包括中央、大学区（相当于我国省教育厅）和省（相当于我国的各市教育局）三级。法国的教育行政系统不受同级地方政府指挥，属于独立型的管理体制。中央设国民教育部，全国的中小学教育事务统一由国民教育部管理。国民教育部根据地区行政区再分设各个大学区，大学区负责上令下传、下情上达，将国民教育部的行政命令传达到省一级的教育管理机构，再推而广之落实到各个教育机构和每一名学生。法国教育系统的集中程度非常高，学校建制有统一的模板。[8] 在集中教育的框架下，法国天才儿童教育形成了由中央法律引导、地方制度推动，集政府、学校和社会于一体的外部环境支持与内部专业保障系统。

（二）法律法规保障

法国的天才儿童教育形成了较完备的法律制度，获得了明确的法律法规保障。例如，《教育法》中提出了天才儿童教育的发展目标，“应为智力早熟或表现出特殊能力的学生提供适当的便利，使他们能够充分发展其潜力”，“智力早熟学生的教育是‘确保所有学生不加区别地融入学校，并允许更好地考虑到每个人的潜力’”。2005 年，《面向未来学校的方向与计划法》明确提出，“为智力早熟学生或在学习活动中有特殊资质的学生提供适宜的教育，以充分开发其潜力。可根据其学习节奏提前就学”。

2007年第2007–158号通告进一步补充了《面向未来学校的方向与计划法》[9][10]，明确了智力早熟或表现出特殊能力的学生在学校或大学的教育途径；提出从对天才儿童的检测、加强教师和学生家长对儿童智力早熟及其具体表征的认识、完善省和学区层面信息系统的组织三个方面的措施着手，关注中小学阶段的天才儿童教育。学区长、学区督学和国民教育的省级行政主任将动员中小学督导队伍参与确定地方措施的实施，并借助教师培训学院和受培训教师，以及各协会的专家代表等资源共同保障天才儿童顺利完成学业。[1]

在管理方面，相关法规也进行了明确说明。《指南》的发布体现了中央政府将天才儿童的具体工作下放至学区及其以下层级，从而促使地方教育积极发挥能动作用。[1] 2012年第2012–056号通告要求，在每所学校，一名智力早熟学生的推荐人是家长和教育界的特殊授权者。2013年第2013–60号通函除提及帮助天才儿童正常入学外，还提出从2013年新学期起，每位接收天才儿童的教师要参照国民教育部专业门户网站所提出的培养模式开展教学工作。同时，对教师的教学工作进一步提出要求，要求教师具备识别特殊学生所面临困难的能力。此外，一系列支持计划顺利开展，为天才儿童的个性化学习提供了恰当规划。

（三）教师及辅助人员能力培训

在法国，普通教师是教育天才儿童的主力。政府要求教师具备相关教育能力，并为其提供相关培训。2007年，国民教育部关于“天才儿童学业历程”的通函要求：学校或家庭应及早发现儿童在学习上的问题或者行为上的不当；法国教师培训学院要在教师的初级培训阶段培养教师“辨别学生多样性”的能力，且在继续教育阶段为家长提供相关方面的培训内容，以此为教师和家长提供知识与技术上的支持；要求省和学区对教师与家长提出的鉴定请求迅速予以回应，以保证天才儿童尽早得到相关帮助。

2013年，师资与教育高等学校成为法国培养专业教师的高等教育机构，负责教师初级和继续培训，是法国教师硕士化培养的“摇篮”，以学区为单位设立在综合的大学中，主要接受政府的拨款和资助。[1] 法国天才儿童协会和师资与教育高等学校合作开展天才儿童教师培训工作。培训对象不仅包括教师，还包括学校心理学专家、心理辅导员、校医、督导人员等。具体培训方案[1] 分三个模块，模块一、模块二由天才儿童协会委派心理学专家主持，模块三由拥有相关丰富经验的校长主持。实施模块三前要对学校参与天才儿童教育实践的教学团队成员进行培训需求评估，并根据评估结果设置具体的培训内容。培训人员提前对学校实地考察，天才儿童协会依据学校所需对培训方案的组织与运行进行督检。

（四）相应配套保障

一是成人辅导。当天才儿童在学习过程中遇到方法上的困难时，在学生及其家长接受的前提下，教师可以有针对性地提供辅导，包括恢复学生的信心，帮助解决与学校某些教师、学生之间的问题，引导行为和管理与学校有关的事件所产生的情绪等。二是专用空间的实施。在学校为天才儿童设立一个专门的空间（如教室、资源中心等）。这是一个特殊的交流空间，为学生提供与成年人交谈、解决冲突、学习情绪调节和与同龄人相处策略的平台，还可以提供具体的教育活动。三是各类文化机构。如展馆、剧院、乐团等文体艺术中心为学校或各类英才班提供了多种形式的教学资源、活动场所，增加了天才儿童学习的趣味性和可选择性。

（五）经费保障

法国教育财政支出及政策评价均围绕确保教育公平而进行。尽管法国是一个典型的集权制国家，但是从20世纪70年代以来，随着新公共管理理论兴起，西方国家纷纷进行地方分权的政府改革运动。20世纪80年代，法国开始地方分权改革，地方的行政和财政权限扩大，使公众对教育的多层次需求能够得到满足，教育质量也得到了提高。随着分权改革的不断深入，教育管理的分散化和碎片化问题逐渐显现，人们对教育领域公平理念的内涵提出了更高的要求，教育财政的整体治理理念应运而生。2001年，法国颁布的《财政组织法》充分体现出整体治理的理念，加强了中央财政对于教育财政支出的宏观调控作用，公共教育支出的碎片化问题得到了有效遏制。从2006年起，法国根据新的《财政组织法》将预算项目进行整合，使用“任务—项目—行动”三级预算结构，增强了部门间的协同性；预算的“项目”和“任务”需要以《绩效草案》的形式向议会报送，以便确定财政支出是否使既定的政策目标得以实现；具有完善的支出监管体系，确保了财政支出对社会资源的有效配置。[11]

当前，对天才儿童教育的公共资金属于有特殊教育需要的学生总体资金的一部分，其额外支持和倡导由私人组织提供，包括全国智力早熟儿童协会和法国天才儿童协会。

四、法国天才儿童相关协会组织

经国民教育部批准或与国民教育部签署协议的协会有权进入学校和教育机构，在尊重学校和机构的项目基础上，对教育活动进行补充。学校和机构在确定一名或多名学生有特殊需要时，可以向他们求助。学校和学术服务部门也有可能与协会缔结伙伴关系协定，帮助智力早熟学生。值得注意的是，协会的帮助不能取代学校提供的教学。这些帮助措施是协会与智力早熟学生之间定期活动的一部分。法国具有权威的天才儿童相关协会组织包括全国智力早熟儿童协会、法国天才儿童协会、欧洲高智能研究协会（European Council for High Ability，ECHA）等。

全国智力早熟儿童协会于1971年在尼斯创建，1978年组织了第一届“全国资优儿童大会”，通过媒体报道提高了大众对智力早熟儿童特殊性的认识。1987年，协会参与了尼斯一所公立小学为智力早熟的学生开设的4年制学校课程。截至2022年，协会汇集了21个区域协会，有200多名志愿者负责电话接待和组织会议、讨论小组、儿童讲习班等工作，指导在教育中遇到困难的父母。通过与国家教育部门合作，该协会能够获得对这些学生的特殊性和需求的认识，从而能够有效为学校建言献策。协会成员包括教师、医生、心理学家、心理治疗师等。协会工作包括：组织成员交流和分享经验；参与教育学、心理学、健康等方面的研究；与专家、科学家和学者合作；与法国国家科学研究中心一起开展具体行动；发表由公认的法国专家、从业者、学者和研究人员撰写的文章。

法国天才儿童协会于1995年由高特（Côte）创立。该协会由专业人士和家长组成，于2003年8月5日获得国民教育部的第一次批准。协会致力于以有利于天才儿童的方式改善法国学校教育体系，同时为教师提供特殊培训，为天才儿童的父母提供咨询，并组织各种会议，让科学家、教师、家长们会面，讨论支持和培养有天赋和有才华的儿童的建议和措施。自成立以来，协会每年为其志愿者、培训师和心理学家组织一次网络讲习班。

欧洲高智能研究协会是随着欧洲天才儿童研究的蓬勃开展，于1987年成立并逐步发展起来的。协会的工作内容包括：沟通信息，提供图书和计算机软件服务，使心理学、教育学的研究与学校、家长联系起来；不定期出版《ECHA新闻》杂志，报道欧洲各国天才儿童研究进展情况并介绍最新出版的天才儿童方面的书刊。1989年，协会正式出版期刊《欧洲高智能研究》。

目前，法国中小学在校学生中，被视为智力早熟的大约有 20 万人，其中 17% 的学生学业成绩不及格。而加速制教育以积极的方式影响高能力学生的学业成就，并且这些学生在其他领域的表现优于同龄人，包括标准化考试成绩、大学成绩和他们未来的职业道路等，与未加速的智力早熟学生相比，这些学生在社交和自尊方面也得到改善[12]，具有更高的学术自我概念和更积极的整体自我概念[13]。总体来说，法国天才儿童教育的发展关注了天赋异禀的特殊儿童群体的需求，也为其个性的健康发展提供了充足保障。

五、法国天才儿童升入大学的通道

法国教育倡导平等主义，天才儿童的升学通道与普通学生一致，但综合性大学和“大学校”（即被视为法国“精英摇篮”的高等专业学院）录取标准不同。法国大学属于全民性普及教育，只要高中毕业通过会考后均可申请进入大学学习，其中综合性大学大多不设选拔性考试，只依据学生申请时的个人简历及高中会考成绩进行筛选。而“大学校”的入学要求就要严格得多。要进入这类院校，考生须经过两年预科学习、参加淘汰性竞考符合条件后方可录取入学，或经两年、三年、四年高等教育学习后凭学历证书再加上选拔程序才可录取就读。

进入“大学校”要经过层层选拔。一是高中阶段：法国有精英高中，这些精英高中的录取不是按照就近入学原则，而是选择在各初中成绩排名前一、二名的学生。法国最顶尖高中都是公立学校。高中学生的学业压力非常大，高中阶段重视培养学生的数学基础，如在高中开设微积分等大学课程。该阶段会设置基础班和进阶班，成绩优异的学生可以进入进阶班。

课程设置上，会设置数学进阶课程班；学生有需要统一学习的科目，也有自己选择的科目。中学实行走班制，学生根据自己的兴趣和层级选择不同的班上课，接近大学课堂的选课制度。[14]二是预科班：高中毕业之后，还有特殊的预科制度，大约 10% 的优秀学生在高中毕业之后选择读预科班。读预科班是进入法国精英学院的前提，有志于读精英学院的学生，在高中毕业后需要再申请读两年预科班，才能报考精英学院组织的联考。预科班一般设在高中，分为理工、商业和文学三类。预科班在这三类基础上分不同学习方向。预科班的入学条件通常包括中学毕业考试成绩和其他考试成绩，阅读理解测试、数学测试、外语测试结果等。预科班入学的竞争非常激烈，仅有少数天才儿童能够入选，因此许多学生选择参加成绩要求稍低的预科班或直接选择职业教育或普通大学教育。法国预科班教师需要通过全法预科教师资格考试才能教相应科目。预科班的课堂教学形式丰富多样，课内课外相结合，测评与实践相结合。读预科班的学生都十分努力，其艰苦的程度，绝不亚于中国的高三，而且持续两年。精英学院的入学考试难度非常大，数学等科目的考试难度远超中国的高考。而最终考上精英学院的也只有三分之一左右。三是大学阶段：小而精的顶尖学校一年只招两个班总共 100 人左右，规模再大一些的学校可以招一两千人，目标是培养仅次于领袖级的最高级人才。

参考文献：

［1］张梦琦. 法国智力早熟儿童教育研究及启示：理念、政策与实践路径［J］. 外国教育研究，2016（12）：81−94.

［2］Delaubier J P. La scolarisation des élèves «intellectuellement précoces»［R］. Paris: Ministère de l'Education Nationale et de la jeunesse, 2002.

［3］Lignier W. Comment la question des enfants «surdoués» est−elle devenue scientifiquement sérieuse en France（1971−2007）?［J］. Quaderni. Communication, Technologies, Pouvoir, 2009（68）: 87−90.

［4］卢丽珠. 法国"教育优先区"政策改革新探索［J］. 比较教育研究，2019（9）：90−97.

［5］legifrance.gouv.fr. Article L321−4, La loi d'orientation et de programme pour l'avenir de l'école［EB/OL］.（2005−04−24）［2022−12−21］. https://www.legifrance.gouv.fr/jorf/id/JORFTEXT000000259787/.

［6］Frantz R S, Mcclarty K L. Gifted education's reflection of country-specific cultural, political, and economic features［J］. Gifted and Talented International, 2016, 31（1）: 46−58.

［7］秦琳，张永军，康建朝. 让高天赋学生获得适宜的教育——国际天才教育前沿研究、政策与实践启示［J］. 人民教育，2022（10）：61−65.

［8］赵晶. 法国业士考试的现代化转型研究［D］. 上海：华东师范大学，2018.

［9］凌琳. 中国中小学超智儿童特殊精英教育培养政策制定研究［D］. 重庆：西南大学，2020.

［10］education.gouv.fr. Guide d'aide à la conception de modules de formation pour une prise en compte des élèves intellectuellement précoces［EB/

OL］.（2007−10−25）［2022−12−21］. https://www.education.gouv.fr/bo/2009/45/mene0900994c.html.

［11］王利国. 开展教育发展和绩效评估的国际借鉴［C］. 财金观察（2020年第1辑），2020：134−144.

［12］Courtinat-Camps A, Massé L, De Léonardis M, et al. The heterogeneity of self−portraits of gifted students in France［J］. Roeper Review, 2017, 39（1）: 24−36.

［13］Lee S Y, Olszewski-Kubilius P, Thomson D T. Academically gifted students' perceived interpersonal competence and peer relationships［J］. Gifted Child Quarterly, 2012, 56（2）: 90−104.

［14］钱翰. 法国基础教育如何培养拔尖人才［J］. 人民教育，2022（12）：70−72.

第六章

芬兰天才儿童教育路径分析

超常教育是针对超常儿童身心发展特点，对其实施特别支持和干预，以满足其特殊教育需要、促进其更好发展的非常规教育。[1]在芬兰，平等的教育是整个国家教育体系的主要特点和优良传统，芬兰从国际学生评估项目 PISA 2012 的第 12 位提升至 PISA 2021 的第 5 位，反映出其教育理念的创新和教育政策的改革成效。芬兰除常规教育发展迅速外，其关于“天才儿童的探索也早已开展”。虽然目前芬兰在立法上并没有直接提到“天才”这个概念，但通过在政策法规上开始逐渐满足“个性化需求”，以及对一些特殊学校和项目计划的支持，已在天才教育的多元化发展方面取得了显著成果，打破了原有平等主义、平等教育等标签。本章主要对芬兰天才儿童的概念、培养模式和未来发展趋势进行阐述，也为我国拔尖创新人才的培养提供参考。

一、芬兰天才儿童教育概述

（一）芬兰天才教育的背景

芬兰的教育体系体现了高度平等。自 20 世纪 70 年代以来，芬兰教育的主要原则是保持平等，一些综合性学校通过为所有学生提供学习资源和免费校餐等措施促进平等。此外，芬兰每位教师都拥有硕士学位。高质量的教师队伍和充分的平等教育为芬兰的天才学生培养提供了发展空间。比如研究人员提出的“成长心态教学法”[2]就被认为适用于在芬兰平等教育背景下培养天才学生。

自芬兰在2004年颁布《国家基础教育核心课程》(以下简称“国家核心课程”)后，个性化的价值观在教育中变得具体化。该文件中首次提出：学生个人有权获得符合其个人能力、特殊需求和能力发展的教学。2014年修订、2016年正式实施的新国家核心课程中强调以差异化教学为基础。无论学生是否为天才，都应该提供针对性强、能够满足其发展需求的教育。这使学生个人需求的地位得到进一步加强。

（二）芬兰的天才儿童概念

1. 关于天才儿童概念的研究

目前，芬兰国家层面并没有针对天才儿童进行概念界定或立法。新的国家核心课程在不同学科差异化教学的章节第一次提及“有天赋的学生”(talented students)，但并没有定义什么是天才（giftedness）或天才学生（gifted students)。“天才儿童”在课程中存在两个有迹可循的概念：一是在解决差异化需求课程时，把有天赋的学生描述为“熟练的学生”(skillful students)，或者描述为“进步快速的学生”(students who progress rapidly)，此外还提到了“学生的优势”(students' strengths)。因此在课程中，天才被视为在学校教育早期的一种熟练行为（skillful behavior）者。

莱涅（Laine）等人开展了一项有关芬兰小学教师对天才儿童的基本概念的研究[3]，发现天才儿童是具有发展性潜力的人，这种潜力随着个人内部因素和外部环境因素的影响而得到进一步发展，如动机、支持、时间、努力、个人投入和选择等因素。大部分教师认为天才儿童是多维度的，并不局限于某一特殊领域，且在个体身上呈现出发展性。莱涅等人还研究了芬兰儿童和青少年对天才的理解，发现儿童和青少年大多将天才视为多层面的，即一个人在某些特定科目表现很优秀或有较强的技巧。[4]但天才的发展性和心理层面的内容并不为这些儿童和青少年所重视。同时库西斯托（Kuusisto）等人发现，芬兰儿童和青少年大多认为智力和天赋具有成长性[5]，认为智力比天赋更具可塑性。

斯腾伯格（Sternberg）认为“转换型天才”具有“能够帮助世界变得更美好的特殊能力或天赋”，这种天赋能够使得个人做出一项或多项非凡而有意义的贡献。[6]蒂里（Tirri）将天赋理解为一种具有发展性的可以被教育和引导的特定领域的品质，所以其认同“转换型天才”（transformational giftedness）的概念，认为这一概念符合芬兰当下国情，同时天才儿童的概念要纳入道德因素，这种概念中的天才儿童要以超越自我为导向全面发展，致力于让世界变得更美好。

2. 天才儿童概念的两个特点

蒂里认为，芬兰关于天才的概念具有两个十分显著的特点。[4]一是天才发生在特定的领域。芬兰的天才概念，以及其他有关天才的理论和模型中，都体现了“特定领域”这一特点。这意味着天才是一个异质群体，可能在一个或多个领域有不同的潜力和能力。这些潜力和能力之间也可能不平衡，也就是说，在某个特定领域的天才可能在其他领域学习困难。二是天才具有发展性。在发展模式中，天才被认为是一种潜力，可以通过适当程度的个人和环境因素进一步发展。可塑性观点（成长心态）相信，个人素质和能力是可以改变的，是可以进一步发展的。在这种成长心态观中，能力被视为可随着时间和适当的学习机会而增长。从天才教育的角度来看，发展强调了环境因素的重要作用，包括教师、学校和规定等。

二、芬兰对天才儿童的鉴别与培养

（一）天才儿童的鉴别

如何更好地鉴别天才学生，是芬兰天才教育领域一个长期争论的话题。在过去数十年，非传统方法已取代传统鉴别方法。鉴别天才学生的任务，主要包括识别已经表现出天才潜质的学生，以及在特定领域有巨大发展潜力的学生。芬兰采用差异化教学，这种方法需要识别和诊断学生与课程之间的不匹配现象。差异化教学是芬兰所有教学的基础。在课程大纲中，差异化教学的基础是了解学生和学生的需求。同时，基于学生在学习计划的制订、学习方式的选择以及是否能够进步方面表现出的潜力，课程大纲还为有天赋的学生提供了不同的课程差异化方法，包括提供难度更高的学习内容、任务和读物，促进理解、运用多种学习方法和丰富学习内容等策略。

1. 差异化教学

蒂里等人认为，优化芬兰的天才教育，要清楚如何认识天才儿童的需要，以及如何在这种需要的基础上实施有效的差异化教学。并认为，应该加强教师的入职培训，让他们对不同的学生群体尝试不同的教学策略。[7]因此，差异化教学主要分为以下步骤：首先，教师要评估学生目前对某一主题（知识、技能等）理解的程度。评估常与课程目标和内容相关，目的是了解学生的阅读能力和学习需求。[8]其次，教师在设计接下来的课程内容时，要考虑是否适合所有学生，是否能激励学生的学习动机。教师所设计的课程内容要对不同类型的学生都有一定的难度和挑战性；可根据学生对课程内容掌握的情况，对他们的能力做出鉴别。值得注意的是，在差异化教学过程中，教师可以基于学生的兴趣、能力、技能、表现或其他因素，对学生进行分组，小组指导教师可决定这些小组是否异质或同质。[9]

在这种教学模式下，班级内的小组设置可以非常灵活，可以让学生有一些主动权，即根据自己的能力提出个人或小组的需求。在对学生进行分组教学时，相应的材料和作业也需要加以区分。

但是，差异化教学也存在不足。例如，有研究证明差异化教学效果欠佳，只是形式主义，没有具体内容作为支撑。此外，教师可能对差异化有误解，如认为差异化是为有困难的学习者提供的一种新型学习方式，或者认为差异化是一种趣味性的活动，而不是完善的课程。[10]

在芬兰的教育体系中，各个层次的教师都要接受专业培训，并且从幼儿园阶段开始就有差异化教育计划，即所有儿童根据他们的个人发展和学习需要接受教育，这也是芬兰天才教育的核心原则。从这个角度来说，芬兰的教育体系和制度是高度完备的。

2. 基于动态鉴别的人才选拔机制

教师要能够识别出一些具有学习潜力的学生。这些学生可能没有机会发展自己和获得知识，但在适当指导和支持下，会取得较快进步，这说明他们的最近发展区宽度较大，有很强的学习潜力。这些学生在开始学习新单元时可能预知能力较低，但如果教师能够精心策划学习内容或单元内容，就会在这类学生身上取得很好的效果，使学生获取大量新知识。因此，对天才儿童的鉴定方法应是动态的。[11]动态鉴定通常更多地用于正式的评估场合，它聚焦于学习过程而不是结果。[12]蒂里认为，多元智能分析问卷基于加德纳（Gardner）的多元智能理论，以特定领域的天才概念为基础，更能够帮助芬兰教师了解学生的优势[4]，更符合芬兰的教育制度。

（二）天才儿童的培养模式

芬兰 1998 年颁布的《基础教育法》（*Basic Education Act*）允许在加

速教育方面做出灵活决定。该法规定：学生的父母可以决定他们的孩子是在 6 岁还是 7 岁开始上学。还有一种加速是学校在学制方面进行调整，允许学生在一个灵活的时间内推进学习。自 1994 年以来，这种不分等级的制度已经在大多数高中推行。一些学校也在小学阶段对“不分年级”的教学进行了试点，家长也有权力为他们的孩子选择学校。

芬兰教育体系包括学前教育（6 岁以下）、基础教育（九年制综合学校，可选择 10 年完成）、高中教育（高中和职业教育）和高等教育。其中，综合学校旨在为所有儿童提供普通教育，其基础教育有两个层次。1—6 年级的教学内容统一，一般由班主任负责，外语课除外。7—10 年级的课程教学由专门的学科教师担任。在课程设置方面，低年级的必修课包括宗教教育、环境研究、母语（可能是芬兰语或瑞典语，取决于学生）、一门外语（通常是英语，也有瑞典语、德语、法语或俄语）、历史和社会研究、公民学、数学、自然历史和地理、体育、音乐、艺术和手工艺。同样的科目在高年级继续，并增加第二门外语、化学、物理、健康教育和家庭生态学。在高年级阶段，学生还可以选修第三门外语或计算机科学等科目。高中教育包括两种类型：一是传统的三年制高中，代表学术性的传统普通教育；二是多种形式的职业教育。学生完成高中学业后，要参加大学入学考试，获得进入普通大学的资格。每年有超过 30 000 名学生参加考试，但只有三分之一通过考试的学生能够进入大学。[13] 没有通过考试的学生则寻求职业教育或参加工作。芬兰的天才儿童教育项目有以下几类。

1. 特殊小学

由于地理位置和人口分布的特点，芬兰的学生通常就近上小学。例如，赫尔辛基市的一些特殊小学，可提供其他语种（如英语、法语、德语或俄语）教学，并自主招生。一些综合类学校设有专门的音乐课，这类课程在录取学生时要考查他们的音乐天赋和对音乐的兴趣；还有一些小学建立了志愿团体，使学生们可以不断提升舞台表演技能。[13]

2. 特殊中学

20世纪90年代，芬兰有463所高中，其中37所是特殊学校。2012年，有418所学校提供高中教育，特殊学校的数量上升到56所。由于这些学校的录取标准非常高，因此这些特殊学校也可以被称为天才学校。例如，2011年，共有109 000名学生在芬兰高中就读，其中有1436名学生参加了国际学历考试。特殊学校通常会根据学生的平均成绩选拔学生，可能会安排一次入学考试。在1994—2012年近20年的时间里，芬兰的特殊学校大多侧重于艺术或体育，仅有几所侧重于科学或语言。而且国际文凭（International Baccalaureate，IB）学校和拥有国际文凭课程的学校数量显著增加，获取国际学士学位和参与国际交流的趋势上升。

3. STEM教育与LUMA计划

1996—2002年，芬兰教育部较早开展了LUMA教育发展项目，并逐步形成了本国的STEM教育发展模式。2003年，芬兰的赫尔辛基大学成立了首个LUMA中心。

2007年后，芬兰又有多所大学相继成立了9个LUMA中心。2013年11月，芬兰成立了国家LUMA中心，作为全国范围内LUMA中心的总协调机构和发展平台，整合政府、教育机构（从幼儿园到大学）、企业、科研机构、社区和家庭等多方力量，共同全力促进3—19岁儿童青少年参与学习，开展国内及国际合作。这是芬兰教育上的一个里程碑。现阶段，LUMA中心主要设立于韦斯屈莱大学、阿尔托大学、赫尔辛基大学、坦佩雷大学等13所大学，与多个中小学开展教育联合项目。例如，依托阿尔托大学的师资资源，为中学生提供数学、化学、空间科学、生物、艺术等多种课程资源。坦佩雷大学的LUMA中心在中小学下午课后开展针对1—8年级学生的科学社团活动，活动主题涵盖机器人、电子、编程和传统科学等多个领域；韦斯屈莱大学的教育研究者针对6—9年级的学生，设计了科学野外露营等活动，还发起了包括小学4—6年级的全国技术大赛、创新明星计划等。LUMA项目中比较有代表性的是创建于2010年的“黄金时代少年营”（Millennium Youth Camp）。该少年营定期组织世界不同国家16—19岁的青少年学生参加营地教育活动，旨在传播芬兰在STEM领域的专业知识和最新进展，并让这些年轻人了解芬兰STEM领域的学习和就业机会。

（三）天才儿童教育的成就

2000年，经济合作与发展组织发布了第一个PISA结果，芬兰学生在阅读、数学和科学三个领域中的成绩均名列前茅。此后在2003年、2006年和2009年的测评中，芬兰学生的表现依然领先。其中，芬兰学生的阅读素养在PISA 2000和PISA 2003当中均是世界第一，数学素养在PISA 2003和PISA 2006当中均列经济合作与发展组织国家中的第一名，科学素养在PISA 2006中排名世界第一。在之后的PISA测试当中，芬兰学生的表现虽有所下降，但在世界范围内仍处于领先地位。这些引人注目的成绩与芬兰近些年在教育政策上的改变有着密不可分的关系，这也使越来越多的天才教育项目逐渐开展起来，在基础教育中差异化教学的效果越来越凸显。2022年全球创新指数排名中，芬兰位居第九，2021年位居第七，常年稳居前列。[14]这也是芬兰教育为国家发展做出贡献的有力证明。

三、芬兰对天才儿童教育的政策与经费支持

一是政策支持。自20世纪70年代以来，芬兰的教育政策一直强调所有学生平等。这种平等主要意味着要照顾有学习障碍或其他障碍的学生，

并且通过立法保护可以接受特殊教育的学生。虽然芬兰的教育立法中并没有直接提出“天才儿童教育”，但是从政策和法规的解读中不难看出，个性化和自由选择的趋势增加了天才儿童加速学习的可能性。为加强创新型人才的培养，如何为天才儿童提供相匹配的教育也成为芬兰教育的核心。2007年，芬兰政府计划首次将培养人才和创造力作为国家教育目标，此外，《教育部2020年战略》（2009年）指出，必须要认识到潜在的人才是芬兰教育主要发展的领域之一。芬兰教育部2012年发布的《2011—2016年教育和研究》，将教育平等定义为每个人（包括有天赋的人）都有权发展其不同类型的才能。

二是经费支持。世界银行的相关数据显示，2014年芬兰公共教育经费占GDP的比例达到7.2%，公共教育经费占政府总支出的比例达10.4%。芬兰国家教育局有关2016年芬兰教育支出的数据显示，芬兰学前教育、基础教育、普通高中教育和职业教育的生均成本分别达5855欧元、9016欧元、7697欧元和10 446欧元，经费水平处于世界前列。教育经费主要由公共财政提供。根据2014年统计，芬兰总教育经费占财政预算的12.45%，占GDP的7.16%。[15]其中，0—6岁孩子的教育费用由公共财政和家庭共同分担（低收入家庭免费），其中家庭承担比例为总支出的14%。针对6岁孩子的学前教育、义务教育和普通高中阶段教育支出的99%由公共财政负担。芬兰由于地理人口等特点，学生绝大部分在家附近就读，很少有人选择到距离较远的其他地方上学。而芬兰政府对于那些选择了在非居住地上学的学生，财政经费依照“钱随生走”的方式支付。2013年数据显示，地方政府年收入的28%用于提供教育及文化服务。芬兰95%以上的学校为公立学校，实行教育免费政策。从学前教育阶段开始，直到高等教育（至博士生）阶段，所有学费全部由政府财政承担。除不收取学费外，九年义务教育期间，政府还免费提供午餐和书本费；高等教育期间，政府提供食宿补贴和低息学生贷款。2017 年，芬兰教育支出占 GDP 的比重为 5.2%，该比例高于经济合作与发展组织和欧盟国家的平均水平。这些都为芬兰开展天才教育项目提供了支持和保障。

四、芬兰天才儿童升入大学的途径和通道

（一）高中阶段普通高中和职业高中并行

芬兰高中包括普通高中和职业高中。这两种形式通常都需要三年时间，并提供接受高等教育的资格。初中学生在获得基础教育证书后，就有资格进入普通高中学习。普通高中没有特定年级的课程，教学大纲的范围是三年，但学生可以 2—4 年内完成。小组学习或个人学习的方式都被接纳。在高中学校中，包括一些特殊学校，其录取标准非常高，也可以被理解为“天才学校”，比较知名的是佩沃拉寄宿学校[13]，每年选出 20 名有数学天赋的 15—18 岁的青少年，通常两年内这些青少年就从高中毕业。

（二）天才儿童并无特殊的高校入学通道

一是为儿童青少年提供丰富的校外课程，而不是大学专升通道。芬兰几乎没有关于具有天赋学生或者天才学生的大学专升通道，更多的是给儿童和青少年提供丰富多彩的校外科学课程。这些课程不仅能让学生与国际优秀学生相互交流、合作学习，同时也能提前享受大学的课程资源以及师资培训。例如，LUMA 中心为儿童和青少年提供芬兰式的 STEM 教育。有天赋的学生可以参加不同领域一年一度的国家级学术比赛，包括数学、物理、计算机科学、哲学和经济学学科。名列前茅的学生可参加国际奥林匹克竞赛，由大学学科教师和参加过竞赛的高年级学生对其进行培训。[16]

二是参加高中毕业考试获得大学入学资格。芬兰十分重视对天才儿童个性化需求的满足，通过贯通和整合一些大学和机构资源，对有学科天赋的学生进行重点培养和锻炼，以打造优势能够全面发展、实现终身学习的个体，但要获取大学入学资格，必须参加全国性的高中毕业考试（相当于我国高考，每年春秋两次机会）。其升学去向包括传统大学和应用科学大学。大学录取学生的标准和高校是否组织自主招生考试有关。无自主招生考试的高校录取标准为高中毕业考试成绩，同时参考高中成绩单；部分有自主招生考试的高校会根据高中毕业考试成绩、大学自主招生考试成绩和高中成绩单，综合考虑后开展录取工作。

五、芬兰天才儿童教育的未来发展趋势

芬兰通过教育立法对天才儿童进行政策引导，虽然没有明确何为天才儿童或天才教育，却通过形式多样、内容丰富的教育项目，培养了大批人才，且这些人才在国际上享有较高评价。如何在传统教育的优势上开辟一片天才教育的天地，如何让天才儿童培养形成一套独立而又特色鲜明的规范体系，是芬兰接下来需要认真思考的问题。

（一）加强教师队伍建设，满足天才儿童教育的需求

目前，教师对天才儿童和在混合教学课堂上开展天才儿童教育均持肯定态度。[17] 如何实行天才儿童教育，是否能够建设专门培养天才儿童的学校，对芬兰来讲，是一个巨大的挑战。芬兰对天才儿童实施差异化教学是符合国情的，而教师是识别和培养各类天才学生的关键。所以芬兰需要大力加强天才儿童教育教师队伍建设，在教师的入职培训中将相关教育理念、目标和技能培训纳入其中；对于在职教师来讲，也应该思考如何加强

相应的继续教育。因此，如何根据不同地区的实际情况强化培养天才儿童教师队伍，是芬兰要思考的首要问题。

（二）注意天才儿童教育中的道德问题

整体教育不仅承认社会和情感领域在学生发展中的重要性，也承认学生道德问题的重要性。从芬兰的一些天才儿童教育项目[18][19]可以了解到，一些在科学研究上表现出色的孩子，对于道德问题的关注较少，而较高的智力并不能预测成熟的道德判断，相反，道德判断需要道德动机和道德敏感性。有天赋的学生可能拥有非常出色的认知和逻辑思维能力，但可能缺乏处理道德问题所需的敏感性。应该引导天才学生将超越自我作为学习的目的，引导他们学会自我实现，致力于将世界变得更美好。因此，在芬兰天才教育的课程体系中，教师不仅要关注和讨论学科和专业上的问题，也要与天才学生共同探讨道德问题。

参考文献：

[1] 方中雄，张瑞海，黄晓玲. 破解超常教育的制度重构——将超常儿童纳入特殊教育体系 [J]. 教育研究，2021（5）：101-107.

[2] Rissanen I, Kuusisto E, Tuominen M, et al. In search of a growth mindset pedagogy: a case study of one teacher's classroom practices in a Finnish elementary school [J]. Teaching and Teacher Education, 2019（77）: 204-213.

[3] Laine S, Kuusisto E, Tirri K. Finnish teachers' conceptions of giftedness [J]. Journal for the Education of the Gifted, 2016, 39（2）: 151-167.

[4] Laine S, Tirri K. Finnish conceptions of giftedness and talent [M] // Conceptions of giftedness and talent. Palgrave Macmillan, Cham, 2021.

[5] Kuusisto E, Laine S, Tirri K. How do school children and adolescents perceive the nature of talent development? A case study from Finland [J]. Education Research International, 2017（8）: 1-8.

[6] Sternberg R J. Transformational giftedness: rethinking our paradigm for gifted education [J]. Roeper Review, 2020, 42（4）: 230-240.

[7] Tirri K, Laine S. Teacher education in inclusive education [J]. The SAGE handbook of research on teacher education, 2017（2）: 761-776.

[8] Prast E J, Weijer-Bergsma E, Kroesbergen E H, et al. Readiness-based differentiation in primary school mathematics: expert recommendations and teacher self-assessment [J]. Frontline Learning Research, 2015, 3（2）: 90-116.

[9] Matthews M S, Ritchotte J A, McBee M T. Effects of schoolwide cluster grouping and within-class ability grouping on elementary school students'

academic achievement growth [J]. High Ability Studies, 2013, 24 (2): 81–97.

[10] Hertberg-Davis H. Myth 7: differentiation in the regular classroom is equivalent to gifted programs and is sufficient: classroom teachers have the time, the skill, and the will to differentiate adequately [J]. Gifted Child Quarterly, 2009, 53 (4): 251–253.

[11] Kanevsky L. Dynamic assessment of gifted students [J]. International handbook of giftedness and talent, 2000 (2): 283–296.

[12] Lidz C S, Elliott J G. Use of dynamic assessment with gifted students [J]. Gifted Education International, 2006, 21 (2/3): 151–161.

[13] Tirri K, Kuusisto E. How Finland serves gifted and talented pupils [J]. Journal for the Education of the Gifted, 2013, 36 (1): 84–96.

[14] WIPO. Launch of the Global Innovation Index 2022-WIPO GII GE 22 [EB/OL]. (2024–08–30) [2022–09–29] https://webcast.wipo.int/video/WIPO_GII_GE_22_2022-09-29_PM_116834.

[15] 黄珍. 芬兰教育事权和财政支出责任划分 [C] // 中国教育财政政策咨询报告 (2015—2019). 2019.

[16] Mönks F J, Pflüger R. Gifted education in 21 European countries: inventory and perspective [M]. Nijmegen: Radboud University Nijmegen, 2005.

[17] Laine S, Hotulainen R, Tirri K. Finnish elementary school teachers' attitudes toward gifted education [J]. Roeper Review, 2019, 41 (2): 76–87.

[18] Tolppanen S, Tirri K. How an enrichment summer program is meeting the expectations of gifted science students: a case study from Finland [J]. International Journal for Talent Development and Creativity, 2014, 2 (1): 103–115.

[19] Tirri K. Combining excellence and ethics: implications for moral education for the gifted [J]. Roeper Review, 2010, 33 (1): 59–64.

第七章
美国天才儿童教育发展

美国是天才儿童教育研究最前沿、实践推广最普及的国家之一。经历近百年的发展，美国已形成比较成熟的天才儿童教育体制和教育特色。各州级政府针对天才儿童教育有相对独立的立法和准则。美国对天才儿童教育的重视使其科学和技术得到飞速发展，提高了国家的安全能力和人们的生活水平，充分体现了天才儿童教育在国家发展中的重要战略意义。

一、美国对天才儿童的界定

美国对天才儿童的界定体现了从单维智力到多维才能的变化。美国早期对于天才儿童的定义局限于智力因素，认为高智商的儿童即为天才儿童。“天才教育运动之父”、美国心理学家推孟将天才儿童定义为 IQ 大于 140 或智商水平处于前 1% 的儿童。[1] 随着天才儿童研究和教育实践的发展，有研究者提出，天才儿童不仅包括高智商儿童，还包括在学科方面具有特殊能力、超常创造力的儿童。[2] 因此，天才儿童的定义逐渐扩展到特殊领域的认知能力，被认为是“与同一经历和环境的同龄儿童相比，在一个或多个领域中表现或有能力表现出更高水平的儿童”。

美国从联邦政府层面统一了天才儿童的内涵。1972 年，美国第一次从联邦政府层面提出天才儿童的内涵，规定天才儿童的定义应包括一般智力（general intellectual ability）、特定学科能力（specific academic aptitude）、创新思维能力（creative or productive thinking）、领导力（leadership ability）、视觉和表演艺术能力（visual and performing arts）、心理动作能力（psychomotor ability）六个维度。这一内涵也成为天才儿童选拔的重要指标。此后，针对1972年版天才儿童的定义，又进行了三次重要的修改和完善。1978年版定义提出：天才儿童是指在学龄前、小学或中学阶段被认定或证明在智力、创造力、特定学科或领导力等领域具有高水平能力或潜能的儿童。1988年版定义提出：天才儿童指在智力、创造力、艺术能力、领导力或在特定学科领域表现出高水平能力或潜能的儿童，他们通常需要学校以外的服务或活动来充分发展这些能力。1993年版定义在上一版基础上强调，来自所有文化群体、经济阶层和所有领域的儿童都有杰出才能。这一版一直沿用至今，为美国各州天才儿童的界定提供了一般标准和重要依据，大多数州采用了联邦定义的精确版本或修改版本。

各州对天才儿童的界定存在一定的差异，但总体上具有以下特点：一是多维度，包括高智力，较强的学习能力、创新能力、领导能力、视觉和表演艺术能力，在某些特殊学科的才能；二是高智力一直是定义中标准的、最重要的维度；三是对天才儿童的社交能力、职业技能等方面的关注度较低，仅有几个州把这些方面作为天才儿童的标准之一。

学者基于不同的理论视角提出了不同的天才儿童内涵。任祖利（Renzulli）于1978年提出三环模型（Three-Ring Model）[3]，加德纳（Gardner）于1983年提出多元智能理论（Theory of Multiple Intelligences）[4]，斯腾伯格（Sternberg）于1985年提出智力三元理论（Triarchic Theory）[5]等。

二、美国天才儿童教育的发展阶段及政策演变

（一）萌芽探索阶段（19 世纪末—20 世纪初）

美国早期对天才儿童教育的关注并不多，天才儿童是否能够进入中学和大学往往基于其学业成绩和经济条件。尽管强制入学法使所有人都可以上学，但为天才儿童提供的特殊服务很少。1868 年，美国圣路易斯学校发布“圣路易斯方案”，提出允许天资过人的学生加快学习进度，在较短时间内完成学业，从此拉开了美国天才教育的序幕，开始了以基层学校为主体的自下而上的自主探索。1901 年，马萨诸塞州建成第一所天才儿童学校，标志着美国天才儿童教育正式进入专业化、正规化和科学化的发展进程。到 1920 年左右，大约三分之二的大城市为天才学生创建了某种类型的课程。除美国正规的天才教育学校外，也涌现了很多天才培训机构。

1921—1923 年，推孟开发并利用斯坦福—比奈智力量表对天才儿童进行识别。1922 年，“天才教育运动之母”霍林沃斯（Hollingworth）在纽约市公立学校（New York City Public School）开办天才学生特殊机会班（special opportunity class），学生的一半时间用于常规课程学习，另一半时间进行充实制活动（包括法语、代数、营养学、音乐、戏剧、国际象棋等）。[6][7] 1936 年，霍林沃斯又在斯派尔学校（Speyer School）为 7—9 岁的天才儿童提供教育。

（二）快速发展阶段（20 世纪 50—60 年代）

经历了第二次世界大战后，美国相比以往任何时期都更加重视天才儿童教育。1957 年苏联成功发射人造地球卫星也给美国带来了前所未有的冲击。空间装备竞赛的劣势激起了美国的深刻反思，美国意识到在许多高度专门领域缺乏高水平的人才，于是，扩展和加强天才儿童教育成为

必然趋势。一是从国家层面颁布一系列的政策法规以支持天才儿童教育的发展。如1954年的《国家科学基金计划》(*National Science Foundation Program*)首次提出支持天才儿童教育事业，并要求联邦政府给地方拨款；1958年的《国防教育法》(*The National Defense Education Act*)真正从战略上开始注重天才儿童教育；1965年,《初中等教育法》(*Elementary and Secondary Education Act*)[8]针对天才儿童教育增设了“天才搜索”项目。二是成立专门的管理机构——白宫天才及特殊才能特别委员会，对天才儿童教育事业进行监督和指导。

(三)逐渐完善阶段(20世纪70—80年代)

20世纪70年代开始，在科技和商业竞争日趋激烈的背景下，美国政府和民众普遍认识到高质量教育的重要性。这一阶段，美国专门的天才儿童教育立法涌现，天才儿童教育体系基本形成，天才儿童培养已向人才培养的方向发展。例如，1972年《马兰德报告》从多元智能理论和个性化培养的角度对天才儿童进行了科学的定义，并分析了美国联邦和各州实施天才儿童教育的现状与存在的问题，督促各州制定天才儿童教育政策，同时特别强调天才儿童需要超常规的教育和实践培养。这一报告也成为天才儿童教育领域的一个分水岭。1974年，美国教育部成立天才教育办公室(The Office of the Gifted and Talented)，对各州政府和民间的天才儿童教育计划和行动给予大力支持。1978年,《初中等教育法》再次修订，增加了《天才儿童教育法》(*Gifted and Talented Children's Act*)，肯定了天才儿童对国家社会发展的重要性，并提出要努力促进中小学阶段天才儿童教育的发展，对天才儿童给予关注。该法还明确提出天才儿童需要特殊的服务，扩大天才儿童教育项目的财政支持，为天才儿童教育提供法律和物质保障。

1988 年，美国国会颁布的《贾维茨天才学生教育法》，是唯一专门针对天才儿童的联邦教育法案。1990 年，国家天才研究中心（National Research Center on the Gifted and Talented）成立，其主要任务是批准高教机构、州和地方代理机构的竞争性示范机构及其服务模式，设立推进面向州和学区的竞争性天才儿童教育项目等，建设和促进初中等学校满足天才儿童需要的能力。1993 年，天才儿童教育白皮书《国家卓越：培养美国的天才》（*National Excellence: A Case for Developing America's Talent*）[9] 为培养天才儿童提供了政策保障和支持。

（四）全面发展阶段（20 世纪末至今）

美国联邦政府制定了与天才儿童教育相关的政策法规，但具体落实通常留给各州，以致各州之间和州内形成天才儿童教育的差异性和不公平现象。因此，美国也在顺应时代的发展和实际的需求，为天才儿童教育做出努力和改变。

1994 年，美国国会对《贾维茨天才学生教育法》进行了修正。[10] 对天才科研项目、示范项目、创新策略以及建立和巩固初中等学校学生能力的类似活动进行了统筹安排。2002 年，《不让一个孩子掉队法》（*No Child Left Behind Act*）发布，旨在帮助成绩最低的学生，目标是促进学业成就公平。但研究发现，天才学生的学业成绩提高得微乎其微。[11] 2008 年，《高等教育机会法》（*American Higher Education Opportunity Act*）要求加强对天才儿童教师的职前培训，提高天才儿童教育教师的专业素养。2009 年，联邦政府的“力争上游”（Race to the Top）教育政策，校正了《不让一个孩子掉队法》，要求加强天才儿童教育。2011 年，美国共和党与民主党的参议员联合提出《授权教师给予天才和高能力学生帮助法》（*To Aid Gifted and High-ability Learners by Empowering Nations Teachers Act*），进一步规定了天才儿童教育的师资、经费及相关研究。2015 年《每一个学生成功法》替代《不让一个孩子掉队法》，反映了经济发展对创新型人才的需求和政府的优先发展计划，为天才儿童教育带来新的转机。

三、美国对天才儿童的鉴别与选拔

鉴别和选拔天才儿童是实施天才儿童教育的首要任务。在多民族、文化开放的背景下，基于加德纳多元智能理论，美国对天才儿童的选拔倾向于放宽标准。但这并不意味着被确定为天才儿童就很容易，其鉴别过程往往需要经过层层考核。

（一）美国天才儿童鉴别标准

一是鉴别目标。天才儿童鉴别要坚持两个核心目标：一是覆盖范围广，尽可能多地发现天才，为他们提供发展潜力的机会；二是为所有已经明显展现出天赋和能力的天才儿童提供适当的计划。

二是鉴别工具。天才儿童鉴别工具既要能够筛选多种潜在的天才特征，也要经过足够样本量的预先测评，有良好的信效度。最常用于评估天才儿童智力的鉴别工具有斯坦福—比奈智力量表和修订版的韦克斯勒儿童智力量表（Wechsler Intelligence Scale for Children-Revised）。

三是鉴别标准。多元性的鉴别标准是美国鉴别和选拔天才儿童的核心特征[12][13]，为教育工作者提供了灵活的方式和多种可能性，即在寻找各种类型的天才儿童时必须使用超越学业成绩的衡量标准。具体来说，一方面要关注更多少数群体和处于经济劣势的学生；另一方面，在制定相应政策时对天才儿童的鉴别进行大量分析和研究，从而确定最合适的实施方案，以确保政策和工具在操作和执行中更有针对性。包括佛罗里达州在内的29个州提供了具体的鉴别标准/方法，如天才生必须具备特定的学科能力、创造力或思维等，具体领域涉及12个：一般智力、数学、科学、社会研究、语言艺术、阅读、艺术、音乐、戏剧、舞蹈、创造力和领导力。

（二）坚持规范的鉴别与选拔程序

一是组建专业的鉴别团队。通常由学校教师、教育行政领导、心理学专家、课程设计者以及对评估工具、数据分析、选拔程序等比较熟悉的学生家长等人员组成。二是确定鉴别内容及项目。既包括智力方面的测量，也包括非智力性因素的测量。三是确定鉴别程序的时间进程。通常，美国会在小学2年级对学生进行筛选和选拔，但具体的筛查时间和对象在各州有所不同。

（三）坚持多样化的鉴别与选拔方法和工具

一是提名法。提名法是由目标对象最熟悉的自己或他人描述其是否具有天才特征的社会测量法，包括教师提名、家长提名、同伴提名以及自我提名。[13]其中，教师提名是最常见的非正式的鉴别方法之一，家长提名往往能够有效地识别孩子的天赋，同伴提名对于识别少数群体或来自偏远、经济不发达地区的天才儿童有重要作用，自我提名往往适合高年级的学生。

二是标准化测验法。即通过相对标准化的测验对个体的智力水平等进行评定。智力因素依然是天才儿童的最主要判断标准，使用较多的是斯坦福—比奈智力量表、韦克斯勒儿童智力量表，评估创造力发展的发散性思维测验，评估兴趣和传记特征的问卷。发散性思维测验要求学生对开放式问题尽可能多地思考（如列出报纸或砖块的不同用途等），兴趣和传记特征的问卷评估是否存在某些创造性人才的行为和传记特征（如好奇心、幽默、冒险精神等）。

四、美国天才儿童教育的培养模式

正如斯坦福大学心理学家德威克（Dweck）所说："天赋只是一个起点，后天的培养和教育才是塑造天才儿童成才的根本。"如果教育环境不适合天才学生的水平和学习节奏（或者亲子或同伴关系出现问题），那么天才儿童很容易出现非适应性的问题，如看似是注意力缺陷多动障碍等外化问题、非完全的抑郁等内化问题以及成绩不佳、对课堂活动不重视等学业问题。[14]因此，为了促进天才儿童健康、充分发展，必须设计与其能力相匹配的培养模式。美国各州的天才儿童培养在具体实施的过程中存在一定程度的差异，但总体上主要包括如下模式。

一是加速制（acceleration）。帮助学生以加快学习进度或小于常规年龄的方式提早完成常规教育，为有较强学习能力的学生提供难度适合的学习材料，让学生在更富挑战性的学习环境中学习。其教学策略包括提前入学、跳级、超前学习、自主学习、压缩课程、弹性课程、导师指导、课外活动、远程学习等 20 种。该模式在小学阶段最常见，是天才儿童教育实践的基石之一。

二是充实制（enrichment）。在不改变就读年级的情况下，向天才儿童提供常规课程之外的拓展课程，或在常规课程基础上学习更高深的内容，或使用更复杂的教学策略，如课堂内的加深学习、独立学习研究、特殊学习中心、周六和课后项目、实地考察、学科竞赛、夏令营或冬令营等，以满足天才儿童的特殊需求。

三是能力分组学习模式（cluster grouping）。能力分组学习模式指的是在充分考虑天才儿童能力和兴趣的基础上，把多个天才儿童聚集在一起，制定适合其天赋的学习模式。[13]具体而言，能力分组学习模式分为三类。[13]其一，全日制同质分组。即天才儿童在单独的班级或单独的学校接受教育。包括磁石学校（特色学校）、为天才儿童设立的特殊学校、私立学校、校内学校计划（类似于为天才儿童开设的特殊班级）、小学特殊班。其二，全日制异质分组。即将天才儿童和普通儿童放在一起进行教学或在不同班级中实行个性化教育。一般是将5—10名天才生和15—20名普通生分到一个年级的普通班中，由一位接受过天才教育培训或课程教育的教师授课，旨在为天才儿童提供不同的课程。目前，在普通课堂中同时融入天才儿童和普通儿童的教育模式是学前/幼儿园和小学（1—6年级）期间最常见的天才儿童教育模式。其三，非全日制或临时小组。即学生每周从常规课堂中抽出一次或两次、每次2—3小时时间参加特别的充实活动，通常由一名地区教师/天才儿童教育协调员指导，形式包括课外活动、阅读和数学临时小组、特殊兴趣小组和俱乐部等。

五、美国天才儿童教育的实施、管理及保障

（一）美国天才儿童教育的管理模式

美国政府对天才儿童教育的管理十分重视。1974年设立“天才儿童教育办公室”，负责协调、推动、监督、处理各州天才儿童教育活动和计划。同年，在弗吉尼亚设“天才儿童情报交换所”，成立联邦、州领导训练学院。美国前总统里根1981年签署《综合预算协调法》（*Omnibus Budget Reconciliation Act*）后，天才儿童教育转由各州教育部门负责。特别是2015年《每一个学生成功法》颁布，将管理教育的权力归还给各州和地方学区，给予了天才儿童教育更多的可能性和发展空间。例如，康涅

狄格州教育部门负责审查与天才儿童教育有关的法律法规，并发布该州关于天才儿童鉴别和为天才儿童提供服务的指导文件。

（二）大力提供财政支持

天才儿童教育拨款来源于美国联邦政府教育经费中用于特殊教育和特殊学生群体的部分，其中之一就是天才儿童教育拨款，并受到立法保护。1974 年，美国国会颁布《教育修正法》(*Education Amendments*)。[15] 该法案提出需要向天才儿童提供服务，同时授权州和地方教育局开展天才儿童教育项目并提供财政资助。《贾维茨天才学生教育法》提出，联邦政府要做到每年给地方天才教育拨款，并将拨款对象分为科研拨款、示范经费拨款和专款专用三类。自该法案颁布之后，联邦政府投入 790 万美元给天才儿童教育。此后，每年贾维茨基金会获得美国联邦政府不同数额的财政投入并用于各州发展天才教育。然而各州对天才儿童教育的经费投入和使用不尽相同。根据 2022 年最新的《2020—2021 全美天才教育报告》[16]，有 26 个州为支持天才儿童教育的地方教育机构提供专门资金。2020—2021 学年，各州的该项专门资金从 35 万美元（蒙大拿州）到 7600 万美元（北卡罗来纳州）不等。

（三）开展教师培训和资格认证

一是高校提供硕士或博士学位。根据美国国家教育统计中心统计结果，美国有 70 所公立或私立大学提供天才儿童教育领域的硕士学位，其中部分大学提供博士学位。如康涅狄格大学天才儿童教育领域的研究生计划在国内和国际享负盛名，根据层次和授予学位证书的不同，学位可以分为天才儿童教育硕士学位和博士学位。该大学除了以全日制形式开展天才儿童教育硕、博士教育外，还通过夏令营的硕士计划和在线学习计划为非全日制的在职人员提供课程培训。

二是完备的天才儿童教育教师资格认证制度。目前，美国大部分州（除爱达荷州、爱荷华州、缅因州和弗吉尼亚州外）都没有对天才儿童教育教师的学历进行硬性要求。[16]但是一般来说，天才儿童教育教师必须参加所在州的天才儿童教育教师资格证考试，并获得该地区的认可和认证，然后才可以申请天才儿童教育教师的空缺职位。如俄亥俄州规定自2019年1月1日起，要获得天才儿童教育教师资格就必须参加并通过俄亥俄州教育工作者的相关内容测评。

三是匹配的天才儿童教育教师专业培训项目。美国各州也会提供天才教育教师专业培训，以提升天才儿童教育教师的专业能力和水平。如爱荷华州要求学校提供相关课程，包括天才心理学、天才儿童项目的管理和监督以及天才儿童项目的实习经验等。

（四）有成熟的科研体系及专业指导

美国的天才儿童教育研究机构对天才儿童教育的发展发挥了重要作用，各高等院校和科研院所及各种天才儿童中心，也为天才儿童教育提供了理论研究和实践基地。

1. 天才儿童组织协会

一是美国天才儿童协会（National Association for Gifted Children）[17]。该协会成立于1954年，是全美最大、最具影响力的天才儿童教育非官方组织。协会每两年进行一次全国调查，形成《全美天才教育报告》，以系统地监测和改进美国公立学校对有天赋和潜能学生的服务。二是美国特殊儿童理事会天才儿童分会（A Division of the Council for Exceptional Children: The Association for the Gifted）[18]。该组织是国际特殊儿童委员会的组成部分，旨在向专业人士和家长提供有关天才儿童的信息，致力于提高具有特殊需求的儿童和青少年的教育和生活质量，并加强他们的家庭联结，促进天才儿童的成功。三是美国教育研究协会天赋与才能发展研究小组（American Educational Research Association：Research on Giftedness，Creativity，and Talent Development）[19]。该组织是美国教育研究协会的特殊兴趣小组之一，重点关注如何发展和培养天才学生的天赋、才能和创造力。四是美国天才教育政策中心（Center for Gifted Education Policy）[20]。该组织隶属于美国心理学会（American Psychological Association），旨在从心理学的视角提高公众对天才儿童的正确意识，加强科学宣传以及提供前沿研究理念，以提高天才儿童和青少年在各个领域的成就和表现。

2. 美国大学科研中心及项目

一是约翰·霍普金斯大学的天才少年中心（JHU Center for Talented Youth）[21]。该中心成立于1979年，是全美历史最悠久、最权威的天才儿童教育研究机构之一。其宗旨是基于包容、公平和反种族主义的原则，努力通过传统和创新的学习评估来识别天才儿童，通过转型教育计划和社会经验发展天才儿童的能力，提供促进学生成长与成功的天才儿童支持服务和计划。二是杜克大学的天才识别项目（Duke University Talent Identification Program）[22]。该项目成立于1980年，其前身是1946年在纽约成立的美国天才儿童联合会（American Association for Gifted Children）。该项目致力于更好地理解和鼓励天才儿童，通过多种创新课程充分挖掘潜能。三是西北大学天才发展中心（Northwestern University Center for Talent Development）[23]。该中心成立于1982年，致力于通过先进的教学手段、高强度的课程内容培养和锻炼天才儿童，鼓励有天赋的学生探索感兴趣的学术领域。四是斯坦福大学天才青少年培养计划（Stanford University Education Program for Gifted Youth）。该计划于1992年启动，是一个致力于开发与提供基于多媒体计算机的远程学习课程的持续性项目。自该计划实施以来，已有来自 35 个国家、超过 5 万名的学生参加了该计划的课程学习。五是戴维森研究所（Davidson Institute）[24]。该研究所成立于 1999 年，旨在通过一系列计划和服务为天才儿童及其家长和教育工作者提供支持。其使命是识别美国的天才儿童，并在学术上、社交上和情感上提供支持，使他们发挥最大潜力。

（五）重视纵向追踪研究及数据库建设

大数据时代，纵向追踪研究的优势逐渐凸显，该方法往往能观察到个体完整的发展过程，捕捉到某些关键性的转折点。美国不仅长期坚持对儿童开展与其受教育情况相关的纵向调查，还有专门针对天才儿童教育的纵向调查。由美国国家教育统计中心负责的针对儿童教育发展相关的纵向调查就有：重点关注儿童入学前这段时期情况的幼儿纵向研究，旨在通过纵向数据使研究人员能够研究儿童的成长和发展，并将其与家庭、早期养育以及学校环境和经历联系起来；全国家庭教育调查大纲（National Household Education Surveys Program），弥补了机构数据收集不到的一些主题，但仍然无法提供家庭内的教育信息以及家庭对教育系统的认知和需求的相关内容。此外，还有由美国天才儿童协会负责的专门针对天才儿童教育的纵向调查。该调查每两年进行一次，最终结果以《天才教育调查报告》形式呈现，调查了各州天才儿童教育的不同方面，包括资金、人员配置和培训以及未来方向等信息。

六、美国天才儿童升入大学的途径

（一）天才儿童升入大学的路径

美国天才儿童并无直接升入大学的特权，且其天才儿童身份也非“一劳永逸”。天才儿童的考核过程公开公正，没有特殊通道。天才儿童考核标准仅在特定的州或学校适用，每到一所新学校或者进入新的学习阶段，需重新考核，未通过则被淘汰。因此，天才儿童的身份会在个体发展过程中动态变化。

美国大学的招生模式较为灵活，会尽可能地发现并接纳更多的天才儿童。具体来说，美国高校招生的显著特征是各自为政，达到本大学的标准，就可以入校学习。高校的基础入学考试均由校外考试机构承担，[25] 主要是由美国的教育考试服务中心（Educational Testing Service）和美国高等院校测验中心（American College Testing Center）两家机构负责，但最终招生录取选择权在高校。具体招生特征表现为以下三个方面。

一是标准化考试成绩必须合格。美国高校招生考试有两种，一种是学术能力评估测试（Scholastic Assessment Test，SAT），每年考 7 次；另一种是大学入学考试（American College Test，ACT），每年考 5 次。虽然大学招生强调全面考查学生素质，但 SAT、ACT 等大学入学考试的成绩也至关重要。

二是高校选拔人才采取多样化录取方式。研究型大学均提供提前录取机会，包括提前决定（early decision）和提前录取（early action）两种形式。“提前决定”是捆绑式的，学生申请这一计划，就意味着对大学做了某种承诺，一旦被录取，便必须进入该校，且要交纳一定数量入学保证金，同时撤销已提交的其他学校的同类申请，否则便是违规。“提前录取”为非捆绑式，学生即使被某所大学录取，也可等到所申请的其他大学录取结果出来进行比较后，再决定上哪所大学。

三是研究型大学招生根据综合指标选拔。美国研究型大学招录新生，既要看学生统考成绩，又要看平时学业成绩；既有智力因素的要求，又有对非智力因素的考察；既从考试分数或年级排名等硬指标来评判学生，又从充满个性的推荐信或自述材料中了解学生。

例如，斯坦福大学新生录取标准包括学术成绩、课外成就、论文水平和推荐信，依据 SAT/ACT 成绩、班级排名和录取率三项综合指标进行选拔。哈佛大学实行严谨与灵活并重的招生选拔制度，通常会参考以下指标：一是至关重要的录取因素，包括人品 / 个性、课外活动、中学成绩、才干与能力；二是重要的录取因素，包括班级排名、申请短文、面试、推荐信；三是可考虑的因素，包括校友关系、居住位置、少数族裔、义工记录、工作经历等。如果学生某项才能十分突出，并且通过由哈佛大学专家组织的笔试、面试以及实际操作等评定，被认定是确实有才能的，即可进入哈佛大学。

（二）天才儿童教育的整体衔接模式

天才儿童项目为天才儿童进入大学提供了可能。为更早发现有潜能的天才儿童，美国多所大学设置天才儿童相关项目和研究中心，对天才儿童的识别和培养起到重要作用，也为天才儿童更早进入大学提供了机会。如约翰·霍普金斯大学的天才少年中心、杜克大学的天才儿童识别项目等。

荣誉教育模式也是天才儿童进入大学的途径之一。荣誉教育模式面向所有优秀学生，包括天才儿童。荣誉教育指的是荣誉学院、荣誉项目设计的课内和课外的学术活动，给优秀学生提供了一个独特的学习环境。荣誉学院或者项目为学生提供全校范围内的、可以衡量的、具有一定深度和广度的以学习者为中心的学习体验。

以亚利桑那州立大学的巴雷特荣誉学院为例，该机构的招生范围包括新生、在校生和国际学生，实行开放多元的招录机制，更看重学生的学习动机和能力表现。例如，针对国际学生的选拔包括：SAT/ACT 成绩、托福成绩，高中成绩绩点（Grade Point Average，GPA），两封教师（教授）推荐信，一篇能够反映学生学术潜力的入学论文。在这篇不超过500字的学术论文中，学生需要从正反两方面论述自己的学术品质（如好奇心等），并且通过具体案例或故事反映个人学术品质带来的正面和负面影响。

七、美国天才儿童教育的特点及发展趋势

作为世界第一科技创新大国，美国的天才儿童教育积淀深厚，界定明确，相关政策法规较为完善，各类教育和科研机构的实践也层出不穷。

一是明确多元的鉴别和培养模式。做好天才儿童教育关键性的第一步就是培养对象的选择，即要通过科学甄别和评估找出这些个体才能够顺利开展接下来的教育活动。美国在不同时期从不同层面对天才儿童的界定、筛选和评估进行了探索，形成了适合自己国情的多元化模式。特别是对于识别处于少数群体的天才儿童有至关重要的意义，扩充了天才儿童的数量，创造了更多的可能性。

二是与时俱进的法律保障和政策支持。天才儿童教育的发展需要法律和政策的有效引导和保障。美国从基础的教育法层面就为天才儿童教育提供了相应的政策和财政支持，同时还专门立法帮助天才儿童教育更好地发展，给予了各州充分的自主权。

三是创新的科学研究和实践经验。美国的组织和大学科研中心及项目为美国天才儿童教育事业发展提供了源源不断的创新思想和方法，特别是大规模的追踪数据，对于持续了解天才儿童教育事业发展的动态以及热点问题具有重要意义。美国多个大学开展的天才儿童教育计划，为天才儿童提供了丰富多样的课程以及可选择的学科，培养了天才儿童的创造力、问题解决能力以及艺术能力等多方面的能力。

四是关注特殊群体，兼顾卓越与公平。美国重视对天才儿童的培养，同时坚持公平原则，其众多法案和计划均强调关注天才儿童群体，既关注了特殊群体又兼顾了公平和卓越。

五是体现了集中指导和具体执行的“集中民主”模式。从政策制定而言，对于天才儿童教育的发展，美国联邦政府的天才儿童教育政策起指导作用，各州天才儿童教育政策起主要作用。从天才儿童的界定而言，联邦政府框定了天才儿童的定义，各州根据情况进行调整。1972 年的《马兰德报告》第一次从联邦政府层面提出天才儿童的内涵，成为各州的参照。

六是积极关注天才儿童在成长中出现的各种问题和困惑。美国天才研究领域的专家西蒙顿（Simonton）通过总结多年的经验提出，对于实现卓越性而言，发展、动机和人格因素比高智商因素更重要。[26]即使是经过严格程序选拔出来的天才儿童，在各学习阶段依然可能面临诸多问题。例如，进入中学阶段的天才儿童，会在生理、社会交往和学业上面临诸多困扰和迷茫。[27]为此，有效干预必须反映出对天才儿童的学术、社会交往和情感方面的关注，帮助天才儿童排解孤独，把学术和运动摆在同等重要的位置；理解并接纳天才儿童的行为风格，尊重他们的学习习惯，帮助他们尽可能地展现自己。

参考文献：

[1] Terman L M. Mental and physical traits of a thousand gifted children (Vol. 1) [M]. Stanford: Stanford University Press, 1925.

[2] Fleigler L A, Bish C E. Summary of research on the academically talented student [J]. Review of Educational Research, 1959, 29: 408–450.

[3] Renzulli J S. What makes giftedness? Reexamining a definition [J]. Phi delta kappan, 1978, 60 (3): 180–184.

[4] Gardner H E. Frames of mind: the theory of multiple intelligences [M]. New York: Basic Books, 1983.

[5] Sternberg R J. Beyond IQ: a triarchic theory of human intelligence [M]. Cambridge: CUP Archive, 1985.

[6] Gray H A, Hollingworth L S. The achievement of gifted children enrolled and not enrolled in special opportunity classes [J]. Journal of Educational Research, 1931, 24 (4): 255–261.

[7] Klein A G. Fitting the school to the child: the mission of Leta Stetter Hollingworth, founder of gifted education [J]. Roeper Review, 2000, 23 (2): 97–103.

[8] Federal government of the United States. Elementary and Secondary Education Act of 1965 [EB/OL]. (2023–10–06) [2023–12–15]. https://www.govinfo.gov/content/pkg/COMPS-748/uslm/COMPS-748.xml.

[9] Ross P O. National Excellence: a case for developing America's talent. [M]. Washington, DC: Office of Educational Research and Improvement (ED). Programs for the Improvement of Practice, 1993.

[10] The National Research Center on the Gifted and Talented. Javits Act:

Charting Directions [EB/OL]. [2022−12−22]. https://nrcgt.uconn.edu/newsletters/winter951/#:~:text=The%20Jacob%20K.%20Javits%20Gifted%20and%20Talented%20Students, to%20high%20standards%20and%20must%20develop%20their%20talents.

[11] Loveless T, Parkas S, Duffett A. High-achieving students in the era of NCLB [M]. Washington: Thomas B.Fordham Institute, 2008.

[12] Callahan C M, Hunsaker S L, Adams C M, et al. Instruments used in the identification of gifted and talented students [M]. Storrs: University of Connecticut, The National Research Center on the Gifted and Talented, 1995.

[13] Davis G A, Rimm S B, Siegle D B. Education of the gifted and talented (6th Edition) [M]. London: Pearson Press, 2013.

[14] Robinson N M. Assessing and advocating for gifted students: perspectives for school and clinical psychologists [M]. Storrs: University of Connecticut, The National Research Center on the Gifted and Talented, 2002.

[15] Congress. gov. H. R. 69-Elementary and Secondary Education Amendments [EB/OL]. (1974−08−21) [2022−12−22]. https://www.congress.gov/bill/93rd-congress/house-bill/69?q=%7B%22search%22%3A%22HR%5Cu300269%22%7D.

[16] Rinn A N, Mun R U, Hodges J. 2020−2021 State of the states in gifted education [R]. The National Association for Gifted Children and the Council of State Directors of Programs for the Gifted, 2022.

[17] National Association for Gifted Children (NAGC) [EB/OL]. [2022−12−22]. https://www.nagc.org/.

[18] cectag. A Division of the Council for Exceptional Children: The Association for the Gifted (TAG) [EB/OL]. [2022−12−22]. https://cectag.com/.

[19] aera.net. American Educational Research Association: Research on Giftedness, Creativity, and Talent Development (RGCT) [EB/OL].

[2022−12−22]. https://www.aera.net/SIG091/Research-on-Giftedness-Creativity-and-Talent-Development.

[20] apa.org. American Psychological Association: about the Center for Gifted Education Policy (CGEP) [EB/OL]. [2022−12−22]. https://www.apa.org/ed/schools/gifted/about.

[21] JHU Center for Talented Youth (CTY) [EB/OL]. [2022−12−22]. https://cty.jhu.edu/.

[22] Duke University Talent Identification Program (AAGC) [EB/OL]. [2022−12−22]. https://tip.duke.edu/.

[23] Northwestern University Center for Talent Development (CTD) [EB/OL]. [2022−12−22]. https://www.ctd.northwestern.edu/.

[24] Davidson Institute. Nurturing Intellect.Unlocking Potential [EB/OL]. [2022−12−22]. https://www.davidsongifted.org/.

[25] 李祖超，杨淞月．美日高校拔尖创新人才培养制度比较分析 [J]. 中国高教研究，2011（8）：69−72.

[26] Simonton D K. Scientific genius is extinct [J]. Nature, 2013, 493: 602.

[27] 王凯．美国中学阶段天才青少年的典型成长问题与干预研究 [J]. 基础教育参考，2013（5）：23−26.

第八章

加拿大天才儿童教育研究

作为一个具有两大文化、两大语种（英语和法语）的教育分权制国家，加拿大十个省和三个地区都有自己的教育制度。受英、法文化和原住民文化的影响，加拿大的教育体系整体遵循“公平多元”的理念，而天才儿童教育作为特殊教育的一个分支，也充分体现了因材施教、个性化的教育理念。安大略省率先把天才儿童教育纳入特殊教育法案的保障范畴，使得天才儿童教育从鉴别到安排都有一定的标准可依，在加拿大天才儿童教育中处于领先水平。[1]因此，本章以安大略省的天才儿童教育实践为主要依据，同时以加拿大其他省份相关对策为补充，对加拿大天才儿童教育的现状进行分析说明。

一、加拿大天才儿童教育概述

（一）天才儿童定义

在加拿大，天才被定义为“一种非常高级的一般智力能力，需要不同的学习经验，其深度和广度超过常规学校课程中通常提供的学习经验”。[2]《加拿大教育法》（1990 年）将天才儿童归于具有特殊性的学生类别之中，这些学生需要以非标准的方式接受教育，以满足其特殊的智力、认知、情感和社会需求。但加拿大各省在天才儿童教育的政策制定、管理体系的构建等方面具有一定的自主权，因此对天才儿童的定义也不尽相同。2002年安大略省教育部出版的《特殊教育教师指南》(*Special Education Teacher Companion*)中，除了关注认知能力，还特别强调了对天才儿童心理能力的考查，认为天才儿童常常会在某一时期展现出天才的认知能力、对知识的好奇心、突出的感知觉能力与创造力（主要是指创造性思维）、高动机水平以及情感能力等其中的一种或几种。[3]因此，安大略省对于天才儿童的定义强调了个体的综合智力和心理能力。而萨斯喀彻温省教育厅则将天才定义为至少在特定的学术能力、推理和发散思维、视觉或表演艺术、心理运动能力等一个领域中表现优异或表现出潜力的学生。

总的来说，加拿大关于天才儿童的定义更强调综合智力和心理能力，从早期单一关注智力水平到现阶段从多维度进行定义，既包括卓越的一般智力，又包括在具体学术领域和艺术中的天赋，同时注意在创造性、社会性以及运动能力等维度表现出的天才特征。

（二）天才儿童教育发展历史

根据马里纳（Maryna）的研究[4]，可将20世纪加拿大天才儿童教育发展分为以下三个主要阶段。

一是天才儿童教育服务的政策保障阶段。加拿大的天才儿童教育政策一直相对宽松，学区或学校一级的决策者能够决定由谁、如何以及何时提供特别方案。1914年，安大略省首先出台关于天才儿童教育的法律，规定要为天才儿童开设特殊班级并提供特殊教育服务。1978年，萨斯喀彻温省出台的《萨斯喀彻温教育法》(*Saskatchewan Education Act*)第185条，允许学校董事会根据需要向具有超强能力或超常天赋的学生提供教育。[5]而在无明确立法的省和地区，则有关于天才儿童教育的具体部级行政政策声明。例如，1981 年，不列颠哥伦比亚省教育部撰写的关于天才儿童教育的指南，不仅提供了对天才儿童教育的教学建议，还提供了识别程序、选修课程的地区规划、课程模式、教学策略、支持服务、课程评估标准，以及对该省目前使用的筛选和评估工具的注释和选择说明。1984 年修订的特殊教育财政制度则对用于天才儿童教育的经费进行了规定。

二是天才儿童教育服务的多样化阶段。这一阶段为天才儿童提供特殊课程的学校数量大幅增加，主要教学形式也逐渐充实。除了设置专门学校和班级、充实和加速教育，许多教育机构也为天才儿童推出了新的课程和特殊教育服务，为资优学生提供的教育服务范围有所扩大。[4]同时，关于天才儿童教育服务的研究也在积极开展，“天才儿童协会”（Association for Bright Children）、“阿尔伯塔省天才儿童协会”（Alberta Association for Bright Children）的成立，也为天才儿童家庭提供了多种服务。

三是天才儿童教育服务的信息化阶段。20 世纪 80 年代以来，加拿大现代天才儿童教育的主要趋势是在学习、教学支持和教师专业发展过程中运用信息化手段。在天才儿童教育中使用信息和通信技术有助于个性化学习，更好地了解学生的潜力，并为具有不同社会地位的天才学生、农村学生和有特殊教育需求的学生提供教育机会。[4]

二、加拿大天才儿童的选拔和培养体系

（一）天才儿童的鉴别与选拔

加拿大基础教育践行“适合学生”的教育理念，不放弃落后学生，也会为学习能力强的学生创造有利条件，支持他们在学业上有所突破，即力图使任何一个学生都能在课堂上“生存”和发展，但有能力的学生可以尽可能地向上发展。[6]

1. 鉴别标准

加拿大各省教育厅管理制度不同，各省甚至各学区具体的天才儿童鉴别过程、标准及方式也具有多样性。如多伦多学区天才儿童鉴别的工具主要是韦氏儿童智力量表第四版（Wechsler Intelligence Scale for Children-Fourth Edition，WISC-IV），同时结合教室记录（classroom documentation）、家庭记录（family documentation）与标准化教育评估（standardized educational assessment）的结果。针对普通学生，WISC-IV 综合能力指标需要达到 98% 以上，或 WISC-IV 综合能力指标达到 96% 同时言语理解指标或感知觉能力指标达到 98%。对于非英语背景的学生和学习困难的学生，其 WISC-IV 综合能力指标只需要达到 84%，但是言语理解指标或感知觉能力指标需要达到 98%。[1] 安大略省则针对所有 3 年级学生先进行加拿大认知能力测试；由心理专家使用韦氏儿童智力量表对得分前 2% 的学生进行一对一测试；智力筛查分数在 98 百分位数及以上的学生将被认为是天才儿童。

2. 选拔流程

天才儿童教育作为特殊教育的一个分支，其选拔过程由鉴别、安排、复查委员会（Identification，Placement and Review Committee）按照规定程序进行。该委员会至少由三人组成，其中必须包括学校校长或者教育委员会的官员。

选拔过程中，每个学校董事会都可以有自己的流程和标准，并且可以修订其程序和规定。大部分学校董事会在 3 年级选择学生参加天才儿童教育课程，从 4 年级开始为天才儿童选择合适的教学模式。天才儿童测试可以由家长与教师进行提名，教育局每年 9 月上旬向所有 3 年级学生发放提名表格，次年 1 月中旬—2 月初将测试结果寄给家长，3 月左右开始执行“天才计划”。教育局会安排一个学区里的 1—2 所学校在每个年级设置一个区别于普通班的“天才班”，将天才儿童集中在单独班级。[6]

具体的天才儿童选拔可分为三个阶段。第一阶段，对所有学生进行加拿大认知能力测试，如果学生达到了一定标准即可进入下一阶段。第二阶段是智力测试，由心理学家或心理学教育顾问一对一完成，智力测试综合评估学生的智力、心理、知识面、记忆力、分析理解力、逻辑推理能力等，测试成绩前 2% 的学生有资格进入天才班。第三阶段，学生参加智力测试后，家长会收到一份报告单并被告知本测试有效时间是某一特定时间段，不代表终身的智力水平，由家长决定是否让孩子加入天才计划。[6]

（二）天才儿童个人教育计划

安大略省的个人教育计划内容包括：每年邀请家长到鉴别、安排、复查委员会参与学生下一年的教学计划制订；安排个别或群体测试，利用审查工具、用作比较的模拟课程、核对清单、韦氏智力测验、爱荷华加速量表（Iowa Acceleration Scale）等。其中，审查工具包括奥的斯—列侬学校能力测验（Otis-Lennon School Ability Test）和伍德科克—约翰逊认知能力测验（Woodcock-Johnson Test of Cognitive Abilities），奥的斯—列侬学校能力测验旨在评估儿童在各种推理技能方面的表现，伍德科克—约翰逊认知能力测验用以衡量学生的学术成就、口语和认知能力。爱荷华加速量表的测试结果是在安排跳级时，学校考查学生学业和社会适应性的重要指标，核对清单和韦氏智力测验则用于评估天才儿童的学习和心理需求。通过开展系列测试，可以对天才儿童的学习和心理需求进行及时评估和调整。[7]

（三）天才儿童教育培养模式

加拿大的天才儿童教育模式主要包括分班模式、加速制模式和充实模式三类。

1. 分班模式

这一模式下，一些学区选拔出来的天才儿童会进入特殊班级，从小学4年级到中学10年级都可在该班学习。10年级后，学生重新转入普通班级，与普通班学生学习相同的课程。还有一些学区的“天才班”的编制非常灵活。[6]如安大略省的一些学区存在五种类型的“天才班”：一是间接支持的常规班，即学生一整天都被安排在普通的课堂上，但天才儿童可以接受教师专门的咨询服务。二是有资源帮助的常规班，即天才儿童一天中的大部分时间或全部时间被安排在常规班级，可接受合格的特殊教育教师的单独或小组的专业指导。三是有强化帮助的常规班，即学生被安排在普通班级，每年接受时间少于50%的课外特殊教育辅导。四是部分整合的特殊教育班，即学生被安排在一个特殊教育班，每天至少有50%时间的特殊教育。五是全日制的特殊教育班，即学生被安排在特殊教育班，在上学日，学生和教师的比例符合一定标准。[8]

2. 加速制模式

加速制模式是加拿大多数省的常用模式，包含多种教育形式，能够灵活地满足天才儿童的特殊教育需要，并带来良好的教育效果。各省常见的加速教育模式有以下几种。[9]

一是大学预修课程（advanced placement）。学生在中学学习一门课程并完成标准化大学预修课程考试，合格后可获得大学学分。二是双学分课程（concurrent or dual enrolment）。学生在一个阶段水平被录取后，可同时学习一个更高水平的课程。例如，学生可在高中阶段预修大学课程，通过这种双学分课程，学生不仅可以获得高中毕业所需的学分，还能提前获得大学学分。三是函授课程（correspondence courses）。学生可以通过邮件、互联网、电视或其他媒体参加正规学校教学之外的高级课程。四是考试学分（credit by examination）。学生通过顺利完成某种形式的测试或活动而获得的高等教育资格，也被称为“课程挑战”或“测试”。五是课程浓缩（curriculum compacting）。基于对中学生所展示的高水平技能的预评估，减少一个或多个学生的入门活动、练习和实践数量，使学生可以获得额外时间以参加更高级的教学或充实活动。六是课外项目（extracurricular programs）。学生在放学后、周末或提供高级指导和/或学分的暑期项目中参加课程学习。七是国际学士学位课程（international baccalaureate programs）。学生要完成国际学士学位组织规定的高级跨学科课程。在高中结束时，学生参加国际考试，通过后可在高等教育学习中获得更高的学业水平。八是指导（mentoring）。由与学生一对一配对的专业导师为学生提供高级或更快节奏的指导。九是学科内容、单一学科或部分加速（subject matter，single subject or partial acceleration）。学生在一天中的一部分时间与年龄较大的学生一起上课，或在一个或多个内容领域使用来自更高年级的材料。学科加速也可以在一般教学计划之外进行（如暑期学校或课后），或者在持续进步的基础上参与更高水平的教学活动，而不离开同龄人。

以安大略省为例，虽然各学区提供的天才教育安排项目在形式和规模上不尽相同，但仍有以下共同特点：能够提供给天才儿童与同龄人和同能力的人在学术和社交等方面互动的机会；关注天才儿童认知能力的发展及对其个人情感的支持；教育环境不限于学校，还包括社区、博物馆等社会环境；有专家教师的参与；有专门的学区班级或社区班级；使天才儿童有机会与其他高能力儿童互动；提供挑战性课程、加速课程、压缩课程等。

3. 充实模式

充实模式即天才儿童与普通学生在相同的年级和教室上课，同时教师为其提供强化活动。20 世纪 20 年代末，多伦多一些公立学校开始向高智商学生提供这种形式的教育。为了确定符合充实课程要求的学生，渥太华公立学校委员会启用了心理测试服务。[10]到20世纪50年代，12所加拿大学校系统采用了充实模式满足天才儿童的需求。[11]充实模式的强化课程通常包括与文化精修相关的科目，如戏剧、法语、文学和辩论；也包括一些增强的课外活动，如少年红十字会或制作校报等。教师很少通过增加难度来充实课程。[12]

不列颠哥伦比亚省的温哥华修订了1988年针对天才儿童推出的多年龄段组合班级（Multi Age Cluster Classes）[13]，提议将其更名为天才充实中心（Gifted Enrichment Centre）。天才充实中心计划受益人群不再局限于天才儿童，任何4—7年级的学生都可以由教师推荐或自我推荐，对某个领域表现出兴趣、热情和才能的学生都可以咨询由专业天才儿童教师提供的学习课程，充实课程包括但不限于STEM、音乐、戏剧、诗歌、历史、时事。天才充实中心每学年提供为期四周、六周或八周的课程，通过多种活动专注某个主题的学习。天才充实中心试点于2022年9月开始，并在2022年冬季进行评估。

三、加拿大天才儿童教育支撑体系构成

（一）天才教育相关立法及政策

加拿大关于天才儿童教育的立法和相关政策文献较少，但仍有迹可循。例如，《公共教育法》（1978年）序言指出，所有儿童都有权接受充分发展个性的教育。1982年《加拿大宪法》促进了保护所有儿童都能接受适当教育的政策制定，促进省和地区司法机构对教育法的修订和加拿大天才儿童教育的加速发展。

20世纪80年代后，加拿大政府和教育部门构建了更具包容性的教育

体系，并对天才儿童的相关政策进行了修订。例如，阿尔伯塔省为天才儿童和教师及家长提供了资源指南，新斯科舍省、新不伦瑞克省和不列颠哥伦比亚省的教育指南提供了天才儿童相关信息，安大略省将天才儿童教育纳入其特殊教育领域，为天才儿童提供资源和服务。

（二）天才儿童教育的组织机构

1972年，安大略省创办了天才儿童协会，致力于通过网络、年度会议和当地研讨会为天才儿童和青少年的父母提供信息、宣传和支持。[14] 1978年，不列颠哥伦比亚省创立天才儿童教育者协会（Gifted Children's Association of British Columbia），为教师提供在职培训及家长信息等服务，其官方出版的《天才学生的教学》提供了天才项目的设计方案及实施策略。1979年，阿尔伯塔省天才儿童协会成立，通过网络向家长、教师和学校发布信息，负责联络其他省内团体并促进沟通和协调。该省还建立了天才儿童教育委员会（Gifted and Talented Education Council），主要负责发布教师培训文件、出版阿尔伯塔省教师协会天才儿童教育委员会期刊等工作。这些协会广受家长的欢迎和支持，对20世纪80年代天才儿童教育的政策制定、实践开展以及相关资金支持等产生了积极影响。

大学在天才儿童教育中也发挥了作用。卡尔加里大学于1988年创建了天才儿童教育中心，其根本任务是提高阿尔伯特省的天才儿童教育水平，具体包括：为教师提供职前培训、在职培训及研究生水平培训；对天才儿童的认知和情感需求进行研究；通过能力调查和“夏季计划”为天才儿童提供直接服务；为家长开设讲习班；与阿尔伯特省天才儿童协会、天才教育委员会及阿尔伯特研究中心联合举办早期天才儿童教育发展会议。

（三）天才儿童教育经费

以安大略省为例，其教育部门通过制定政策、整合资源等为有特殊需要的学生提供了重要支持。[15] 安大略省政府还通过新的投资和合作伙伴关系来支持有特殊教育需求的学生及其父母，帮助他们在课堂上取得成功。通过年度学生需求补助金（Grants for Student Needs）向安大略省 72 个地区学校董事会提供大部分运营资金，以支持课堂需求、学校领导和运营、与学生相关的具体优先事项，以及学校董事会的地方管理等。

（四）天才儿童教育师资培训

1982 年，全国天才儿童协会（National Association of Gifted Children）提出了天才儿童教师的培训和专业发展计划的标准，要求教师教育课程要包括关于天才学习者教育和相关主题的研究。培训课程应体现以下特点：具有灵活性和个性化；采用跨学科方法；平衡理论和实践；鼓励自主学习；提供开展独立研究的机会；培养相关领域经验。硕士水平的课程还应培养领导力、监督、管理和研究方面的从业者，并对已经在其他领域有丰富经验的教育工作者进行再培训。

该协会还建议将教师培训课程分为两组：一组是一般课程，包括至少四门关于识别和定义、课程模式、教学方法、课程开发和评价、儿童发展等基本内容的单学期课程、至少三门学科领域的课程、实习；另一组是美术和表演艺术教师培训课程，包括两种认证途径，一是通过获得相应学分，二是由公认的专家对有一定工作年限的经验丰富、成果突出者进行判断。培训形式包括有监督的实习、书面作业、开展广泛的相关研究和全面考核。培训者要取得天才儿童教师资格需要达成以下要求：一是完成至少三门天才儿童教育课程；二是发表天才儿童教育领域的文章，有正在进行或完成的相关研究；三是至少有两年在“常规”课堂环境中成功教学的经验，并有一些与天才儿童一起的工作经验；四是加入并参与国家、州和地方专注于天才儿童教育的专业组织。[16]

总的来说，加拿大天才儿童教育主要有以下几个特点：一是以立法的形式鼓励学校开展新的教育项目，保障特殊教育项目持久、稳定地开展。二是允许学生灵活地接受新的教育项目并清晰地划分各方面的责任和权利，从而充分发挥各方的主观能动性，做出公平的最佳选择。三是制定真正促进学生成长的教育目标。加拿大“天才计划”的目标非常简单，即保证天才儿童的客观实际需求，促进他们正常成长，体现了以人为本、从实际出发的原则。四是与时俱进地开展更多的教育新项目。“天才计划”项目实际上是学区教育委员会引导学校和教师对学生进行因材施教的措施。在不同的学区，“天才计划”的教学理念、教学活动也千差万别，各具特色，也是学校和教师们因材施教的重要表现。

四、加拿大天才儿童升入大学的途径和通道

与普通学生相同的升学通道。加拿大部分学区会设置专门的天才班，天才儿童从小学 4 年级到中学 10 年级都可在该班学习。10 年级后，学生会重新转入普通班级，与普通班的学生学习相同的课程。[6] 针对天才儿童的升学通道与普通学生一致，但天才儿童可提前进入大学。

以安大略省为例，安大略省的高中生通常在高一就开始为升入大学做准备。他们会根据自己的学业兴趣或个人选择了解各个大学不同专业的录取分数和具体要求，根据这些要求有针对性地选科目，参加相关学科竞赛。例如，学生如果想申请数学专业，最好在高中阶段参加欧几里得数学竞赛（安大略省教育部举办的高中生数学竞赛，其成绩对申请数学专业有

较大参考价值）。安大略省高中生在申请大学时，需要提供本人的省级成绩报告单和申请学校需要的文书，文书的内容通常包括学生参加的课外活动和竞赛的介绍，学生对大学提出问题的个人陈述，学校通过学生的回答对学生做进一步判定和遴选。升学评价考查的是学生全方位的素养能力以及学生和所申请大学及专业的匹配程度，既有过程性评价（三年的省级成绩报告单），也有针对性评价（学生对相关专业的理解认识或作品呈现），这样的评价方式相对高考这样的单一考试评价更加科学、合理。

成绩优异的天才儿童可申请大学提前录取。目前，天才儿童提前升入大学的途径涉及三种方式：家庭学校/教育学习者计划、领先入学和私立学校。家庭学校/教育学习者计划为可能不适合常规课堂环境的天才儿童提供最大的灵活性；领先入学为成绩优异的天才儿童在中学阶段选修大学课程提供机会，部分特殊的卓越天才儿童通过教师推荐可领先进入大学学习；私立学校为天才儿童提供加速、中学早期毕业和大学早期入学的机会。[17]提前进入大学要求学生必须完成中学学业。如果学生不符合标准要求，大学招生委员会可以批准针对某一领域表现突出的天才儿童进行“特殊录取”。

综上，加拿大逐步形成了选拔性招生与开放入学并存、高校自主招生与省内集中申请并存的综合选拔式招考制度，即天才儿童进入大学的模式多元化和灵活性并存，既可以提前进入大学，也可以像普通学生一样通过选取自己喜欢的专业和大学，参加竞赛、提交申请正常入学。

参考文献：

［1］李媛媛．加拿大安大略省的英才教育述评［J］．现代特殊教育，2016（20）：16－20.

［2］Kruszynski W P. Canadian university early admission policies for gifted and talented students［D］. 2014, Electronic Thesis and Dissertation Repository. 2377.

［3］Association for Bright Children of Ontario. Developing individual education plans for gifted students: information for parents/guardians［EB/OL］.［2023－12－11］https://oafccd.com/documents/SpecialEducationCompanion2002.pdf.

［4］Boichenko M. Genesis of education of gifted schoolchildren in the USA, Canada and the UK in the XX-early XXI CEN［J］. Педагогічні науки: теорія, історія, інноваційні технології, 2018（2）: 63－74.

［5］Goguen L. The education of gifted children in Canadian law and ministerial policy［J］. Canadian Journal of Education, 1989, 14（1）: 18－30.

［6］石春让，何小荣．加拿大基础教育中的“天才班”及其启示［J］．教学与管理，2020（14）：73－75.

［7］Association for Bright Children of Ontario. IEP Information-ABC Ontario［EB/OL］.（2006－04－18）［2023－12－11］. https://abcontario.ca/iep-information.

［8］ontario.ca. Identifying students with special education needs［EB/OL］.（2022－07－19）［2023－12－15］. https://www.ontario.ca/page/identifying-students-special-education-needs.

［9］Kanevsky L S, Clelland D. Accelerating gifted students in Canada: policies and possibilities [J]. Canadian Journal of Education, 2013, 36 (3): 229−271.

[10] Wright M J. Flashbacks in the history of psychology in Canada: some early "headline" makers [J]. Canadian Psychology, 2002, 43 (1): 21−34.

[11] Dunn L M, McNeill W D D. Special education in Canada as provided by local school systems [J]. Exceptional Children, 1954, 20 (5): 209−215.

[12] Matheson L A. The segregation of bright pupils in a medium sized high school [D]. Canada: University of British Columbia, 1936.

[13] Vancouver School Board. Gifted Enrichment Centre [EB/OL]. (2022−12−17) [2022−12−24]. https://www.vsb.bc.ca/page/5141/gifted-enrichment-centre.

[14] abcontario.ca. Association for Bright Children of Ontario. 2021 ABC Ontario AGM and Keynote Speaker [EB/OL]. [2022−12−24]. https://abcontario.ca.

[15] ontario.ca. Special education in Ontario, Kindergarten to Grade 12, Policy and Resource Guide [EB/OL]. (2022−08−31) [2022−12−24]. https://files.ontario.ca/edu-special-education-policy-resource-guide-en-2022-05-30.pdf?_gl = 1*m8oqsc*_ga*MTIxOTYyMTA1Ni4xNjYwNzAxOTc4*_ga_HLLEK4SB6V*MTY3NTA4MTcwNS4xLjEuMTY3NTA4MTczOC4wLjAuMA.

[16] Shore B M, Kaizer C. The training of teachers for gifted pupils [J]. Canadian Journal of Education, 1989, 14 (1): 74−87.

[17] Kruszynski W P. Canadian university early admission policies for gifted and talented students [D]. Canada, The University of Western Ontario, 2014: 21−22.

第九章

巴西天才儿童教育发展

巴西是南美洲唯一的以葡萄牙语为官方语言的国家，国土面积位居世界第五位。1822 年，独立之初的巴西国民文盲率高达 85%。在此后 200 多年的发展中，巴西颁布了一系列教育政策，旨在提升国民文化水平。目前，巴西的教育行政分联邦、州和市三级管理，联邦政府的教育和文化部负责教育政策的制定、教育规划和管理。巴西的学前教育为三年（4—6 岁），基础教育为八年义务教育（7—14 岁），中等教育为四年（15—18 岁），如果中学课程包括职业培训，学习时长则是五年。[1] 巴西的天才儿童教育源于对特殊群体的关注，随着天才教育政策的不断改进，逐步形成了独特的天才学生选拔机制与教育体系。

一、巴西对天才儿童的定义

巴西早期对天才儿童的定义，来自俄罗斯教师海伦娜·安蒂波夫（Helena Antipoff）。1932 年，海伦娜与一些教育家、医生、知识分子和慈善家合作，在巴西成立了裴斯泰洛齐协会（Pestalozzi Society），指导和治疗残疾儿童。针对其中在某方面天赋极高的儿童，她倡导使用非贬义词（如“例外”）来描述，而不是使用“异常”“非正常”或“非人类”等词。[2] 1961 年，海伦娜指出，天才学生是在学生群体中智力或者其他能力高于平均水平的学生。

1971年，在海伦娜的推动下，巴西利亚举行了“巴西第一次全国天才儿童会议”。会议就天才教育提出了重要建议，包括天才早期识别、特殊教育和培训在职教师等。这次会议对天才和天才儿童进行了较正式的定义，提出天才或有天赋的儿童是指在以下六个方面或某个方面表现出高能力和/或高潜力的孩子，包括：（1）智力能力，（2）特定的学术能力，（3）创造性或生产性思维，（4）领导能力，（5）视觉和表演艺术（戏剧和音乐才能），（6）精神及运动能力。[3]

1995年，巴西教育文化部制定了特殊教育指导方针，对上述六个方面进行了延伸与细化，将天才学生分为六种类型：一是智力型，这类学生具有灵活性，思维清晰，逻辑严谨，抽象思维强，善于合作，善于思考，批判性强，反应快速，解决问题和处理问题的能力强；二是学术型，这类学生具备超强的快速学习能力，专注学术，有良好的记忆力；三是创造型，这类学生具有独创性，有想象力，能创新解决问题；四是社会型，这类学生有出众的沟通能力和说服能力，自我表达能力强；五是精神及运动型，这类学生拥有强大的运动天赋，敏捷性高，耐力优秀；六是艺术型，这类学生在音乐、文学、戏剧等方面有较高天赋。巴西教育文化部指出，只要符合其中某一类型，就可以被视为天才学生。但这些学生可能会对学校常规学习缺乏兴趣和动力，甚至面临融入社会的困难，因此需要专业人士的引导，并参加特定学习。

2001年，巴西国家教育委员会对天才定义进行了重新审议。根据该委员会的决议，高能力/有天赋的学生是那些学知识快和掌握概念快的学生。决议还建议在课程调整、教学方法、资源和天才评估程序方面增加灵活性。因此，巴西政府为教师制定了一份文件，其中载有从幼儿园到8年级的教育策略和指导方针。[4]

2008年，巴西教育部将天才学生定义为：展示出高潜力并在智力、学术能力、领导能力、精神运动和艺术能力、创造力、学习和任务参与等一个或多个方面表现杰出的人。这一定义作为巴西对天才学生的官方定义沿用至今。

二、巴西天才教育政策与立法的发展

（一）天才教育起步（20世纪20—30年代）

20世纪20—30年代，巴西开始在教育领域使用心理学测试和智力测试诊断精神残疾患者，在测试过程中发现了一些天赋极高的人。1929年，里约热内卢州的小学和师范教育改革，明确提出了针对天才学生的教学工作要求，由此，巴西的天才教育开始出现在州立法中，但是并没有在国家层面形成专门针对天才学生的公共政策和课程体系。

1929年，海伦娜在巴西贝洛奥里藏特师范学院创建了心理学实验室。该实验室对贝洛奥里藏特公立学校的儿童进行了发展研究。1930年，海伦娜在其研究报告中呼吁巴西社会重视对特殊儿童的教育。[5]

1931年，列奥尼·卡塞夫（Leoni Kaseff）的著作《超常个体的教育》出版，这是巴西第一本关于天赋的书籍。尽管如此，当时要在巴西推动天才教育和相关立法仍然存在很大困难。[6]

巴西政府开始通过政策和立法向天才学生进行教育资源倾斜。但巴西社会中对天才教育也有许多质疑的声音，认为“天才”已经享有倾斜的社会资源，为何还要给予特殊的课程、经济支撑，毕竟天才是少数，一个社会更需要普惠性教育。[7]

（二）明确天才学生需要特殊教育（20 世纪 60—70 年代）

1961 年 12 月，巴西第 4024 号法通过了《国家教育指南和基础》，其第十篇专门阐述特殊教育，建议尽可能地将特殊教育纳入普通教育体系。其中的特殊教育就包含天才儿童教育。

1969 年颁布的《巴西联邦共和国宪法》提出，要确保每个人的社会权利和公民身份，建议为天才学生提供专门的教育援助，最好是在正规学校系统中进行。

1971 年 8 月，巴西对《国家教育指南和基础》重新修订发布，其中第 9 条明确提出“天才”一词，并引用了海伦娜将天才儿童定义为“高于平均水平的学生”的表述。同年，巴西联邦政府颁布了《国家天才教育法》，规定天才学生应该受到特别对待，在各方面获得教育资源的倾斜。这也是世界上较早专门针对天才教育的立法。[8]

巴西教育委员会在 1972 年 3 月的第 255 号决议中提出，教育系统有必要考虑学生的学习速度、兴趣和技能，因材施教，天才学生可以加快学习速度。同年 5 月的第 436 号决议提出，天才学生可以缩短高中学习年限。[9]

（三）逐步完善对天才学生的教育资源倾斜指引（20 世纪 80—90 年代）

1987 年 9 月巴西教育委员会第 711 号决议提出了针对天才学生的帮助措施，包括在学校和教育系统中确认天才学生的身份，对天才学生进行援助，以及在师资方面进行倾斜等，这些帮助措施在 1990 年被写入巴西《儿童和青少年法令》中。[9]

1995 年，巴西教育部出版了《对天才学生的教育援助一般指南》，对天才学生的定义、鉴别、教育援助、师资倾斜、天才学生研究、天才教育重要性等方面进行了规定。[9]

（四）形成天才学生全国统一的管理制度（21 世纪后）

2008 年，巴西政府颁布法令提出，巴西联邦政府向公共教育系统（州、市和联邦区）提供技术支持，将专门教育服务扩大到特殊教育目标群体，前提是他们要参加正规教育。随后又颁布法令明确了其服务目的：根据学生的个人需要提供学习条件，保证专门支援服务；保证特殊教育顺利开展；鼓励发展教学和资源，消除教学过程中的障碍；确保其他层次、阶段和教学方式的连续性学习条件。[10]这两项法令使天才学生不仅能享有适宜的教育资源，还能在公立学校中参与正常的社会交往。

2015 年，巴西天才教育公共政策在识别和发展天赋学生方面又迈出了新的一步。在其 12 月颁布的法令[11]中，对天才学生在基础教育和高等教育中的鉴定、登记和入学做出规定，确定了天才学生注册和接受教育的指导方针和程序。该法令还特别强调了巴西开展天才教育的各机构之间的合作往来，及各州、各市和联邦区之间的合作。巴西政府提出，要将全国的天才学生统一登记，以便制定公共政策，帮助他们更好地发挥潜力。

三、巴西天才儿童教育的支撑体系

（一）国家层面的组织支持

1975 年，天才学习支持中心在巴西利亚成立，随后又成立了巴西天才协会，开始在里约热内卢和其他州开展活动。从此，更多支持天才儿童教育的公共和私人倡议在巴西其他州出现。

根据 1977 年在里约热内卢举行的第二次关于天才儿童议题的大会建议，巴西天才天赋协会（Brazilian Association for the Gifted）成立。该协会每两年组织一次天才大会，介绍并讨论与天才教育相关的项目。2003 年，由于该协会的几个分支机构解散，巴西天才委员会（Brazilian Council for Giftedness）在联邦区成立。该委员会是一个非政府组织，是国家和国际教育工作者、研究人员和机构的代表，致力于为有天赋和天才的学生提供教育。

巴西国家特殊教育中心（National Center of Special Education）成立于 1973 年，主要培训能够开展特殊教育的教师，宣传天才教育项目。1987 年，该中心被与巴西教育部有直接联系的特别教育秘书处（Special Education Secretar）取代。而今，巴西的天才教育计划由联邦教育基金会（Educational Foundation of the Federal District）负责，它是政府的一个分支机构，负责近 600 所从幼儿园到高中的公立学校教育，该基金会为公立学校选拔出的 1—8 年级天才学生提供支持。此外，在巴西利亚还有一个针对幼儿园儿童的实验性学术项目，被选拔出来的天才儿童将在特别的资源教室学习与自身天赋相应的课程，每周两次，每次 4 个小时。

2005 年，巴西联邦教育基金会在巴西所有州和联邦区建立天才活动中心（Giftedness Activities Centers），旨在培训教师和其他教育相关专业人员能够识别并满足天才学生的需求，为家庭提供支持，促进天才学生更好地融入社会。这个教育实践系统包括了硬件资源教室和师资配备，研究机构和私人机构并存，是一个在特殊人口中选拔和培养天才的体系。

（二）研究机构与民间组织的支持

自 20 世纪 40 年代以来，巴西就出现了关注少数族裔和贫困地区天才学生的项目。例如，海伦娜在里约热内卢启动了一项天才儿童计划，并在米纳斯吉拉斯州研究农村地区的天才儿童群体。[12] 联邦区公共系统录取的大多数学生来自贫困家庭。[11]

1999 年，特尔斯家族资助建立了名为 ISMART 的研究所，致力于培养新一代更多样化的领导者。该机构不考虑种族、社会或经济背景，经常在少数族裔和贫困地区识别天才，培养他们进入大学，帮助他们在职业生涯中取得成功。为了促进巴西未来的精英真正反映其人口的多样性，ISMART 研究所创建了三个项目：一是针对全国各地的公立学校学生，为天才学生提供奖学金和针对性的课外活动；二是帮助天才儿童青少年在认知、道德和专业等方面获得全方位发展；三是开展圣保罗中小学学术项目。任何从 7 年级到大学 1 年级的学习成绩优异的学生，都有资格通过以上项目获得奖学金支持。

四、巴西对天才儿童的识别

巴西早期对天才的甄别是从各州开始的。1977 年，巴西利亚联邦区组织了一项关于天才学生特殊需求的项目，甄别当地的天才学生并收集他们的发展需求。在巴西利亚大学心理学研究所的支持下，联邦地区小组定期对天才学生提供讲座、课程、讲习班、会议等资源。

巴西联邦教育委员会成立了一个特别委员会，制定了识别天赋和有天赋学生的程序[13]，首先由教师、家长和学校专家提名，而后开展成就测试和创造力、智力、特定的能力倾向测试。他们还提出增加特殊教育的课程项目、开展团体活动、设置更灵活的咨询机构、建立负责评估天才学生的中心，鼓励大学教师开展天才教育研究。[9]这些建议已于 1987 年被纳入了巴西国家教育法。

巴西联邦区教育办公室委托各州人才发展中心开展天才识别，基本上都是从教师提名开始，而后由各州教学委员会诊断小组进行具体鉴别。识别过程分为几个阶段，目的是及早发现儿童的才能，确保天才儿童的健康发展，避免天才儿童出现适应不良、对课堂缺乏兴趣和学习成绩不佳等问题。[8]天才识别小组由临床心理学家和专业教师组成，由教学部门总协调，小组成员还包括校长、教师（1—8 年级）、流动教师，音乐、美术和表演艺术方面的专家，以及家长和学生。诊断小组会对学生的智力、学术、创造力、领导力、美术、戏剧和音乐等多个方面进行甄别，采用的诊断工具包括巴西联邦政府制定的特征量表（智力、音乐、戏剧、美术等）和人才评价量表（学术成绩、领导力、创造力等）。家长和学生要接受诊断小组的访谈，访谈内容涉及学生的兴趣、平时表现、学校表现、自我认知、社会和家庭生活等。

被提名的学生需要完成心理测试，包括韦氏儿童智力量表、瑞文渐进矩阵测试、哥伦比亚心理成熟度量表（Columbia Mental Maturity Scale）、本德视觉运动格式塔测试（Bender Visual Motor Gestalt Test）等。如果学生被提名在美术、表演和音乐领域有特殊天赋，天才学生诊断小组还会要求相应领域的专家对学生进行两个月的系统观察，然后完成特定领域人才评估量表。如有必要，诊断小组还会针对学生进行更深入的个案研究。如果学生被认定为天才，诊断小组需要完成一份评估报告，并填写一份附带识别结果的综合表格，详细记录学生的学术数据、在访谈中观察到的一般信息、智力 / 艺术方面更明显的行为特征、学生感兴趣的领域、智力能力水平、学校成就、课外活动和建议。最后，这份综合表格将被转发至负责天才教育的部门、学生所在学校的校长以及与学生天赋相匹配的天才教育资源室的负责教师。

此外，ISMART 研究所也有自己选拔天才学生的标准，包括：在国际标准化考试中得分排名在 75% 人数以上；在数学和语言测试中都得到 7 分及以上，并在学业上显示了巨大潜力；家人支持他们致力于学习。

五、巴西天才儿童培养实践

巴西的天才儿童教育，只在高中阶段体现了“加速”，即允许那些能用更短时间完成学业的天才学生缩短学制提前进入大学。而中小学阶段的天才儿童，除了参加天才培养计划，还要在普通学校按照正常学制完成学业。[9]巴西主要通过丰富的特别课程和资源教室来培养天才儿童。

（一）初始阶段的经验性课程

巴西早期对天才儿童的培养实践与其评估结果密切相关。海伦娜认为，天才群体不应该仅仅局限于传统的智力评估（语言和逻辑推理），艺术、科学、体育等都应该纳入到天才评估的范畴。[14]1945 年，她在里约热内卢的裴斯泰洛齐协会为“天赋出众”的学生设定了文学、戏剧和音乐等课程。1972 年，海伦娜又创建了天才职业发展与援助协会（Association for the Development and Assistance of the Gifted Vocation），接收了贝洛奥里藏特都会区公立学校指定的天才儿童，这些儿童可以在周末参加根据其自身情况制订的强化计划。这些早期的经验性课程，为后续天才教育课程的不断完善奠定了基础。

（二）天才培养实践的多样化发展

1. 创建资源教室提供特殊学习环境

巴西各联邦地区为天才学生提供资源教室，以及适合学生需求的各个科目的提前学习，包括葡萄牙语、数学和科学等。联邦地区的资源教室基本上都有相似的设计，但每个资源教室都是独特的，在基本配置的教室中，可以根据天才学生的特点进行灵活布置并开展教学活动。部分资源教室还会为天才学生提供乐队、舞蹈、民俗、摄影、戏剧、卡通设计和国际象棋等俱乐部服务，每周为 5—8 年级的学生提供一次课程。但是这类俱乐部服务通常只在巴西利亚才有，巴西其他州非常稀少。如果资源教室的学生在音乐或语言方面表现出天赋，还会被送到音乐学校、语言中心或由教育基金会指定的其他中心进行深度学习。[15]

2. 教师与协调员发挥重要作用

所有在资源教室任教的教师都是天才学生学习的促进者、资源收集者和提供者、引导者、启发者，具有很强的综合素质。他们为学生提供电影、幻灯片、讲座和活动等材料；组织实地考察和社会文化项目；保持与家长、协调员、流动教师和地区教学委员会的沟通。这些教师会鼓励学生最大程度地发挥自己的才能，引导学生自己设定学习目标、计划、研究方向等。

在巴西的天才教育项目中，还为天才学生配备了流动教师。流动教师与参与天才项目的工作人员、家长和学生保持密切联系，定期向学校提供有关天才学生学习情况及与天才教育项目相关的信息，指导学校教师观察和识别潜在天赋学生，并根据需要协助这些学生，每年向巴西文化教育部和相关部门报告天才学生在项目中的进展，提出下一步规划和建议等。

此外，巴西还为天才教育设置了教育协调员。协调员为资源教室的固定教师和流动教师及其他相关工作人员提供培训，规划天才教育的年度课程，确定学习小组的分类，为协助天才学生的教师举办指导和评估会议，不定期举办与天才教育有关的研讨会、代表大会和讲座。[16]

3. 研究机构与私立机构提供天才课程

1998 年，研究性机构学习优化研究所（Institute for Learning Optimization）成立，旨在为有天赋和可能有天赋的个人提供更充分的发展机会。该研究所还同时启动了支持天才儿童父母的项目，鼓励父母、教育工作者和相关专业人士参与和支持天才教育。[17]

巴西里约热内卢的ACERTA是一家私立天才教育机构，与公立学校、私立学校均有往来，为天才学生和他们的家庭提供课程。该机构为天才学生提供的服务包括：使学生有机会学到比学校更复杂的课程；学习运用高效思维解决日常问题；培养学生自主学习能力；帮助天才学生发展全球意识，让他们意识到人与人之间的相互依存关系；培养学生的正面思维。该机构为家长提供的课程，旨在帮助父母了解孩子的能力和兴趣倾向，引导父母为孩子找到最好的学习机会，并制定应对策略。这些课程基于加德纳的多元智能概念、斯腾伯格的智力三元理论、布鲁姆的分类法和科尔伯格的道德发展阶段理论。在该机构，天才学生开展分组学习，每组3—6个人，每周见面1—2次，每次2小时。在这期间，天才学生参加具有挑战性的游戏，阅读书籍、写作、玩数字游戏，研究感兴趣的主题并一起开展研讨。

4. 足球天才儿童的特殊培养模式

巴西是世界公认的“足球王国”。巴西足球启蒙教育遍布学校、家庭、社会各个场所，青少年开展足球运动的场所可以是街道、广场、公园，也可以是庭院等任何空地。有足球天赋的青少年在12岁左右就可以参加职业足球员培训，接受约5000小时的训练，跨度可长达10年。此后，他们将进入专业体育和足球训练机构，由专家、退役球员、体育专业教师等专业师资传授比赛技能、训练足球技术。巴西有一些与足球俱乐部关系密切的附属机构，常年在各类比赛活动中挖掘优秀人才。很多有足球天赋的青少年会被某些足球训练机构或俱乐部早早纳入旗下，离开普通学校，专注于训练。被俱乐部选中的青少年，在训练期间每月都能获得报酬（对于很多收入较低家庭来说是一笔不菲的收入）。这种做法也会导致一些足球天赋不足的孩子因此而过早离开学校加入训练，最后既不能正常升学，也无法成为职业足球运动球员。[18]

5. 天才学生的升学通道

巴西的天才学生可以缩短高中学习年限，只要他们能通过大学的入学考试。在巴西，通过选拔的天才儿童会被纳入巴西教育部特殊教育名单。负责天才教育的政府部门会组织专业人员为他们制定专门的课程。在这些天才中，不仅有学术能力突出的，也有创造力、领导力、运动能力、艺术能力、音乐能力等各个领域能力突出的学生。巴西政府会针对不同天赋的学生提供不同课程。对于学术能力突出的天才学生，允许他们提前学习相关课程，提前参加考试，提前进入大学。对于艺术、体育、音乐、表演等能力突出的天才学生，政府会为他们联系开设相关专业的大学，为他们提供更专业的指导，如果学生经大学导师评估并通过相关考试，可以从所在年级直接进入大学。

六、巴西天才儿童教育的研究与成果

科斯塔（Costa）[19]调查了来自巴西南部地区的天才儿童青少年对家庭、学校和同龄人的看法，结果表明，天才学生的价值观与同龄人存在差异，天才学生认为自己的才能被环境限制，无法施展，经常感到沮丧，在家庭关系、学校和社会关系上都表现出排斥感，需要引导。

兰吉尼（Rangini）和科斯塔[20]的研究发现，普通课堂会限制天才学生的创造力，使他们感到压力和沮丧，这种情绪会导致他们在学校中被孤立，普通学校的环境会影响天才学生的智力发展和社会认知。

维尔格里姆（Virgolim）[16]研究了9—17岁的天才学生对于专门为他们设计的提升学习计划的看法，结果发现，天才学生在参加该计划后，普遍认为自己既有创造力又聪明，认为这个学习计划提供了更多深入学习的机会，能满足他们在学术和情感方面的需求，学生们表示喜欢这样的课程、教师与特别的教学方法，感到自己的学习风格受到了尊重。

玛雅平托（Maia-Pinto）[21]的研究发现，教师、学生和家长对于满足天才学生需求项目的看法是积极的。然而，家长和普通教师缺乏相关目标和工作的信息，教师很难在教学实践中应用天才教育的理论。

玛雅平托和和弗雷斯（Fleith）[22]调查了小学教师如何看待天才学生。结果表明，私立学校和公立学校的教师都认为，学校参与天才学生的教育过程很重要，但教师对天才的定义和识别过程认识肤浅，对实施能够满足天才学生需求的教育实践缺乏具体认识。

奥罗菲诺（Ourofino）[23]的研究发现，天才学生在智力、自我概念（学术能力、外貌、行为、行为和整体自尊）和创造力（言语原创性）方面的表现明显更好。而过度活跃的学生在反社会行为和学习困难测量方面的得分都高于天才学生。

莫瑞拉（Moreira）[24]调查了一些5—8年级的天才儿童，发现他们普遍认为完美主义是积极的，这一特质有助于他们完成学业任务。

卡马拉（Câmara）[25]的研究发现，家庭环境对孩子的阅读能力有关键影响，会阅读的儿童在智力测试中得分较高，但却不能说明在阅读方面早熟的儿童拥有过人的天赋。

阿斯佩斯（Aspesi）[26]研究发现，在生理、心理方面提供支持激励的家庭环境在儿童天赋发展过程中起着主导作用，因此有必要对家庭教育提供指导服务。

参考文献：

[1] 董建红，巴西教育及发展[J]. 外国教育资料，1995（4）：74-76+58.

[2] Campos R H D F. Helena Antipoff: a quest for democracy and human rights with the help of psychological science [M] //Pickren W, Dewsbury D A, Wertheimer M. Portraits of pioneers in developmental psychology. New York, NY: Psychology Press, 2012: 51-65.

[3] Davis G A, Rimm S B. Education of the gifted and talented (3rd.ed.) [M]. Needham Heights, MA: Allyn and Bacon, 1994.

[4] Ministerio da Educacao. Summary of Gifted and Talented Education in Brazil [EB/OL]. [2023-03-11]. https://giftedphoenix.files.wordpress.com/2012/11/nagty-summary-of-gifted-and-talented-education-in-brazil.pdf.

[5] De Freitas Campos R H. Helena Antipoff (1892-1974): a synthesis of Swiss and Soviet psychology in the context of Brazilian education [J]. History of Psychology, 2001, 4 (2): 133-157.

[6] Kaseff L. Notas à margem da educação dos super-normais [J]. Revista Nacional de Educação, 1933 (4): 17-19.

[7] Dias-Vieira M, Aversi-Ferreira T A. Comments about gifted students and they adjustment in the scholar Brazilian model [J]. Conjecturas, 2021, 21 (7): 532-543.

[8] Alencar E, Blumen-Pardo S, Castellanos-Simons D. Programs and practices for identifying and nurturing giftedness and talent in Latin American countries [M] //Heller K A, Mönks F J, Sternberg R J, et al. International handbook of giftedness and talent (2nd ed). Oxford, UK: Elsevier Science,

2000: 817−828.
[9] Rondini C A, Martins B A, De Medeiros T P T. Diretrizes legais para o atendimento do estudante com altas habilidades/superdotação [J]. Revista Eletrônica de Educação, 2021 (15): 1−21.
[10] Decreto nº 7611 (planalto.gov.br). Presidência da República Casa Civil Subchefia para Assuntos Jurídicos [EB/OL]. [2023−03−22]. http://www.planalto.gov.br/ccivil_03/_ato2011-2014/2011/decreto/d7611.Htm.
[11] L13234 (planalto.gov.br). Presidência da República Secretaria-Geral Subchefia para Assuntos Jurídicos [EB/OL]. (2019−02−16) [2023−02−10]. http://www.planalto.gov.br/ccivil_03/_Ato2015−2018/2015/Lei/L13234.htm.
[12] Alencar E. Developing the potential of disadvantaged pupils in Brazil [M] //Wallace B., Adams H. B. Worldwide perspectives on the gifted disadvantaged. Bicester, UK: A B Academic Press., 1993: 330−342.
[13] Brasil. Ministerio da Educacao. Conselho Federal de Educacao. A hora do superdotado [The hour of the gifted] [S]. Braslita: MEC/CFE/CERED, 1987.
[14] Novaes M H. O desenvolvimento psicológico do superdotado. [The psychological development of the gifted] [M]. São Paulo, Brazil: Atlas, 1979.
[15] Magalhães M G. Brasilia's program for the gifted: challenges and innovations [C] //14th Biennial Conference of the World Council for Gifted and Talented Children. Barcelona, Spain. 2001.
[16] Virgolim A M R. Criatividade e inteligencia: um estudo com alunos superdotados brasileiros [Creativity and intelligence: a study with Brazilian students] [D]. Storrs, USA: University of Connecticut, 2005.
[17] Beker S, Franke M C, Sabatella M L P. Institute of Learning Optimization. A bright idea for bright minds [C] //14th Biennial Conference of the World Council for Gifted and Talented Children.Barcelona, Spain. 2001.

[18] Damo A. Do dom à profissão: a formação de futebolistas no Brasil e na França [J]. São Paulo: Hucitec, 2005.
[19] Costa M R N. A study on gifted adolescent [C] //14th Biennial Conference of the World Council for Gifted and Talented Children. Barcelona, Spain.2001.
[20] De Araújo R R, Da Costa M P R. A educação dos superdotados: história e exclusão [J]. Revista Educação-UNG-Ser, 2011, 6 (2): 16–24.
[21] Maia-Pinto R R. Educational practices on a Brazilian gifted and talented program [M]. Gifted Education International, 2006, 20: 32–43.
[22] Maia-Pinto R R, Fleith D S. Percepção de professores sobre alunos superdotados [Teachers' perception of gifted students] [J]. Estudos de psicologia (Campinas), 2002, 19: 78–90.
[23] Ourofino V. Características cognitivas e afetivas entre alunos superdotados, hiperativos e superdotados/hiperativos: um estudo comparativo [Cognitive and affective characteristics of gifted, hyperactive, and gifted/hyperactive students: a comparative study] [D]. Brazil: University of Brasilia, 2005.
[24] Moreira G E. Perfeccionismo em adolescentes superdotados atendidos em um programa para alunos com altas habilidades/talentosos [Perfectionism in gifted adolescents who attend a program for gifted and talented students] [Perfectionism in gifted adolescents who attend a program for gifted and talented students] [D/OL]. Brazil: Catholic University of Brasilia, 2005 [2023–03–11]. https://bdtd.ucb.br:8443/jspui/handle/123456789/818.
[25] Câmara C G. Auto-alfabetizacao precoce: indicio de superdotacao ou resposta a um ambiente rico em estimulos? [Precocious literacy: a sign of giftedness or a response to a stimulating environment?] [D/OL]. Brazil: University of Sao Paulo, 1999 [2023–12–26]. ReP USP-Detalhe do registro: Auto-alfabetização precoce: indício de superdotação ou resposta

a um ambiente rico em estímlos?

[26] Aspesi C C. Processos familiares relacionados ao desenvolvimento da superdotacao em crianças pre-escolares [Family processes related to the development of giftedness in preschool children] [D]. Brazil: University of Brasilia, 2003.

第十章

墨西哥天才儿童教育研究

作为世界上人口最多的以西班牙语为官方语言的国家，墨西哥拥有庞大的教育系统，同时也面临高辍学率和学校教育失败的窘境。为提升国民素质，减少人才流失，增强国家竞争力，墨西哥政府采取了一系列教育改革措施，并对具有人力资源发展战略意义的天才儿童教育予以关注，初步构建了教育公平下多元主体参与、多维培养模式并存的天才儿童教育体系。

一、墨西哥对天才儿童的定义

在墨西哥，天才被定义为在不同领域具有天赋，通常指才能、勤奋和智力天赋的集成。这一概念的形成受任祖利天才构成的“三环理论”影响，但因其过于宽泛，导致墨西哥在天才儿童教育实践早期对不同能力类型儿童进行区分时产生混淆。

墨西哥发布《干预模式：对天才学生的教育关注》[1]，将天才分为两类：一是有杰出才能的学生，指在科学 / 技术、人文 / 社会、艺术 / 运动领域的一个或多个领域中，能够从所属的社会和教育群体中明显脱颖而出的学生。从这一定义出发，墨西哥确认了五种类型的优秀能力，分别是智力、创造力、社会情感、艺术和心理运动。二是有特殊才能的学生，指那些呈现出一系列能力，能够掌握某一特定领域信息的学生。特殊才能往往是具体的，因此需要针对每个领域进行有区别的评估和关注。墨西哥优先考虑的特殊人才领域包括语言、数学、科学、艺术、工艺和体育。以上述两类天才定义为指引，墨西哥天才儿童教育实践主要关注以下三个方向：特长天才、学术天才和智力天才。

特长天才指在进行特定运动或艺术活动时表现出特殊能力和优势的儿童，他们往往能够在体育或艺术的特定领域得到认可，在特定体育项目（足球、篮球、举重等）或艺术方面（诗歌、舞蹈、音乐等）具有独特能力和优势。在墨西哥，倾向于将这类儿童分为与体育有关的体能人才和与艺术有关的美学人才。[2]

学术天才指那些学业成绩特别突出的儿童。他们通常因成绩优异、刻苦努力和富有奉献精神而区别于普通儿童。这类儿童往往体现出较强的专注力，对于学校课程能很好地理解和掌握，非常适应正常学校系统的学习，且具有积极的社会认知，容易被同伴接受，在学术上通过努力获得成功的概率高。[3]

智力天才则指智商高、创造力强和有成就感的儿童。他们至少在一个知识领域具有遗传性的高能力，这些能力需要在教育机构中得到培养和激发。这类儿童的智商通常高于130，并且有能力创造有价值的智力产出，在适当的激励、挑战和支持下（差异化的充实或加速）容易成为高成就者。[4]

二、墨西哥天才儿童教育的发展历史

根据教育政策的调整和发展，墨西哥的天才儿童教育发展历史大致可分为三个阶段。

（一）启蒙阶段

从 20 世纪 80 年代中期开始，墨西哥开始了对高智力群体的研究和关注。墨西哥公共教育部特殊教育局开始制定标准化智力测试工具，以识别具有天才能力的儿童和青少年。1986 年，墨西哥第一个关于天才儿童教育的正式计划《对具有突出能力儿童和青少年的照顾模式》（简称 CAS）出台并实施。这项计划最初针对 3—6 年级儿童，后来逐渐推广到部分学前机构，在墨西哥 32 个联邦州中的 12 个州进行了推广实施。[5] CAS 主要实施方式是将学生进行分组，根据其能力等级在课外时间提供额外课程。

墨西哥这一时期的天才儿童选拔主要依靠教师和教育当局的提名或推荐，既没有相对规范的标准，也没有足够合格的师资，导致学生筛选和评估跟进方面存在很大缺陷。1993—2002 年，墨西哥各州进行教育整合，包括对特殊教育服务进行重组改革，CAS 的关注对象向有智力障碍和缺陷的特殊儿童群体倾斜，对天才儿童的特殊教育服务基本停止。

（二）修正阶段

《2001—2006 年墨西哥政府国家教育计划》在“战略目标、政策、行动方针、目标和计划”一节明确了“建立关注天才儿童和青少年的指导方针”的必要性。[6] 2002 年，墨西哥联邦政府启动了《加强特殊教育和教育融合的国家方案》，将加强关注天才学生的教育需求作为其优先目标之一。[7] 同年，墨西哥公共教育部启动了一项针对天才儿童的全国性调研项目，通过对本国天才儿童教育状况进行调研评估，发现天才教育存在以下问题：参与相关培养计划的天才儿童相对较少；天才儿童的选拔缺乏明确的标准和程序；天才儿童教育服务地区分布不均衡；天才儿童的教育干预通常是临时性的；从事天才教育的合格师资严重缺乏等。

为解决上述问题，墨西哥联邦政府和公共教育部对天才教育政策进行了修正和改革。一是政策措施方面，摒弃了由教师提名筛选的传统做法，改为对儿童进行更系统和结构化的评估，包括系列标准化智力测试等。二是服务保障方面，设立教师培训计划，使教师能够识别和培养有天赋的学生。三是地区均衡方面，加强了对偏远落后地区教育的关注。四是制度规范方面，开始编写制定针对天才儿童选拔、教育和师资培训的各项规范性指导文件。

（三）完善阶段

在调整后的政策指引下，2006 年，墨西哥公共教育秘书处通过基础教育分秘书处发布了《干预模式：对天才学生的教育关注》和《培训指南：对天才学生的教育关注》。2007 年，通过对《基本教育法》的修订，墨西哥以法律形式正式承认了天才儿童是国家进步的宝贵资源，要求国家提供服务以充分发展他们的潜力。从 2008 年起，墨西哥进一步推动了对具有突出能力和特殊才能的儿童和青少年的教育关注，从国家层面形成了对天才儿童进行教育干预的战略性政策。2010 年，墨西哥首次公布指引天才学生加速发展的《对基础教育中具有优秀能力的学生进行鉴定、晋升和提前认证的准则》，成为墨西哥天才儿童教育的里程碑。截至 2013 年 3 月，墨西哥全国享受天才儿童教育服务的人数已经从 2007 年的 1921 人增加到 190 849 人。同时，教育干预措施更加多元，充实、加速等多种干预模式开始普及并更加规范，以满足天才儿童及其家庭的需要。[8]

三、墨西哥天才儿童教育的相关法规与政策

1993 年，墨西哥对《基本教育法》进行修订，要求将有特殊教育需

要的儿童纳入普通课堂，归为“特殊教育需求”类别，由墨西哥公共教育部特殊教育局负责具体管理，通过“处理差异”和“个性化学习”的教育政策，促进天才儿童差异化教学。鉴于天才儿童也属于需要特殊教育支持的群体之一，因此墨西哥天才儿童教育被划分为特殊教育服务中的一个分支。[9]

（一）天才儿童教育基本保障法:《基本教育法》

《基本教育法》第 41 条是对墨西哥天才儿童教育影响最大的法律条款。为了减少本国人才流向美国和加拿大，并促进在全国范围内为天才儿童教育设置专门课程，墨西哥于 2007 年修订了这一条款，承认天才儿童是国家进步的宝贵资源，要求国家提供服务以充分发展他们的潜力。该条款规定，特殊教育的对象是有残疾（永久性或过渡性）的个人以及具有“天赋能力”的人；特殊教育应当根据这些学生的独特需求，以适当的方式对他们进行教育，并实现包容性的社会和性别平等。

2009 年 6 月，墨西哥对《基本教育法》第 41 条再次修订，明确了在基础教育、师范学校、中等教育各阶段所有融入国家教育系统的机构，都需遵守和执行关于天才儿童诊断评估、教育干预、加速和认证机制的相关规定，以便更有效地识别有天赋能力和技能的学生；各类教育机构可为具有突出能力和潜力的学生提供统一标准的教育服务、评估、加速和认证；同时，将天才儿童的家长或监护人及有可能接触天才儿童的普通基础教育机构教师及工作人员也纳入到特殊教育指导服务人群中。[10] 这次修订，明确了天才儿童是国家智慧的宝贵财富，国家对天才儿童的教育关照不应被解释为有助于精英的形成，而应被解释为扩大和满足人口多样性的选择范围；关注具有杰出能力的儿童，帮助其发展自己的最大潜力，意味着使他们在平等的教育机会中取得进步；国家教育系统相关机构有必要根据法律规定的权力，负责确定天才儿童所需的评估标准、培养模式和实施机制。

（二）天才儿童教育规范性政策

鉴于天才儿童教育师资不足及缺乏培训的情况，2006年，墨西哥公共教育秘书处发布了两项关于儿童教育实践和教师培训的规范性文件，对从事特殊教育和普通教育的教师如何发现、关注、培养、教育天才儿童做出具体建议和指导。

《干预模式：对天才学生的教育关注》对墨西哥天才的概念、识别方式、特殊需求及教育干预类型进行了具体规范。该文件明确了墨西哥天才儿童教育的七项核心目标，包括：在教育平等和公正原则下开展天才儿童教育；加强特殊教育和正规教育人员之间的合作；丰富天才儿童的教育环境；对天才儿童可采用多元化教学方法；增加天才儿童学习课程的丰富性；通过公共或私人教育机构为天才儿童提供课外援助；实施与正常课堂活动相关的特别课外计划。除此之外，文件中还提出采用社会心理和社会文化方法鉴定和培养天才儿童，促进天才儿童多元化教育实践，促进天才儿童融入常规教育课堂，促进天才儿童与普通儿童课程内容的分享，以及促进天才儿童的多维培养模式。

《培训指南：对天才学生的教育关注》与《干预模式：对天才学生的教育关注》密切相关，是一项专门针对从事或有可能从事天才儿童教育的教师所制定的具体培训指南，旨在让有可能接触到天才儿童的教师更清楚地了解什么是天才，在天才儿童身上通常可能呈现出哪些特征，如何对天才儿童进行识别，以及在普通课堂对天才儿童应采取怎样的教育干预措施等。在这份详细的培训指南中，除了安排有各种用于提升天才儿童教育能力的小组活动、专题讨论和经验分享，还配备了有关天才儿童教育的学习资源供教师使用。

（三）天才儿童教育的其他法规与政策

作为对《基本教育法》第 41 条的具体回应，墨西哥关于天才儿童教育的法规与政策还包括以下各项。

2010 年，墨西哥公共教育部发布《对基础教育中具有优秀能力的学生进行鉴定、晋升和提前认证的准则》，确定了墨西哥天才儿童在校内模式的三级基础教育中进行加速培养的认证和提前晋升过程。

墨西哥联邦政府《2013—2018 年国家发展计划》，在教育发展目标中明确了扩大所有地区和人口阶层接受教育的机会。在该计划中，建立了监管框架，规定了全纳教育的义务和责任；鼓励和促进全纳教育进入学校和课堂；为有被排斥风险的儿童发展教育服务；为有特殊需要的群体扩大教育机会。[11]

2013 年 9 月，墨西哥《联邦官方公报》第 648 号协议，规定了基础教育阶段关于天才儿童的评估、鉴定、晋升和认证的一般规则。其中第 17 条规定：具有杰出才能的学生，如符合认证、晋级和提前认证的适用法规所规定的要求，可以比规定年龄更早进入小学或中学教育阶段，或者可以在同一教育阶段里进入与之相适应的更高年级进行学习。[11]

四、墨西哥对天才儿童的选拔与培养

据世界卫生组织（WHO）的数据显示，墨西哥大约有 300 万人具有某种程度的智力天赋或智商高于 130 分，但不幸的是，他们中大多数人并不知道自己拥有这种品质。统计数据表明：墨西哥 3—16 岁近 100 万的儿童和青少年具有这些特征，然而，其中只有 5% 被判定为有天赋。[12]

（一）墨西哥天才儿童的选拔

在墨西哥天才儿童教育发展初期，对天才儿童的选拔主要依靠教师和教育当局的提名或推荐，导致大部分依靠意志力和努力换来优秀成绩的儿童，或与教师或教育当局决策者有亲友关系的儿童被选中，而真正有天赋的儿童却未被充分发现。随着对天才儿童教育改革的不断优化，墨西哥政府改变了原有单一的选拔模式，在选拔过程中引入了智力测试、情感测试、心理测试等多种科学评估工具，不断规范选拔流程，拓展了自我推荐、竞赛等多种选拔途径，并通过各类专业机构的配合，逐渐形成了多元复合的天才儿童选拔模式。

2006 年，墨西哥在《干预模式：对天才学生的教育关注》中明确了对天才儿童的选拔方法，提出鉴定天才学生时，要考虑到天才并非同质化的独有的特点和需要；鉴定过程需要一个系统的方法，不应仅利用单一的工具，而应包括多个数据来源和不同人员及专业人士的参与。目前，墨西哥对天才儿童的鉴定主要分为三个阶段：一是初步鉴定和探索阶段；二是心理教育评估阶段；三是最终鉴定。在墨西哥天才儿童选拔过程中，世界通用的发现天才儿童的工具和量表，如动机和任务承诺测试、多因素创造力测试、SAGES-2、韦氏儿童智力量表等，都有所应用。

为区分学生在智力、创造力、社会情感、艺术和心理运动方面的天赋技能，墨西哥公共教育部于 2006 年设计了《识别天才学生问卷》，并在 2010 年进行了修订。任课教师可以使用该问卷并为他们认为需进一步评估的学生填写“提名表”。对于被提名的学生，进一步进行心理教育评估，除了测评智力、创造力和社会化能力，还要对其情感发展、成就、学习风格、课堂学习环境、家庭和社会环境及在团体活动中与他人的关系进行评估。经过系列科学专业的测试和评估后，对于符合天才认定标准的学生，确定其特殊教育需要支持和服务的类型，根据学生的需求制订“适应性课程建议”。

（二）墨西哥天才儿童的培养

联合国教科文组织在其1985年的年度宣言中提出，天才儿童是指那些在不同领域，特别是在智力和创造性活动方面表现出特殊能力和潜力的儿童，因此，他们需要一种不同于普通学校所能提供的教育服务。[13]在墨西哥常规教育体系内，对天才儿童的教育关注有多种模式，其最主要的两种是充实和加速。

1. 天才儿童培养的充实模式

在墨西哥强调公平发展的教育背景下，充实模式被认为是天才儿童培养的最佳教育策略。充实模式通过为天才儿童提供更丰富的教学环境和教学内容，使课程更加灵活，以满足具有突出能力学生的潜力和需求。在常规课堂上，教师使用不同的教学策略，不仅要考虑天才儿童的能力、兴趣、技能和学习风格，也要考虑整个班级的情况。其优点是尽量不把天才儿童与同龄人分开，并使普通学生也能从这些强化活动中受益，以促进教育公平。

墨西哥对天才儿童的充实教育主要发生在三种情境。一是课堂内充实。指教师在课堂上，在教学形式、教学空间、教学技术和程序、教具分配、教材使用、教学时间等方面对天才儿童进行特殊关照。常见活动包括不断引入新的教学策略和教育方法，在课堂上引导学生进行课题研究，促进学生提升兴趣、发展情感和社会技能等。二是学校内充实。指在学校内，教学人员采用不同策略，将以年龄为基础的教学分组改为以兴趣和能力为基础的教学分组。常见活动包括研讨会、学校竞赛、周六课程和暑期课程等。三是校园外充实。指教学人员通过与其他学校和团体、高等教育机构或组织建立联系，安排学生在校外专门发展科学、艺术和体育等特定才能的公共或私营机构接受教育服务。这类教育活动可解决常规课程体系中所缺少的具体技能和兴趣的培养。这三种情境下的充实教育相互补充，共同促进天才儿童的个性化发展。

2. 天才儿童培养的加速模式

加速模式是指允许具有突出能力和特殊才能的学生以少于国家教育系统所规定的时间完成课程。实施这种模式，最根本的是要考虑学生的家庭、学校和社会背景。在2010年以前，墨西哥针对天才儿童的加速培养主要由家长或监护人个人申请，在没有监管准则的情况下，通常采取个人管理的方式，通过其他机构寻求学校认证。2010年，《对基础教育中具有优秀能力的学生进行鉴定、晋升和提前认证的准则》公布，填补了墨西哥在执行加速培养过程中学校法规的空白，并规范了操作流程和具体要求。墨西哥的加速模式考虑了18种类型的具体方案，其中主要涉及两种情况：一是提前进入下一个教育阶段；二是跳过一个学段而不改变教育阶段。为便于管理，这两种类型的加速合称为资格认证和提前晋级。

提前进入下一个教育阶段的加速，指学生在比国家教育系统规定的年龄更早的时候进入小学教育或中学教育，即从学前阶段提前进入小学或从小学阶段提前进入中学，但不适用于提前进入学前教育，高中阶段针对提前录取的标准由各教育机构在其申请通知中自行确定。

跳过一个学段而不改变教育阶段的加速，指学生跨过与其年龄相符的学校年级，选择在更高年级开始新的学习周期，如完成小学3年级学习后直接进入5年级，或初中1年级后直接进入初中3年级。资格认证和提前晋级是基于学生对学术内容的掌握程度，主要适用于基础教育阶段那些在语言、数学和科学等智力方面具有突出才能的儿童。需要注意的是，加速模式与“资格认证和提前晋级”并不是同义词，后者只是加速模式中的一种主要形式。

3. 天才儿童培养的其他模式

除充实和加速外，职业定向和竞赛也是墨西哥常规教育系统中对天才儿童进行教育培养的常见模式。职业定向指针对天才儿童的职业素养进行早期培养，包括职业角色的塑造、职业技能的早期培养等。通过带领儿童开展科学实验和考察，参加科学展、科学讲座、会议，鼓励儿童进行科学探索、演讲等活动，促进天才儿童对科学、技术、工程和数学相关职业的兴趣和追求，鼓励他们在科学领域的职业发展。

此外，墨西哥教育系统每年还会组织各类竞赛，例如全国数学奥林匹克竞赛、机器人竞赛、拼写比赛和法律辩论赛等，借此发现、培养和塑造特定领域的天才儿童。对于有体育和艺术 / 美术天赋的天才儿童，主要依托专业化校外机构或培训中心进行培养。有体育潜能的学生通常被送到高度专业化的体育训练中心，这些中心大多是全寄宿制，在专门的导师指导下开展严格的运动训练，参加全国性比赛，为奥运会和其他比赛选拔优秀运动员。艺术和美术的培养通常与其在专业学院的课外学习有关[14]，具有艺术潜能的儿童通常来自艺术家庭，父母支持他们追求和发展艺术天赋，其中许多父母或家庭成员本身就是艺术家[15]。这些有潜能的儿童一般会在专门的学院研究不同的艺术领域，并被鼓励从事艺术类的工作，如表演、音乐或舞蹈等。

值得注意的是，墨西哥天才儿童的后续培养主要在私立大学和专业机构中完成。墨西哥私立大学自 20 世纪 30 年代中期诞生后逐渐发展壮大。相较于公立大学“政治家摇篮”的定位，私立大学因其招生制度、师生配比、学科分布、学生质量等多方面的优势，承载了更多为国家和私人机构培养各类精英人才的功能与任务。在招生方面，许多重点私立大学推行竞争考试制度，超过 50% 的淘汰竞争率使私立大学的学生质量得以保证，进而吸引了更多优秀学生报考。[16]

五、墨西哥天才儿童教育组织机构与研究成果

（一）天才儿童教育的组织机构

在《基本教育法》第41条修改和相关政策出台之前，墨西哥许多针对天才儿童的教育举措都是通过私人组织进行的。除了少数州建立的天才儿童学校和天才儿童智力发展中心，墨西哥天才儿童所获得的教育服务与支持大多由各类天才社团、培训中心等私人组织提供。这些组织与墨西哥各大科研院所和政府机构有长期合作关系，为天才儿童提供科学拓展的实践机会，并开发了知识赋能计划、智力提升计划等各类针对天才儿童的课程。

人才关注中心作为墨西哥天才儿童诊断和心理教育护理的领先机构，有超过15组的智商测试，可以用来测量2—20岁儿童青少年的智力。该机构承担了墨西哥超过50%的此类测试。从2010年起，该机构通过墨西哥天才联盟开设各类针对天才儿童的赋能和强化课程教育服务，还通过“全国天才日”“天才旗帜”等各种活动和倡议提高全社会对天才的认识和接纳。2013年，该机构被世界天才儿童理事会指定为“墨西哥国家天才中心”。2016年，该机构获得欧洲高能力者理事会“天才支持验证中心”授权，这是墨西哥第一个获得该级别授权的天才服务机构，标志着其针对天才儿童的鉴别和服务达到了国际标准。

成立于1997年的“墨西哥支持天才协会”是一个非营利性协会，主要为公立和私立学校的天才儿童及教师提供课程培训服务，包括在常规教育系统中不能得到充分教育支持的儿童和青少年及从事天才儿童教育的教师和教育工作者。该协会面向公立学校的校长、管理人员和教师开发了一项关于天才儿童筛选识别的课程，包括兴趣分析器、八种智力问卷和其他识别策略，为墨西哥天才儿童教师培训提供了重要支持。

（二）天才儿童教育的研究成果

墨西哥对具有较高能力个人的研究始于20世纪80年代。其中，针对天才儿童教育的第一项也是影响最大的研究，是2002年由公共教育部组织开展的“针对天才学生的教育干预建议”。该研究对墨西哥天才儿童的教育情况和需求进行了全国性的数据统计和评估，为国家天才儿童教育政策的改革和修订提供了制定依据。[5]在这项研究的基础上，墨西哥联邦政府为教师设立了培训计划，以识别和适当关注有天赋的学生；针对教师缺乏天才儿童教育相关课程培训的情况，高等教育总局调整了特殊教育执照要求，将“天才学生的教育关注”课程纳入特殊教育培训；在天才儿童选拔方面，摒弃了传统的教师提名制，从单一的筛选或提名转变为包括标准化智力测试在内的系统结构化评估。[5][17]

2014年，墨西哥政府和一些大学合作，通过人才援助中心的联合行动，构思了一个针对天才儿童采用差异化教学方法的试点计划，称为“智力潜能计划”。这是拉丁美洲第一个以天才学生心理和教育方法为基础的研究项目。[18]该项目通过多种教育方法来发展天才儿童的智力和科学知识[19]，强化模式由每年2083个有效学时组成（与墨西哥传统教育系统的学时数相比，几乎是400%），重点使用了优先关注（与专门的天才组织合作进行早期发现和培养）、充实（在学生的学术议程中增加大学科学课题）和加速（寻求以更快的速度完成学术学位，并获得官方认证）等策略[20]。该教育计划提出的原则之一是让学生在平等环境中接受教育，“平等”指的是年龄和认知能力水平相似，为学生群体心理稳定奠定了基础。

参考文献：

[1] Secretaría de Educación Pública. Propuesta de intervención: atención educativa a alumnos y alumnas con aptitudes sobresalientes（2006b）[EB/OL].（2006）[2023−03−07]. https://seduc.edomex.gob.mx/sites/seduc.edomex.gob.mx/files/files/padres_familia/educaci%C3%B3n-especial/Esp_-Prop_%20de%20intervenci%C3%B3n-Atenci%C3%B3n%20educativa%20a%20alumnos%20y%20alumnas%20con%20aptitudes%20sobresalientes.pdf.

[2] Hernández M. La capacidad sobresaliente. Una necesidad educativa especial en todos los sujetos [J/OL]. Mexico:（1999）. [2023−03−07]. https://biblat.unam.mx/es/revista/educar-guadalajara-jal/articulo/la-capacidad-sobresaliente-una-necesidad-educativa-especial-en-todos-los-sujetos.

[3] Difrancesca D, Nietfeld J L, Cao L. A comparison of high and low achieving students on self-regulated learning variables [J/OL]. Learning and Individual Differences, 2016（45）: 228−236 [2023−03−07]. https://doi.org/10.1016/j.lindif.2015.11.010.

[4] Gagné F. Ten commandments for academic talent development. Gifted Child Quarterly [J/OL].（2007）: 51, 93−118. [2023−03−07]. https://doi.org/10.1177/0016986206296660.

[5] Harris B, Lizardi P. Gifted law, identification, and programming in Mexico: an overview for school professionals in the United States [J/OL]. Journal for the Education of the Gifted, 2012, 35（2）: 188−203. [2023−03−06]. http://dx.doi.org/10.1177/0162353212445235.

［6］Secretaría de Educación Pública. Programa Nacional de Educación 2001–2006.［National Educational Program 2001–2006.］［R/OL］.［2023-02–28］. http://planeacion.uaemex.mx/InfBasCon/2001-2006.pdf.
［7］Secretaría de Educación Pública. Programa Fortalecimiento de la Educación Especial y de la Integración Educativa［R/OL］.（2008）［2023–02–28］. https://www.gob.mx/cms/uploads/attachment/file/48957/S033_Documento_de_posicionamiento-2007-08.pdf.
［8］Sánchez P. Talent development around the world［M］. Mérida, Yucatán, México: forewords. In P. Sánchez（Ed.）, Universidad Autónoma de Yucatán, 2013.
［9］Alves I. International inspiration and national aspirations: inclusive education in Portugal［J］. International Journal of Inclusive Education, 2019（23）: 862–875.
［10］Asociación Mexicana Para el Apoyo a Sobresalientes. Decreto por el que se reforma y adiciona el artículo 41 de la Ley General de Educación［R/OL］.（2009）［2023–02–28］. http://www.amexpas.net/publicaciones/2009_decreto-reforma-articulo-41.html.
［11］Asociación Mexicana Para el Apoyo a Sobresalientes. Lineamientos para la acreditación, promoción y certificación anticipada de alumnos con aptitudes sobresalientes en educación básica［R/OL］.（2014）［2023–02–28］. https://www.amexpas.net/publicaciones/2014_leyes/leyes_2014.html.
［12］Benavides M. La educacioón de ninños con talento en Iberoamérica［EB/OL］.（2004）［2023–02–28］. http://www.amexpas.net/index.html.
［13］Passow H. L'éducation des surdoués［J］. UNESCO Perspectives Revue Trimestrielle de l'éducation, 1985, 16（2）: 183–194.
［14］Lizcano P, Sánchez P. Personality traits and life experiences influencing highly creative people: six life stories［J］. Journal of Special & Gifted Education, 2016, 3（1）: 93–108.

[15] López-Aymes G, Roger S, Durán G G. Families of gifted children and counselling program: a descriptive study in Morelos [J/OL]. Journal of Curriculum and Teaching, 2014 (3): 54−62. https://doi.org/10.5430/jct.v3n1p54.

[16] 王留栓. 墨西哥公私立高等教育比较研究 [J]. 比较教育研究，1994 (2)：19−23.

[17] Sánchez-Escobedo P, Camelo-Lavadores A K, Valdés-Cuervo A A. Gifted, talented and high-achieving students and their education in Mexico [J/OL]. Handbook of Giftedness and Talent Development in the Asia-Pacific, 2019 (10): 1−19 [2022−11−16]. https://www.researchgate.net/publication/336671912.

[18] Almazan-Anaya A A, Lozano-Rodriguez A. El enfoque basado en competencias aplicado a estudiantes con sobredotación intelectual, análisis sobre la situación actual y su potencial en América Latina [J/OL]. EDUCARE, 2015, 19 (3): 1−23. https://www.scielo.sa.cr/scielo.php?pid = S1409-42582015000300218&script = sci_abstract&tlng = es.

[19] world-gifted.org. Educating gifted and talented children−turning research into practice [C/OL]. World Gifted: newsletter of The World Council for Gifted and Talented Children. 2014, 32 (2): 1−8. https://www.world-gifted.org/World-Gifted-Newsletter/wg-32 (2).pdf.

[20] Labastida E A, A Y Burhan N. The Cognitive Wealth of Nations: a cross-country analysis of entrepreneurship abilities, innovation in STEM and competitiveness in education [J]. Psychology and Education Journal. 2017, 54 (3−4): 93−106.

第十一章

韩国天才儿童教育发展

近十几年来，韩国学生在国际学生评估项目、国际数学与科学趋势研究项目（Trends in International Mathematics and Science Study Program，TIMSS）中排名处于高位，并且在国际数学和科学奥林匹克竞赛中表现出色，都得益于韩国对天才儿童教育的高度重视。[1] 20 世纪 70 年代开始，韩国开始通过立法、颁布政策、推出鼓励措施等先行实践，加强拔尖创新人才的早期培养，至今已积累了大量天才儿童教育经验，为韩国经济社会的发展储备了拔尖创新人才。

一、韩国对天才儿童的定义

受语言情境和文化背景表达的影响，国际上对“天才儿童”的定义尚未达成共识，世界各国多基于本国事实、智商、特殊才能等不同维度对天才儿童进行界定。[2] 韩国从特殊才能角度出发，在《天才儿童教育振兴法》[3] 中将“天才儿童”界定为“在一个或多个领域具有明显天赋和潜能，需要特殊教育支持才能发展成为天才的人”，指出天才儿童应在某些领域（如数学、科学）具有特殊智能、特殊学术能力，或具有创造性思维能力、艺术才能、体育才能及其他特殊才能。基于上述概念，韩国认定天才儿童在同龄人中的目标比例为 3%，但其超常儿童数据库显示该数据已超过 4%。[4]

二、韩国天才儿童教育的支撑保障体系

韩国政府通过专门的立法和颁布政策文件，加强师资培养和经费支持，为天才儿童教育建立多元立体的支撑保障体系。

（一）制定天才儿童教育的专项法律、政策

1997 年亚洲金融危机之后，韩国将天才儿童教育纳入国家战略，并通过制定专门的法律、政策保障天才儿童培养。1999 年，国会通过《天才儿童教育振兴法》，提出天才儿童教育的定义和基本框架，对天才儿童的鉴定标准、教育方式及课程、天才儿童教育机构的设立和运营、教师任用和培养、教育经费等做出规定，推动了天才儿童教育体系的建立。2002 年 4 月颁布的《天才儿童教育振兴法施行令》[5] 又规定了具体内容，构建了实施天才儿童教育的完整法律体系。为确保天才儿童教育的顺利实施，韩国政府自 2002 年起，已颁布了 4 次为期 4 年的“天才儿童教育振兴综合计划”，全面推动天才儿童教育的发展。韩国通过不断修订《天才儿童教育振兴法》及其施行令，促进天才儿童教育的观念和政策朝着更稳定和规范化的方向发展。

（二）稳定专业的师资队伍建设

天才儿童教育对教师提出了更高的要求。为确保天才儿童教育质量，韩国非常重视天才儿童教育师资队伍的建设，积极构建相关师资培养体系。一是严把天才儿童教育教师入口关。根据《天才儿童教育振兴法》及其实施法令，从事天才儿童教育的教师必须获得教师资格证书，满足天才儿童教育机构的教师聘用标准，并修满国家教育学院和教育部及科学技术部共同认证的培训课程学分。二是完善天才儿童教师的激励制度。韩国推

出了天才儿童和天才儿童教育中心特级教师制度、加分奖励制度、全职教师上课制度等，以吸引更多优秀教师加入天才儿童教育。三是加大教师在职培训力度，定期开展不同类型的研修，包括基础研修、高级研修、海外研修等，严格规定天才儿童教师培训的内容与时间。培训项目的质量由教育部、科学技术部和省教育厅监控。课程包括国内外专业培训，国内培训包括 60 小时的基本培训和 120 小时的高级培训，国外培训包括在美国、以色列、澳大利亚等国家开展的 2—4 周的课程。在中小学教师职前教育课程设置中，有关天才儿童教育的课程已成为必修课程。此外，韩国政府还为天才儿童教育机构管理者提供相应培训。

（三）政府为主体的多元经费投入

与联邦制国家的教育行政管理不同，韩国实行中央集权制下的分层管理，天才儿童教育经费主要来自政府财政投入。韩国通过立法和颁布政策文件明确政府投入责任，积极支持并开展天才儿童教育，保障天才儿童教育经费投入，建立激励约束机制。[6]《天才儿童教育振兴法》明确规定，国家为了振兴天才儿童教育应加强对其所需经费的专门支持，针对一些地方自治团体在天才儿童教育实施过程中存在的不积极或预算不足问题，可通过扩大预算或其他措施解决。国家及地方自治团体向开展天才儿童教育的机构提供设备、运营、实验及其他所需经费支持，包括学生的学费、入学金等天才儿童教育活动所需的全部或部分费用。

为扩大天才儿童教育的经费来源，韩国设立了专门的基金会，鼓励民间机构和组织参与。例如，隶属韩国教育部的科学创意财团，其主要活动包括科学文化传播、数学和科学领域教育课程开发、科学英才教育支援、教育捐赠文化社会推广等。[7] 韩国积极鼓励和引导天才教育专业团体或基金会提供资金用于支持天才儿童教育。例如，鼓励民间组织创办科学类、艺术类等相关领域具有特殊培养目标的高中、天才儿童教育院等，促进天才儿童教育发展。[8]

三、韩国对天才儿童的鉴别与选拔

韩国一般采用鉴别或识别的方式来发现天才儿童，并从选拔标准、甄选程序、选拔视角等多方面建立了科学的鉴定选拔体系，严把天才儿童培养的入口关。

（一）融合多样的选拔标准与形式

韩国的天才儿童教育重点放在中小学，教育对象从全国高中以下各级各类学校的在校生中选拔。根据《天才儿童教育振兴法施行令》，天才儿童必须具备下列条件之一：通过标准化智力测试、思维能力测试、创造性问题解决能力测试以及其他预约面试（访谈）或观察方法，在特定课程或特定领域被认定为具有最高级别才能或潜力的个人。韩国天才儿童选拔除了采用确定的严格测试，还辅之以审查、预约面试（访谈）、观察等系统全面的考核方法，严格筛选高素质生源。当前，韩国天才儿童的选拔来自数学、科学、数字科学、信息科学、人文社科、发明、艺术、体育、综合等众多领域，2022 年数字科学有 26 659 人，占比 36.8%，位居首位，其他依次为科学 10 675 人（14.7%）、综合 10 225 人（14.1%）和数学 8380 人（11.6%）。[9]

（二）立足多主体的在线甄选程序

韩国大部分地区的天才儿童教育机构采用天才教育数据库选拔系统。[10] 该系统可提供给学生（6 种）、家长（2 种）和教师（20 种）不同特征和领域的观察测验，在线支持天才儿童教育机构根据自身特点选拔培养对象。天才教育数据库选拔系统从多主体视角出发设计严谨细致的甄选程序，总体上遵循以下闭环流程。

一是天才儿童教育机构从教育厅或韩国教育开发院接收天才教育数据库机构账号；制订甄选计划；完成偏好设置；向一线学校发送选拔通知。二是学生、家长在家长通知栏或学校主页查看选拔公告；登录天才教育数据库并申请有意向的天才儿童教育机构和课程；请教师推荐；了解是否需单独提交材料或录取费用；确保教师的推荐建议已完成，遵循选拔公告的后续安排。三是推荐教师确认选拔公告，并指导学生在线完成申请；于推荐期内在线推荐学生；跟进学生的选拔进度，并指导他们完成相应的程序。四是学校确认选拔公告，并发出各种相关通知，提供选拔支持；通过监测和指导以确保天才儿童整个选拔过程顺利进行；召开学校推荐委员会，确定评估方法；确定学校推荐对象后，请校长审批；在线推荐天才学生，并指导他们完成后续工作。五是天才儿童教育机构实时审查学校是否审核以及推荐建议是否到位；发放学生考试编号，并按计划进行各阶段评估；在每个阶段计算总分并输出，对合格者做进一步安排。

对天才儿童加以鉴别并进行特殊培养，与教育的平等性和民族性并不相悖。[11]韩国在推进天才儿童教育过程中，采用多重视角保障天才儿童教育公平，关注贫困家庭、农村和偏远地区天才儿童教育的问题，为这些群体提供更多接受天才儿童教育的机会。[12]

四、韩国天才儿童教育的培养体系

韩国主要从教育机构设立、课程设置、考核评价三个方面打造天才儿童教育的培养体系，严格把控天才儿童培养的过程和“出口关”。

（一）多种类型的天才儿童教育机构

韩国将天才儿童作为一个特殊群体，设立了多类型教育实体机构，形成了集中办学的群体教育模式。包括专门招收天才儿童的学校、在普通学校设置的天才儿童班以及教育厅和大学附属的天才儿童教育院三种类型。不同类型天才儿童教育机构间的相互补充与系统衔接，形成了天才儿童的纵向贯通培养机制。小学、初中阶段设置天才儿童班，利用放学后、周末或假期开展弹性教学；高中阶段设立天才儿童学校，包括科学高中和科学天才高中，深化学生在某一特定科学领域的潜能；高等教育阶段所设的天才儿童教育院是校外学习机构，主要由大学设立，利用课后、周末或假期为天才儿童提供补充教育。总之，韩国以跨学段的方式，构建了天才儿童班、天才儿童学校和天才儿童教育院“三位一体”的实施模式。

（二）灵活多样的课程设置

天才儿童教育的核心环节是开发合适的课程。为推进天才儿童教育振兴综合计划中“提供以需求者为中心的天才儿童教育课程”的核心计划，各类教育机构在课程设置方面拥有很大自主权，甚至可根据学生实际情况灵活设置异于国家大纲的课程，包括学科领域、研究活动和特别活动，规定相应的学分和学时。例如，韩国科学英才学校的课程设置[13]包括三大类：一是学术课程，在人文科学方面设置韩语、社会科学、外语、体育、音乐和美术，自然科学方面设置数学、物理、化学、生物学、地理科学、计算机科学，分为必修和选修；二是创意研究活动，包括基础创意研究、小组自主研究和毕业研究；三是领导活动，包括俱乐部活动和志愿者活动。学生提前修完规定课程后可获得加速学习的机会，通过分班考试参加高级课程，如大学先修课程和韩国科学技术院的荣誉课程。

（三）严把“出口关”的考核评价

根据《国家天才儿童教育计划标准（方案）》[14]，韩国天才儿童教育建立了严格且全面的考核评价体系：一是在侧重培养与考查学生数学能力、科学能力的同时，重视综合素质的考查；二是着重培养和考查学生的实验操作能力、动手能力、合作能力、创新能力和语言能力等综合能力；三是强调对课外活动与服务精神的培养和考查；四是毕业考试要求严格但不拘泥于形式，可根据实际情况灵活处理以助推拔尖创新人才的培养和输出。例如，专门招收天才学生的首尔科学高中，建立了基于学分的毕业考核体系。学生若想拿到毕业文凭，必须修满 154 学分的学术课程、26 学分的研究活动和 240 学分的课外活动，其中课外活动至少 240 小时，包括 120 小时的小组活动和 120 小时的志愿者工作。[15]

五、韩国天才儿童教育的研究与支持机构

2002 年，韩国教育部指定成立天才儿童教育研究中心作为研究机构和培训机构，负责天才儿童教育的研究、开发和支持工作。[16]当前，该中心正在以第四个天才儿童教育振兴综合计划为基础，开展与天才儿童教育相关的各种研究和项目，助推国家和地方的天才儿童教育。其具体工作包括：开展领先的天才儿童教育政策研究和基础研究，推进韩国天才儿童教育纵向研究和天才儿童诊断工具开发研究；加强以需求者为中心的综合教育支持，开发天才儿童选拔工具和观察工具；通过信息系统化促进天才儿童教育；发挥国内外联动合作的枢纽作用，除了推进与国内高校天才儿童教育中心的合作，还与海外英才教育机构进行交流。[1]此外，中心还联合韩国大脑开发研究所专门研究右脑训练对天才儿童创造力的影响，对天才儿童教育进行多角度探索。

韩国教育开发院建立的国家天才教育数据库，每年发布《天才儿童教育统计年报》[9]，动态反映韩国天才儿童教育开展情况，内容包括：教育行政部门根据实证数据推动天才儿童教育政策的改进；天才儿童教育研究机构、大学和个别研究人员基于该标准统计进行天才儿童教育领域的基础政策研究和教育现状分析；给支持和希望接受天才儿童教育的学生、家长或媒体等提供信息，满足他们对天才儿童教育的高度关注。

六、韩国天才儿童升入大学的途径

一是天才儿童可通过选拔考核的方式进入高等院校附属的天才儿童教育院进行学习，接受高等院校教育专家、天才儿童教师的专业指导，参与大学研究项目。严格意义上说，学生进入天才儿童教育院学习并不是真正的高等教育活动，但是可以看作是对大学生活的提前“体验”，大学优秀的师资、先进的研究设施、丰富的馆藏资源都对录取的天才儿童开放。进入高校的天才儿童需要经过严格的选拔，以首尔大学科学天才教育中心为例，该中心只接收在首尔市就读的小学 6 年级或初中 1 年级学生，每年选拔一次。所有参与选拔的学生需经过两轮筛选，包括创造性解决问题的能力测试以及资料评估和面试，最终录取人数控制在 120 人以内。

二是通过高校的特别招生计划进入大学。天才高中学生可以通过直升大学的方式跳过普通的大学入学考试，这种方式被称为“特别招生”。直升大学的要求非常严格，比如学生要具有国家或国际学术竞赛获奖记录或发明专利等特殊成果、在高中阶段展示出出色的艺术或运动才华等。申请直升大学的学生需要提供相关成果或证明材料，并通过大学严格的评估和筛选。

以韩国科学技术院为例，申请特招的学生需要在课程、研究、其他领域具有卓越的能力，如是国际奥林匹克竞赛获奖者，在软件、机器人、工业设计和规划等方面有相关的研究和开发成果，并提前获得本科课程入学的资格。录取过程分为两个阶段：第一阶段是资料评估，以学生提交的材料为基础，对学生的学业成就、校园经历、品德、创造性以及发展可能性等进行综合评价；第二阶段为面试考核，按照 1∶2 比例确定面试人选，内容包括个人专业能力陈述和对课外能力的考查。

三是校长推荐入学。通过推荐方式入学的学生需要在学业能力方面有杰出表现或者是在社会活动中有重要贡献，录取类型和数量与高校具体的招生政策有关。

以韩国科学技术院 2023 学年的招生计划为例，该校本年度计划招收 95 名推荐制的学生，其中有 10 名定向半导体系统工程专业。韩国国内的普通高中、特色高中、自主高中等均可参与推荐，每所高中最多推荐 2 名。推荐的标准包括学术能力出色，特别是在数学和科学领域取得了杰出成绩；具备自我导向的学习能力和创造力；具备成长潜力、克服逆境的能力和挑战精神；具有领导能力、合作精神等。录取过程同样分为资料评估和面试考核两个环节。

四是参加韩国大学入学考试“大学修学能力试验”入学。韩国高校会根据学生的高中成绩单和大学修学能力试验的分数来录取学生。高中成绩单包含学生的高中学业、生活数据、志愿者活动、证书和获奖经历等。考试是韩国大学招生的主要方式，考试成绩是录取的重要参考之一。

五是海外留学。韩国一些天才儿童也会选择到国外的著名大学深造，获得更广阔的发展机会和更高水平的教育资源。韩国天才儿童进入海外大学的途径与其他国家类似，主要包括直接申请、获得国际奖项、借助留学机构和交换生项目等。

参考文献：

［1］Kang D Y. Past, present, and future of gifted science education in Korea: a historical perspective［J］. Asia-Pacific Science Education, 2019: 2−16.

［2］李莉. 有关天才儿童的定义的研究综述［J］. 中国特殊教育，2003（3）：83−90.

［3］대한민국 국회 . 영재교육 진흥법［EB/OL］.（2017−12−19）［2022−12−16］. https://www.law.go.kr/LSW/lsInfoP.do?efYd = 20171219&lsiSeq = 199748#0000.

［4］姜晓燕，张永军. 如何发现与呵护“天才”——基于多国超常儿童教育的考察［N］. 光明日报，2022−09−22（14）.

［5］대한민국 국회 . 영재교육진흥법 시행령［EB/OL］.（2012−07−26）［2022−12−25］. https://www.law.go.kr/LSW/lsEfInfoP.do?lsiSeq = 195517#AJAX.

［6］杜媛，方中雄. 国外超常儿童教育经费投入保障机制及启示［J］. 中国特殊教育，2022（11）：72−79.

［7］中国教科院比较教育研究所. 科学教育国际经验与启示［N］. 中国教育报，2022−10−13（9）.

［8］Cho S, Suh Y. Korean gifted education: domain-specific developmental focus［J］. Turkish Journal of Giftedness and Education, 2016, 6（1）: 3−13.

［9］영재 교육 데이터베이스 . 영재교육 기본 현황［EB/OL］.（2022−05−09）［2023−01−07］. https://ged.kedi.re.kr/stss/main.do.

［10］영재 교육 데이터베이스 .GED 선발시스템 소개［EB/OL］.（2018−08−16）［2023−01−07］. https://ged.kedi.re.kr/intro/sel/intro3.do.

［11］雷江华，邓猛．天才儿童教育［M］．武汉：华中师范大学出版社，2011.
［12］中国驻韩国大使馆教育处．韩国培养拔尖创新人才的重要举措［J］．基础教育参考，2008（12）：25–26.
［13］Korea Science Academic of Kaist. Education Course［EB/OL］．（2020–11–18）［2022–12–29］．https://www.ksa.hs.kr/Eng/Home/Sub?menuId = 131.
［14］영재 교육 데이터베이스．국가 표준 영재교육 프로그램 기준 소개［EB/OL］．（2018–10–23）［2023–01–05］．https://ged.kedi.re.kr/intro/course/prostandard1.do.
［15］Seoul Science High School. Curriculum［EB/OL］．（2022–07–14）［2023–01–06］．http://en.sshs.hs.kr/html/curriculum.php.
［16］영재 교육 데이터베이．영재교육연구센터［EB/OL］．（2020–04–24）［2023–01–17］．https://ged.kedi.re.kr/intro/ged/intro2s2.do.

第十二章
日本天才儿童教育发展

伴随新技术革命在全球的展开，科技创新的重要性日渐凸显，科技创新人才成为国家经济和社会发展最重要的战略资源。日本第四期《科学技术基本计划》(2011) 指出，必须不断培养科技创新人才。日本内阁“统合创新战略”(2018) 强调，科技创新的核心要素是创新人才，培养杰出的原创型科技人才是日本科技创新的重中之重。日本第六期《科学技术基本计划（建议）》(2021) 再次强调，未来将以科技创新作为成长战略核心目标，加速尖端人才培养，确保日本科技创新的国际竞争力。在不同历史时期，日本政府始终积极促进担负日本未来发展重任的下一代能够怀着梦想和希望积极投入科技创新，同时加强培养各个领域的领军人才、世界领先科技人才以及下一代科技创新人才。

日本的社会文化注重平等主义原则，其教育体系中没有正式提出“天才儿童教育”，没有针对天才儿童的鉴别，日本文化回避对天才儿童的公开评价。虽然日本在政策上和制度上没有明确提及天才儿童教育，但事实上却为培养天才儿童预留了很大空间。日本为天才儿童提供的多种教育机会，使得天才儿童教育在日本实质上是存在的，只是“有实无名”而已。这种做法既传承了日本教育追求平等的传统和反对天才儿童教育的社会观念，又在事实上满足了现代教育趋向个性化的需求，培养了一批具有卓越才能的人才。

一、日本对天才儿童的界定及天才教育的发展

（一）日本对天才儿童的定义与观点

1. 对天才儿童的定义

日本政府虽然在公立教育系统中对“天才”等词避而不谈，但并不否认天才的存在，并通常用“才能”代替“天才”。[1] 英语中的“天才”代表“具有巨大的天赋”（having great natural ability）。在日语中与之对等的词为“さいのう（saino）”，即“才能”，但“才能”在英语中的表述是“intelligence and ability”。在日本国内权威的日语百科辞典《广辞苑》中，“才能”指“智力和能力，即个体的某种资质或者通过练习获得的能力”。英语中的“天才”强烈暗示了“个人固有的东西”这个意思，而日语“才能”的内涵更强调这种东西是可教的，强调教育对发展“才能”的影响和作用。[2] 总体上，日本对“天才儿童”的理解主要有两种：一是具有“天赋 / 才能”的儿童，与英语中“gifted and talented”同义，指传统意义上的天才；二是双重特殊学生，即有学习障碍的天才儿童，通常被纳入特殊教育领域。[3]

2. 对天才儿童的看法

日本的民众舆论不支持将天才儿童教育作为一个独特的重点，可能有两个原因：一是日本投资教育的资金来源于对民众的税收，不适合仅对一小部分天才儿童投入大量资金；二是日本社会严格的前后辈关系在一定程度上也阻碍了有特殊才能的学生自由地向上流动。[4][5]

日本部分教师对天才儿童持有消极看法。第一，他们认为“神童”的天赋是一种短暂现象，随着儿童的成长会逐渐被集体同质化，最终将被集体主义教育所超越。第二，日本存在“糟糕的平等”。平等和一致是日本基本的文化价值，但也有人认为，这会阻碍个体差异化发展，所以是“糟

糕的平等”。[6]

日本学者对天才儿童教育有各自的见解。针对天才儿童教育政策，小林（Kobayashi）认为“提前进入大学”是带有政治性质的，其目的是迎合教育改革，实则不能满足天才儿童的需要。因为排名靠前的名牌大学未列其中，故而并未吸引到真正优秀的高中生，学生想借此进入一流大学仍比较困难。但“提前毕业机制”可以弥补大学提前入学的不足，该机制允许天才儿童在自己的特长领域的任何主题范围内以更快的速度学习和发展。[4]针对数学精英教育，日本数学家、数学教育家藤田宏教授提出了自己的观点[7]：一是日本需要真正的精英教育；二是提倡在大众教育的前提下进行精英教育；三是应从旧制高中教育中体会成功的教育经验，以传统精神为基础，同时吸收西方现代文明；四是精英教育应包括小学教育直至研究生教育。

3. 天才儿童教育的目标

日本教育的总体目标是培养个人独立性及创造力。[8]日本的《基本教育法》(2000 年）提出了教育的四个目标：一是发展个人的能力，同时尊重他们的价值；二是培养学生的创造力；三是培养自主和独立精神；四是培养重视劳动的态度，同时强调与职业和实际生活的联系。

日本的天才儿童教育始终坚持以大众教育为平台，其最终目的是提高所有学生的学习能力，从而谋求整体教育水平的提高。[5]这种教育以兼顾教育平等为重要特征，以科技和理科人才的培养为重点，以社会团体、半官方机构、学校和政府的协力合作为主要实践实施路径，培养具备卓越才能、能主导社会变化、创造新价值观、发挥引领作用，特别是能在国际舞台上活跃的人才。[3]

（二）天才儿童教育的历史发展

1. 天才儿童教育政策被明确提出（1945 年以前）

20 世纪三四十年代，日本明确提出天才儿童教育政策。当时的日本政府认可提前入学或跳级制度，但该制度于 1943 年被彻底废除。1944 年 9 月，日本众议院议员永井柳太郎在众议院总会上提出的对理科方面具有优秀才能的中小学生实施特别教育法案得到采纳。同年 12 月，日本文部科学省提出对于在科学方面具有较高天分的学生实施特别科学教育的政策。1945 年，日本于金泽第一中学、石川师范附属国民学校分别设置了以“培养优秀的科学人才”为目标的“特别学科研究班”[9]，试行数理科的天才教育及其教育方法的研究。

2. 天才儿童教育政策销声匿迹（1945—1950 年）

从 1945 年到 1950 年，日本教育体系奉行平等主义理念，抑制了天才儿童教育及其相关政策的发展，使之陷入低迷消沉阶段。[3][4][10] 1945 年后，在美国的指导下，日本进行了教育民主化改革，实行 6-3-3-4 制单线型教育制度（即 6 年小学，3 年初中，3 年高中，4 年大学），严格采用以年龄为标准的升学制度（6 岁上小学，12 岁上初中，15 岁上高中），教师必须教授规定的内容。从此，天才儿童教育政策戛然而止。[4] 1947 年，天才儿童教育被视为禁忌。日本文部省颁布了公立、私立学校必须执行的统一课程标准，助力迅速提高国民基本素质，但也导致了对天才儿童的忽视。

3. 天才儿童教育政策再次萌芽（1950—1980 年）

从 20 世纪 50 年代到 80 年代初，日本对“二战”后的教育改革进行了反思和批判，转换了天才儿童教育政策的话语表述方式。

1952 年，日本脱离美国的占领后，开始反思战后教育改革，确立了“1955 年体制”，批判并试图修订战后确立的平等主义原则。一是在民间团体层面，学者开始尝试天才儿童教育的实践。例如，玉川学园大学教授伏见猛弥于1960年开办了“天才教育研究所”。二是在政府咨询机构层面，经济界从推动经济发展角度出发，要求在中学阶段实施天才儿童教育。1957年，产业界、科技界陆续出现要求实行多样化教育的呼声。日本经营者团体联盟在《关于振兴科学技术教育的意见》中主张：把初等、中等教育制度的单线型变为复线型，在初中、高中按照每个学生的出路、个性、能力，将课程分为普通课程和职业课程，实施高效率的教育，并要求设法充实对初中、高中学生的育英奖学制度，特别要对进入理工系统学习的学生予以优待。[3]

1960年，经济审议会发表《日本经济的长期展望》，首次提出“人才开发论”；同年，日本科学技术会议在《关于以十年后为目标振兴科学技术的综合基本措施》报告中强调：有必要考虑在能力、个性、出路方面区分人文科学系统和自然科学系统的课程制度。1963年，经济审议会在《经济发展中人的能力开发的课题与对策》中提出，实施基于能力主义的教育政策，培养“高才能的人”，在具体制度上主张入学和升学不搞“一刀切”，按能力实行跳级制等。20世纪60年代后期，文部省开始回应这些外部要求。1966年，中央教育审议会在《关于后期中等教育的扩充整备》中提出，从教育制度层面考虑实施“特别教育”。

1971年，中央教育审议会第22次咨询会初次提出关于天才儿童的需求，但由于日本内阁的更迭，会上提出的一些改革倡议没有得到真正落实。1978年，日本首相福田赳夫发表电视讲话时说道，日本在经济赶超的时代依靠的是模仿，但是今后必须开发具有独创性的能力。因此，实施“天才儿童教育”的时代来临了。但不久之后，首相更迭，国民对天才儿童教育的关心发生转移，天才儿童教育再次被淡化。[10]

4. 天才儿童教育政策再次试水（20世纪80年代中期—90年代末）

从20世纪80年代中期到90年代末，受新自由主义思潮的影响，日本天才儿童教育政策初步“现形”。1984年，遵循新自由主义思想，临时教育审议会在报告中指出，在人生各时期、各发展阶段都要充分注意教育的连续性、适时性和选择性。

1991年，中央教育审议会在《适应新时代的教育制度改革》报告中提出了教育上的“例外措施”。该报告基于对形式平等理念建构制度所带来的单一化和僵硬等问题的反思，倡导“从形式平等向实质性平等迈进”，强调构建多样化、选择性制度的重要性，反映出对个性化教育的思考。该报告认为，仅在高中阶段采取多种措施为特定领域显示出超群能力的学生提供选择还不够，还应采取教育上的“例外措施”；在数学和物理领域，以中等教育阶段的学生为主要对象，为他们创造接触大学教育研究活动的机会，并允许在数学、物理等领域的高中2年级资优生提前进入大学学习。1994年，文部省开展了若干试点项目，结束了日本天才儿童教育在政策层面上的真空状态。[3]

1999年，“中高连读”计划启动，目的是将初中和高中课程整合，根据学生的个体学习需要提供多样化的充实教育项目。2002年，日本文部省启动了超级英语高中，通过设立资优班、组织专门讲座、用英语教授某些科目等方式开发学生的语言学习天赋，此外还启动了以科学、技术和数学为专长的超级科学高中。

5. 天才儿童教育政策持续深入（21世纪以来）

一是实施卓越研究中心计划与博士课程教育引领计划。21世纪以来，日本政府的天才儿童教育政策与措施日臻成熟，明确了在科技领域培养天才儿童的路径策略，先后启动了一系列计划与战略，推动天才儿童教育不断深入。

二是启动理工科人才培养战略。2015年，日本文部科学省制定了理工科人才培养战略，提出以基于问题解决的学习、强化数理教育为目标来推进新一轮“学习指导要领”改革，强化下一代科技创新人才和全球竞争人才的早期培养。

三是出台特定国立大学计划。2016年末，日本文部科学省出台“特定国立大学计划”，将“研究力”“与社会的衔接”“国际协作”均纳入考核标准，力争打造世界一流大学。计划出台后，日本东京大学、日本东北大学和京都大学等7所研究型高校提交了申请。[11]

二、日本天才儿童教育政策和立法

（一）日本教育政策制定及管理机构

日本文部科学省是最高的教育管理部门，负责统筹日本国内的教育、科学技术、文化和体育等事务。

日本科学技术振兴机构隶属于日本文部科学省，是由日本科学技术信息中心（1957年成立）和新技术事业团（1961年成立）于1996年合并而来，并根据2003年开始实施的《独立行政法人科学技术振兴机构法》重新组建而成的，是实施日本“科技立国”战略的核心力量。该机构全面推动科学技术创新，尤其重视科学技术信息的建设，搭建科学技术信息的发布与交流平台，成为日本科技信息交流的中枢机构。[12]

天才教育小组委员会于2009年建立，接受日本科学技术振兴机构委托进行“如何构建一个培养科学天才儿童的系统”的研究。研究报告最终确定了天才儿童科学技术教育的三个目标：一是以满足学生的需求为基础，最大限度地发挥个人天赋；二是识别并展现个人潜力；三是培养具有高水平天赋学生的高级专业技能。[8]

（二）日本天才儿童教育立法

1. 教育基本法

1947年3月，日本正式颁布并实施《教育基本法》。该法以1946年修订的《日本国宪法》为依据，规定了教育的根本指导思想、原则、方针和政策，以和平、民主的教育代替了军国主义、国家主义的教育，对战后教育民主改革的全面展开和确立民主化教育体制起了决定性作用。

2. 科学技术基本法

1995年，日本政府颁布《科学技术基本法》，以国家立法的形式确立了“科学技术创造立国”“教育强国”的方针政策。日本内阁相继制定了六期《科学技术基本计划》（1996—2025年），围绕“鼓励创造、发展科学”的主题，设立了各项科学发展具体目标。其中，第一期计划（1996—2000年，日本内阁1996年）中提到，要在初等、中等教育中，引导学生亲近科学技术，推进学校教育的信息化建设。第二期计划（2001—2005年，日本内阁2001年）提出加强“科学技术创造立国”的基本国策，并要求在未来50年内，使本国诺贝尔奖获奖人数达到30人以上。[13]此后，日本教育政策表述中用“才能”代替了“天才”。第三期计划（2006—2010年，日本内阁2006年）明确提到天才儿童培养的三个主要目标：一是发展天才儿童的个性和能力；二是完善高中强调科学和数学教育的支持体系；三是促进天才儿童参加各种国际科技竞赛。第四期计划（2011—2015年，日本内阁2011年）提出，为了在将来以科学技术引领世界，有必要继续系统地培养才能丰富的儿童。从初等、中等教育阶段开始提高对理数科目的关心，发掘具有优秀素质的儿童并努力提高其才能。具体表现为国家推进以下行动：促进学生参加国际科学技术比赛，强化实施“科学甲子园”等行动提高学生对科学技术的关心。第五期计划（2016—2020年，日本内阁 2016 年）提出，培养下一代科技创新人才，挖掘喜欢理科、数学的儿童很重要；通过提供创造性的初等、中等、高等教育和理数学习机会，推进培养具有优秀素质的人才。第六期计划（2021—2025 年，日本内阁 2021 年）提出了培育面向新型社会人才的目标，重视初高中阶段的基础教育，整体推进 STEM 教育。

3. 终身学习振兴法

日本认识到，学校教育体制可能难以在时间和空间上满足科技发展对人才培养的需求，为此，建立终身学习体系尤为重要。1990 年 6 月，日本国会通过了《终身学习振兴法》[14]，其目的是促进都道府县各级政府振兴终身学习事业。实施主体包括日本文部科学省、都道府县各级教育委员会。

三、日本对天才儿童的选拔与培养

（一）天才儿童的选拔标准

日本研究者认为，选拔天才儿童，除了智力，还要考虑其他因素。日本学者隅田学（Sumida）开发了一种可用于日本小学生科学课堂的原始行为检查表，共设计了 60 个项目，是日本应用较多的天才儿童选拔标准之一。其中包括：能清楚地报告观察和实验结果；喜欢收集动物、植物或岩石；尽量按照自己的方式做事，而不是按照别人的指示；等等。他还分析并总结了三种天才的科学风格：一是自发风格；二是专家风格；三是扎实风格。但在 8 所城市小学的 3—6 年级学生中，只有不到 10% 的学生强烈地表现出这些科学天赋行为。[8]

（二）天才儿童的选拔途径

一是民间天才儿童选拔。日本民间存在一些专注于天才儿童培养的合法私立机构。以天才儿童教育研究所为例，会对申请入所的儿童进行智力诊断（使用研究所开发的《英研式智能构造诊断测试》）、考试、授课等，经综合评估后确定儿童的正式入所资格。

二是超级理科高中的选拔。日本文部科学省将重点开展科学、理科和数学教育的高中指定为“超级科学高中”，旨在通过多种方式培养在理科方面有潜力的高中学生，为科技顶尖人才的成长创造条件。申请超级理科高中的具体程序为：学校按照细目规定提出申请计划（包含预期目标、主要内容、计划进展等）—外部评价协作者对计划进行审查—文部科学省根据审查结果确定学校。如日本立命馆高中就是一所被指定的超级科学高中，每年都会从招收的新生中挑选 20 多人编入“超级科学班”，进行特别的学习活动。[15]

三是高中大学联合培养的测评。日本科学技术振兴机构开发了儿童潜能与天赋教育相关的项目，主要在高中阶段进行。以京都大学为例，选拔方式包括撰写感想文和摘要、参加数学考试和面试等，选拔程序为：先提交高中教师填写的推荐状—到京都大学参加尖端科学演讲会—提交关于演讲的感想文和摘要—参加数学考试和面试。

四是提前进入大学的选拔。如千叶大学的“尖端科学计划”，1998 年招收了 5 名高中学生提前接受大学教育，目的是将他们培养为有个性的、将来能够承担独创性研究的人才。申请者需具备两个条件：其一，高中毕业认定考试合格者且年满 17 岁；其二，在数理科学方面具有天赋，有志于研究人类科学相关领域。选拔方式是：先审查申请者提交的材料（自荐书、推荐书和调查书）和课题论述，然后对前一轮合格者进行面试，进行综合判断后再确定入学者。学生在大学 4 年期间学习“尖端科学计划”的独立课程，有专门的班主任在生活、学习等方面进行指导，注重学生全面发展。[4]

五是卓越研究中心计划选拔。近年来，日本COE计划建设的卓越教育基地吸纳英美经验，在一般入学、推荐入学选拔机制的基础上，推行招生办公室（Admissions Office，AO）方式，为学生在首次面试和确认入学之间设置体验教学期，参加各院系的讲座、研讨会等体验活动，保证教师综合判定申请学生的“能力、适应性、意愿以及目的意识”等。[16]

（三）日本对天才儿童的培养

日本的公立学校没有正式提及天才儿童教育，但天才儿童教育在公立学校中实际存在。此外，日本有一些民间机构也能满足儿童差异化学习的需求，在一定程度上为天才培养做出了贡献。

1. 民间机构的天才儿童教育

实施天才儿童教育的民间机构包括私立英才教育机构和私塾。例如，伏见猛弥创办的天才教育研究所幼小儿童1—2人一个班，小学段一个班不超过3人。研究所设有体验教室供家长和孩子试用。正式授课约每周2次，每次50分钟，可灵活选择上课时间。所用教材根据智力综合因素分为7个阶段，可根据儿童的不同特点选择，旨在让儿童在游戏中提高智力。该研究所还出版了一些天才儿童教育方面的书籍，如《天才教育的推展》《玩具的年龄》《孩子的智能教育》等。但日本私立机构的天才儿童教育收费相当昂贵。[4]

日本的私塾多是补习班、升学辅导班或兴趣班，但因体现了教育的个性化、差异化，能为学生提供正式教育以外的内容，在某种程度上满足了一些天才儿童的需求。如日本名古屋的河合塾以培养未来的独立思想者、孜孜不倦的学习者为使命，开设了面向学龄前儿童到成人的课程。

2. 多方共育的校外天才儿童培养项目

日本的校外天才儿童培养项目的形式包括国际科学技术竞赛、科学训练营（1995—2014 年）、未来科学家养成讲座（2008—2013 年）、科学甲子园（始于 2011 年，初中组始于 2013 年）、下一代科学家育成项目（2008 年以来）、国际科学校园（2014 年以来）等。校外天才培养项目呈现出多方合作、全体普及与重点培养相结合的特征。

3. 以 STEM 为重点的超级理科高中

超级理科高中计划旨在通过各种方式从高中开始培养在理科方面有潜力的学生，为他们在大学深造奠定良好的基础，为科技顶尖人才的成长创造条件。超级理科高中是多方共同管理的，由文部科学省负责筛选、指定理科高中，科学技术振兴机构具体组织和管理超级理科高中的活动、教师培训、评价等，都道府县各级教育委员会管理理科高中的设置、审核等。在各级教育行政管理机构的支持下，超级理科高中与大学、研究机构、企业、社区等存在广泛的交流与合作。

超级理科高中计划以公立高中为主，每 5 年一个周期。2002 年选定了 26 所高中，并投入近 7.3 亿日元的财政经费。随后，文部科学省采取优中择优的策略，在 2011 年进一步指定部分学校为“核心超级理科高中”，2013 年更名为“超级理科高中科学技术人才培养重点校”，使该计划的目的更为聚焦。超级理科高中的学习内容可以不拘泥于《学习指导要领》，采取提高学生创造性和独创性的指导方法，可与大学、研究机构等共同开发课程和教材。[3]

4. 高中—大学联合计划

高中—大学联合计划是由大学给高中学生提供的内涵丰富的项目，包括课程、讲座和暑期研讨班等，以充实高中学生的学习，但不计学分。例如，2008 年开始，日本科学技术振兴机构推出了名为“未来科学家养成讲座”的项目，委托大学和高等专科学校具体承办。承办学校要为在理科和数学领域具有学习意愿和能力超群的学生提供讲座，目的是进一步发展其能力，培养高素质的“小科学家”。

5. 大学提前入学

日本大学的提前入学被称为教育上的“例外措施”，包括在数学、物理等特定领域，向能力发展特别显著的中等教育阶段的学生提供大学层次的教育研究机会，并试行放宽大学入学年龄的限制。[4]

6. 关注学习障碍超常儿童的天才儿童教育项目

日本借鉴美国的做法，对于不同类型的学习障碍超常儿童施以针对性的教育措施。例如，翔和学园自主开发的天才教育项目以语言性 IQ 测试得分在 130 分以上、患有各类学习障碍的中小学生为对象，根据美国天才教育家任祖利的三环模型理论进行判定和选拔，发现儿童显性和潜在的能力。学校采取个性化学习与任务学习相结合的形式，针对不同学生采取不同教育方法，包括加速制、充实法和特别教育项目，注重带领学生开展丰富的社会实践，并辅之以专家指导和定期集训等活动。[3]

7. 从小学到大学的贯通培养

日本为了促进持续的科学技术创新，构建了从小学到大学连续培养下一代承担科学技术创新的骨干人才培养体系，注重扩大喜欢理科的少年儿童群体，通过提供有效培育创造力和创新精神的教育、提供学习数学物理的机会等措施，促进优秀学生才能的提升。

日本文部科学省专项支持全国中小学校和大学等高等教育机构，充分利用大学教育环境设施、研究专长和教师资源优势，开展面向高中生的学术讲座、科学实验，为那些学习愿望强烈、科技兴趣浓厚、能力优秀的学生开设先修课程。国家还对开展相关选拔并常年面向高中生提供相应支持的大学提供经费支持。由此，形成了以国家政策性支持为前提，以学校教育活动为主、以社会专业培训为辅，从小学到大学一体化创新人才培养制度体系。[17]

四、日本构建全方位的天才儿童教育体系

日本文部科学省积极推进“从小到大”的课程改革系统工程。小学引入计算机编程教育，以吸引更多儿童热爱科学、喜欢学习数学；初中强化理工科教育，以唤起学生的科学兴趣和学习热情；高中开展探究式学习，为培养学生科学思维奠定创新基础；大学开设“AI＋专业”的复合学科，全面培养下一代科技创新的全球领军人才。

（一）小学引入编程教育激发科学兴趣

日本新修订的《学习指导要领》（2017 年）将计算机编程列入小学必修课程，要求在小学创设计算机和信息教育环境，培养小学生程序化、联动性的逻辑思维，激发儿童对信息技术的好奇心，帮助学生理解程序的功能，了解信息技术支撑信息社会运转的重要意义，培养利用计算机解决问题的习惯，建立人机互动的编程思维，让学生体验如何通过指令让电脑按照主观意图进行图文处理，提高信息技术应用能力，培养系统化逻辑思维和科技创新基本素养。[17][18]

（二）初中强化 STEM 教育探究科学规律

日本新修订的《学习指导要领》（2017 年）要求通过“综合学习时间”“综合探究时间”等规定课时，开展发现和解决问题的深度学习，明确将 STEM 教育的内容列入国家课程计划。此外，文部科学省还建立了以全球性社会问题为题材的产学联合的 STEM 教育在线实验室，支持各

级各类学校在校生自主探索创新，培养学生掌握现实社会必备的知识、技能、思考力、判断力和表现力，让每一个学生以积极的态度主动迎接不可预知的未来社会。[17]

（三）高中培养科学思维奠定创新基础

日本政府在创新战略中提出，全体高中毕业生必须具备数理和信息技术素养。要求以主体性、对话性、深度学习改善教育课程，在全国所有高中实施数字科学和人工智能实践课程，同时通过信息技术兴趣小组和课外活动向有兴趣、有意愿的学生提供基于数字科学和人工智能的发现问题、解决问题的挑战环境，培养创新思维与创新能力。[17]

（四）大学实施“AI＋专业”培养科技创新人才

日本“创新战略2019”要求，到2025年，全国所有高等教育阶段的大学和高专学生（每年大约50万毕业生），无论文科理科，将数理、数字科学和人工智能相关内容加入教育课程计划，如农学＋AI、生物学＋AI、经济学＋AI、心理学＋AI、设计学＋AI等，实现人工智能、数理、数字科学教育必修化，高等教育阶段的毕业生全员掌握初级标准的数理、数字科学和人工智能基础。[19]

五、日本天才儿童继续教育的途径

日本天才儿童升大学或继续教育采用高中—大学联合模式，分为四个步骤。

第一步，提前毕业机制。2012年，文部科学省实施提前毕业机制：能力超群的高中生可以提前半年到一年毕业。为此，文部科学省将《学校教育法》中“高中生必须学习满3年才可毕业”的条例进行细则修订。同时，国内部分大学（如东京大学）把入学时间提前半年，恰好弥补高中毕业生进入大学前的半年空白期，为天才儿童连贯发展提供保障。

第二步，大学提前入学。大学提前入学在日本被称为教育上的“例外措施”，是官方唯一认可的加速制。有才能者17岁便可以进入大学学习（当时日本大学规定入学最低年龄为18岁），即“飞入学”。1998年该措施只被限定在数学或物理学领域，2001年起不分对象领域，符合要求的学生都可提前进入大学。以1998年千叶大学提出“尖端科学计划”为例，当年招收5名高中生直接进入研究所学习，“尖端科学计划”包含物理、尖端技术和人类探求3个学科，由新成立的尖端科学研究教育中心与学校的理学部、工学部和文学部共同管理（见表7-1）。

表7-1　日本千叶大学的“尖端科学计划”

申请者需具备的条件	高中毕业认定考试合格者且年满17岁； 在数理科学方面具有聪颖的天赋，有志于研究人类科学相关领域
选拔方式	申请者提交材料（自荐书、推荐书和调查书）+课题论述； 对前一轮合格者进行面试； 进行综合判断确定入学者

第三步，全球顶级大学计划。2014年，文部科学省启动“全球顶级大学计划”，选定国内13所公立大学培养研究型创新人才。选拔方式呈多样化样态，主要包括综合型选拔、学校推荐型选拔和跳级选拔。[20]

综合型选拔。即通过详细资料审查和细致的面试等方式，综合评价、判定申请者的能力、适应性、对学习的积极性、目的意识等。对学生的考查不仅基于调查书面申请材料，同时还参考学力测试成绩、大学布置的小论文、资格考试成绩或大学通用考试成绩等。

学校推荐型选拔。基于所在高中校长的推荐，免除学力检查，将调查书作为主要资料进行判定的入学考试方法。但从2021年起，选拔中加入对知识和技能的测评。

跳级选拔。特定领域特别优秀的学生，即使高中未毕业也能进入大学，大学未毕业也能进入研究生院。选拔对象主要是完成高二和高三上半年学业的学生，入学时间分别在春季和秋季，旨在使这些学生尽早开始在科学领域的专门学习，培养他们未来成为活跃在世界舞台的具有丰富创造性的人才。

第四步，博士课程教育引领计划。2011年，文部科学省正式发布高端人才培养战略“博士课程教育引领计划”，并交由“日本学术振兴会”负责，旨在培养世界一流研究生和高端人才，使之具有独创力，能够活跃在世界大舞台，成为跨越产业界、学术界和政府等多领域的优秀领军人才。该计划执行周期为7年，从2011—2018年连续投入经费达1087亿日元。资助的重点领域分为全能型、复合型、唯一型。全能型是培养引领国际社会发展，超越文理学科边界的全能综合型领军人才。复合型是培养能够解决人类社会面临的重大现实问题的顶尖人才。唯一型是培养日本独有优势领域或世界领先的开拓性领域顶尖人才。[21]

该计划实施硕博一贯制培养体系，以中期考核制度代替硕士到博士阶段的入学考试，以考查候选人是否具备从事博士研究的基础专业知识与技能。中期考核合格之后，方可由宽口径的课程学习进入具体专业领域研究；博士生在正式博士论文写作之前，要通过审核委员会的资格审查，考查其是否具备写作博士论文的基本能力，内容包括是否具备必要的基本知识、研究计划能力、学术伦理观和语言写作与沟通能力等。

该计划实行第三方评价制度，设立引领计划委员会（下称“委员会”）以及与三种类型项目相关的三个类别审查和评价分委会（下称“分委会”）。委员会成员由25名大学校长、研究机构负责人、著名教授、知名企业理事长组成，负责综合协调与遴选、考核和评审项目。三个分委会由113名评委组成，均为来自教育界、学术界、产业界和行政界的专家。每个入选项目会设置一名在大学、研究机构、国际机构、企业有丰富工作经验的专家作为项目官员，进行跟踪指导和巡视，负责日常事务的联络、指导、咨询、建议提案、把握项目进展等，每年度还须向分委会递交跟踪调查报告书。[22]

日本针对天才儿童的继续教育通道具有整体性和连贯性的特点，从高中提前毕业，到大学提前入学，再到研究型大学创新人才选拔，最后到博士课程教育引领计划，日本在各个不同的教育阶段均设置了针对天才儿童的对接措施和培养计划，为其继续教育预留了空间。

参考文献：

［1］Shinmura I. Kojien（6th ed.）［M］. Tokyo: Iwanami Shoten, 2008.

［2］Heuser B L, Ke W, Shahid S. Global dimensions of gifted education: cross-national dichotomies between perceptions, practices, and policies［J］. Global Education Review, 2017（1）: 4–20.

［3］李建民. 从隐性到显性：日本英才教育政策及实践路径分析［J］. 比较教育研究，2018（1）：30–36.

［4］陆莎，肖非. 日本“有实无名”的英才教育［J］. 比较教育研究，2013（5）：53–58.

［5］赵晋平. 从理科高中看日本的精英教育［J］. 外国教育研究，2004（5）：24–28.

［6］Shibata A, Forbes D. Teachers' and counsellors' perspectives on gifted children and gifted education: New Zealand and Japan［J］. Gifted Education International, 2009, 25（2）: 187–192.

［7］代钦. 对日本精英教育的怀旧及其借鉴作用——日本数学家藤田宏教授访谈录［J］. 数学教育学报，2010（2）：82–84.

［8］Sumida M. Emerging trends in Japan in education of the gifted: a focus on science education［J］. Journal for the Education of the Gifted, 2013, 36（3）: 277–289.

［9］金泽大学资料馆. 特别科学研究班［EB/OL］.（1945–01–12）［2020–12–07］. https://museum.w3.kanazawa-u.ac.jp/14l/.

［10］易泓. 英才教育制度的国际比较［J］. 教育学术月刊，2008（6）：16–18.

［11］郑军，杨岸芷. 日本研究型大学拔尖创新人才培养的经验及启示［J］.

集美大学学报（教育科学版），2018（6）：40–48.
［12］刘立群. 日本科学技术振兴机构及其信息资源的使用［J］. 科技情报开发与经济，2010（11）：73–76.
［13］李自然，杨自文，来旭，等. 从日本诺贝尔化学奖获得者看创新人才培养［J］. 高等教育研究学报，2013（4）：58–61.
［14］赵苏皖. 日本《终身学习振兴法》及实施研究［D］. 太原：山西大学，2016.
［15］牛志奎，田中博，郤志宇. 日本特色高中与超级科学高中——以立命馆高中为例［J］. 基础教育参考，2013（3）：20–22.
［16］李昱辉. 日本大学 AO 入学的发展与挑战［J］. 外国教育研究，2018（5）：3–15.
［17］光明网. 构建贯通培养体系——日本创新人才教育面面观［EB/OL］.（2021–06–24）［2022–12–24］. https://share.gmw.cn/news/2021-06/24/content_34944366.htm.
［18］中国驻日本大使馆教育处. 日本小学学习指导要领：总则［J］. 世界教育信息，2017（19）：36–41.
［19］日本内阁府. AI 战略 2019［EB/OL］.（2019–06–11）［2022–11–13］. https://www8.cao.go.jp/cstp/ai/aistratagy2019.pdf.
［20］朱晓霞. 科技创造立国战略下日本研究型大学创造性人才选拔：类型、标准及特点［J］. 世界教育信息，2022（12）：39–45 + 63.
［21］张天舒，李明磊. 日本高等教育重点建设战略新动向——博士课程制教育引领计划［J］. 高等教育研究，2012（12）：104–109.
［22］陈晓清. 日本博士生教育改革新战略——“博士课程教育引领计划”的评析与启示［J］. 中国高教研究，2019（8）：47–53.

第十三章 以色列天才儿童教育分析

由于以色列在天才儿童培养方面已有完备的培养体系和丰富的经验，在世界范围内影响较大，新加坡等国家都曾借鉴其经验和模式。本章主要对其培养体系现状和发展趋势进行阐述。

以色列习惯用“giftedness”统一指称所有类型的具有独特潜能的儿童。[1]进而将经过选拔的天才儿童分为“gifted students”和“outstanding students”两个层次。为便于表述和理解，本章用“天才儿童”指称具有特殊天赋的儿童，用“英才学生”指称经过选拔确定为“gifted students”层次的学生，用“优秀学生”指称进入“outstanding students”层次的学生。

一、以色列天才儿童培养的管理机制

现代以色列国家成立于1948年，是以犹太民族为主体的移民国家，国土面积狭小，自然环境恶劣，资源匮乏，战乱不断。从文化传统来看，犹太民族向来非常注重教育、追求卓越。在经济上，以色列以科技专利等核心技术和创新企业为支柱，很多人从事研发工作。因此，以色列特别注重人力资源建设和人才培养，尤其是科技创新杰出人才的培养。犹太人获得诺贝尔奖的数量也在一定程度上反映出这个民族对创新人才的重视和培养成效。以色列天才儿童培养起源于大学教师为超常儿童提供指导。从

20 世纪 60 年代起，以色列就已开始专门探索有特殊天赋儿童的培养和教育模式，并已形成比较完善的体系。

（一）设立专门管理部门

以色列的天才儿童培养由教育部下属的英才与优秀学生局（Division for Gifted and Outstanding Students）专门负责。1973 年，为了推进天才儿童培养和教育工作，以色列政府在教育部设立天才儿童司（Department for Gifted Children），专门负责全国天才儿童的培养工作，包括教育政策的制定、实施和教育管理等。该部门的工作人员定期到实施天才儿童培养项目的学校进行考察，组织教师培训，与学生和家长进行沟通，帮助协调各类天才儿童培养项目。20 世纪 80 年代末，该部门更名为天才儿童和科学青年司（Department for Gifted Children and Science Oriented Youth），并将天才儿童培养与科技发展紧密结合。2009 年，该部门又更名为现在的英才与优秀学生局，将培养对象范围扩大到学校层面的优秀学生。

以色列的教育管理体制由国家、地区和学校三级管理机构构成。教育部下属的英才与优秀学生局负责统一指导和监管全国范围内的天才儿童培养。以色列有六个行政区，地区教育部门负责国家级英才学生培养项目的实施，以及设计和实施本地区的优秀学生培养项目。以色列主要有四种学校类型：公立世俗犹太人学校、公立宗教犹太人学校、阿拉伯和德鲁兹学校、极端正统犹太教学校。天才儿童培养项目主要在公立学校开展，这些学校负责国家和地区天才儿童培养项目的具体实施并设计学校内的优秀学生培养项目。

（二）大力提供财政支持

根据世界银行的数据，2021 年以色列的国内生产总值（GDP）总量为 4816 亿美元，人均 GDP 为 51 416 美元，世界排名第 17。该国于 2010 年加入经济合作与发展组织，从该组织和联合国教科文组织等的数据看，以色列每年对教育和科技的投入在国家 GDP 中所占比重世界领先。以色列近年来在科技和研发方面的投入占 GDP 比例超过 4.5%，位居世界前列；其教育投入占 GDP 比例基本保持在 8.5% 左右。由此可以看出以色列政府对教育和人才培养的重视程度。

以色列政府每年为天才儿童培养投入大量资金。根据英才与优秀学生局负责人纳德勒·梅纳切姆（Nadler Menachem）透露的数据，仅 2019 年，该部门的财政支出预算就超过 2000 万欧元。教育部对以色列公立教育体系内的全国性英才学生选拔和各种培养项目进行全额资助，包括特殊班级（special class）、充实中心（pullout center）和虚拟学校（virtual school）等，并为参加英才培养项目的学生提供交通费，还对经济困难的英才学生提供奖学金。对于私立天才教育机构或项目，政府也会提供部分财政资助，一般为该项目经费的 10% 左右，并对项目进行监管。[2] 另外，政府还会为天才儿童相关科研机构以及教师教育培训项目提供专项经费。

（三）开展教师培训和资格认证

天才儿童的培养需要特殊师资。20 世纪 90 年代开始，以色列教育部就重视天才儿童培养项目的师资队伍建设。早期主要是对参与天才儿童培养项目的教师进行专门培训。比如 1990 年，位于特拉维夫市的哈基布特齐姆教师培训学院（Haki Butzim Teachers Training College）就开始实施天才儿童项目教师教育培训项目。后来，形成了天才儿童教师教育的成熟途径，主要包括开展学术研究、在职教师的专业发展计划、教师学院学生的天才儿童教育特殊训练计划等。[3] 培训内容主要包括：关于天才和卓越等概念的定义和理论基础，如何发现天才儿童，天才儿童的认知能力、创造力以及非智力因素特点，培养天才儿童的教学方式和方法，等等。

以色列教育部针对公立学校的教师以及其他机构从事天才儿童培养项目的教师设立了特殊认证项目和专业发展项目。目前要求每个计划在天才儿童培养体系内任教的教师，必须完成 240 学时的学习和培训，考核合格后授予资格证书。以色列还为天才教育教师提供专业发展项目，如师范学院（Teachers College）的特殊培训项目和海法大学（University of Haifa）硕士学位项目等。

由于天才儿童群体具有特殊性，学校专门配备辅导教师（counsellor）为天才儿童提供心理、情感和学业支持以及各类援助。这些辅导教师需要先接受 120 小时的专业培训后才能上岗。在中学阶段，还设立了导师计划，为超级天才儿童配备不同领域的一流专家作为专业导师。以色列也会为这些导师提供天才教育方面的专题培训。

（四）做好专业指导和科研支撑

以色列于 2003 年成立了天才儿童教育指导委员会。该委员会负责起草相关法律草案，对地方教育部门、学校和教师进行培训和指导，为天才儿童项目研制核心课程大纲，为天才儿童教育研究建立数据库，探索低龄阶段天才儿童的培养等。以色列主要通过在高校或科研机构成立专门的研究所，为天才儿童培养和教育提供基础支持和技术支持，如佐尔德研究所（Henrietta Szold Institute）等。佐尔德研究所成立于 1941 年，后来发展成为国家行为科学研究中心（National Institute for Research in the Behavioral Sciences），属于公共非营利组织，主要为天才儿童的鉴定和选拔提供标准和工具，并对天才儿童培养项目进行跟踪调查和评估等。

以色列是较早开始大规模培养天才儿童的国家，成就了一批在天才儿童教育领域有影响力的专家学者，经常举办天才儿童培养专题国际研讨会，促进国际学术交流。以色列在1976年发起成立了世界天才儿童理事会（World Council for Gifted and Talented Children），时任天才儿童司负责人的丹·碧潭（Dan Bitan）成为该理事会第一任主席。以上举措，扩大了以色列在天才儿童培养方面的国际影响力。

二、以色列天才儿童的选拔和培养体系

以色列义务教育体系一般分为四个阶段：学前教育（2—3年），小学（1—6年级），初中（7—9年级）和高中（10—12年级）。[4] 高中毕业后大部分学生被要求服兵役2—3年，然后进入高等教育阶段。天才儿童的选拔和培养也依托这种学校体系，通过各种项目来实施。

（一）天才儿童的鉴定和选拔

1. 分层次选拔

经过多年探索，以色列天才儿童的定义和范围已经发生变化。目前的天才儿童分为两个层次：优秀学生和英才学生。[5] 其中，优秀学生又分为两个层级，地区层面的优秀（regional / local outstanding）学生和学校层面的优秀（outstanding in school）学生。地区层面的优秀学生为同领域同年龄群体中前4%—8%的人群，学校层面的优秀学生为同领域同年龄群体中前20%的人群。英才学生的基本要求为智商（IQ）高于130，创造力意识和水平高于同年龄群体平均水平，属于同领域同年龄群体中前3%的人群。在英才学生中，又有智商（IQ）高于150的学生，被称为拔尖英才学生（highly gifted students），每个领域中一般有十来个。

2. 多领域选拔

领域方面，在原来单一注重认知发展（智商）的基础上，扩展到其他

特殊才能领域，目前以色列天才儿童考察领域扩展至四个方面：一是一般的学术能力或智力水平；二是特定的学术领域，如计算机、语言、数学等；三是艺术天赋；四是运动天赋。

3. 分段选拔

以色列每年由英才与优秀学生局在全国范围内进行天才儿童认定和选拔，一般从小学 2 年级开始（阿拉伯地区晚一年）。筛选过程一般分为两个阶段（见图 4-1）。

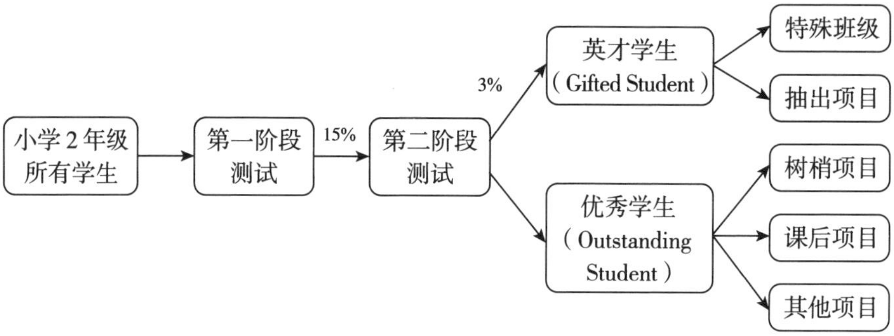

图 4-1　以色列天才儿童选拔和培养流程

第一阶段为初步筛选，所有学生都可以参加，采用所委托科研机构（如佐尔德研究所）研制的测试标准和工具，测试内容包括数学、阅读理解、单词类比以及常识等，侧重智商水平。测试由各个学校工作人员进行实施和管理。测试一般在同一天进行。相关研究机构每年为第一阶段筛选编制新的测试工具，根据测试结果，学校选出排名前 15% 的学生进入第二阶段筛选。

第二阶段由相关科研机构的工作人员负责组织和实施。测试内容包括一般认知能力（智商）、创造力、动机水平等。第二阶段测试的结果作为各类天才儿童培养项目筛选学生的标准，前 3% 的学生可以有资格参加英才学生层次的各类项目，如进入特殊班级或参加充实中心的

“抽出项目”学习活动。特殊班级选拔，还需要在第二阶段筛选后进行面试。

各个学校根据测试结果、教师意见、学生的动机和行为表现确定前 20% 的优秀学生名单。各个地区根据两轮测试结果和实际标准确定前 4%—8% 的优秀学生名单。对于部分晚熟或后期表现优秀的学生，在小学升初中及高中入学测试中，还有进入天才教育项目的机会。

（二）天才儿童的培养体系

通过测试筛选出来的学生，将根据年龄阶段和层次进入各类培养项目。以色列探索出三种天才儿童培养思路。一是加速培养（acceleration），帮助天才儿童跳级；二是充实培养（enrichment），给天才儿童增加额外的课程；三是分组培养（segregation），在学校里为天才儿童设立特殊班级。[6] 以色列教育部设立了多种多样的培养项目，针对学生的不同层次，可以将它们分为三类。

1. 英才学生层次的项目

一是公立学校特殊班级（special classes inside public schools）。排名靠前的英才学生可以进入特殊班级学习。特殊班级一般设立在大城市的公立学校内。2018 年，以色列就在全国 37 所学校设立了 144 个特殊班级。特殊班级的教学内容，是在常规课程基础上进行丰富、加深并加快进度。教师们采用不同的教学方式和方法，学生们则可以参加学校所有的社团和集体活动。这种特殊班级的优势在于，可以满足英才学生的学术发展需求，增强学习的归属感，有专业的老师以及社会与情感支持等。不足之处在于，学生要离开所在社区，而且单独编班可能导致其他学生对天才儿童的孤立和偏见。

二是地区充实中心（regional magnet pullout centers）。以色列为全国

进入英才学生层次的3—6年级小学生和中学生设立了60多个充实中心（pullout centers，也称enrichment centers）。入选学生平时在各自学校学习，每周抽出一天去中心学习核心课程，因此，又称为“抽出项目”或“抽离项目”。中心的任务主要是学术训练，根据学生的认知、情感和社会需要，进行多学科教学，发展创造性和批判性思维，保护好奇心，鼓励主动解决问题。这种学习方式的优势在于，不用脱离原来的班级、在非常规环境中为学生提供各种独特的课程，学生可以根据个人需要每周一次进行学习，并能与专业教师进行互动。其不足之处在于，学校和中心的学习之间存在差距，而且原来学校的教师并不一定鼓励天才儿童参加“抽离学习”。从父母的角度来说，这种学习方式则是最好的选择。这类项目也被称为每周充实日计划（weekly enrichment day）。

2. 优秀学生层次的项目

一是树梢项目（Amirim Program）。树梢项目是基于任祖利教授研发的学校充实模式发展起来的，是在普通学校内培养优秀学生的项目。针对4—9年级的优秀学生，学生可以选择两门不同学科课程和一门社会性价值课程（social-value course）。授课教师必须接受过培训才能开展教学。学生要完成三个阶段的学习：了解，深入学习，研究和汇报。英才与优秀学生局决定每个地区有多少学校可以参与该项目，地方教育局决定具体哪些学校可以参与。树梢项目是以色列天才教育项目中普及面最广的。

二是卓越2000项目（Excellence-2000 Program）。该项目主要实施领域为数学和科学，由以色列卓越教育中心（Israel Center for Excellence Through Education）负责运营，该中心是非营利组织，负责对任课教师进行培训并开展项目。该项目面向4—9年级学生，旨在提高学生对数学和科学的兴趣及参与程度，注重培养学生的逻辑和科学思维，促进现有数学和科学课程的改进，帮助学生“学会学习”。[7]

三是未来项目（Atidim Program）。该项目主要实施领域为数学、科学和技术，面向学校9—12年级的前20%的优秀学生。该项目旨在通过组织学生持续访问和接触学术机构、先进行业，促进学生自我实现能力和领导力的发展。

四是地区英才中心课后项目（After School Classes in Regional Gifted Center）。为了兼顾不同群体和不同需求，以色列还设立了一些地区英才中心（Regional Gifted Center），供学生以课后活动的方式进行学习和提高。中心通常由高校或社区中心主办。项目对象为幼儿园阶段的天才儿童、移民学生以及贫苦家庭学生。学生每周有一天下午到这些中心学习，可以从不同学科中任选两门，尝试接触普通学校课程之外的内容。这类项目又被称为课余充实班或下午工作坊（afternoon enrichment classes）。

3. 英才儿童和优秀儿童都可参加的项目

一是虚拟学校（Virtual School）。面向7—9年级学生，提供12门网络课程。虚拟学校解决了特殊班级或“充实中心”不能接纳太多数量天才儿童的问题，也满足了南部乡村英才学生的远程学习需要。

二是阿尔法项目（Alpha Program）。面向10—11年级学生。学生可与专家合作，就所感兴趣的化学、生物学、物理学、计算机科学等自然科学领域的某个主题进行为时两年的深入研究。

三是理想项目（Idea Program）。面向10—11年级学生。学生在专家指导下，就所感兴趣的人文学科领域的某个主题进行深入研究。

四是奥德赛项目（Odyssey Program）。面向9—12年级学生。学生在物理、网络和计算机科学领域进行为时4年的学习和研究。

五是高中学业加速项目（High School Academic Acceleration Program）。面向10—12年级学生。学生在高中阶段修读高等学校课程并开展学术研究，可以提前获得大学的学分或学位。

除以上项目，以色列还有一些特别项目。如塔皮奥特项目（Talpiot Program）针对高中毕业后服兵役的士兵，能力测试前 5% 的新兵可以参与，进行包括基本训练、学术研究、军官素养的综合训练，通过考核的士兵可获得学士学位，作为国防军各部门的科技人员。

为了尽量满足天才儿童的不同需要，以色列结合国家和社会发展情况，根据不同学科、不同领域、不同年龄阶段需求设立了众多不同的项目。这些项目一并构成了以色列天才儿童培养的庞大体系。从以上分类可以看出，英才学生和优秀学生在小学和初中阶段的培养项目有所不同，到了高中阶段基本一致。

三、以色列天才儿童升入大学的途径

（一）高校根据高中毕业考试证书、平时成绩和 PET 结果选择学生

在以色列，学生入读高等教育机构需具备三个条件：一是高中毕业考试（Bagrut）证书。Bagrut 证书是最基本要求，类似于我国高中毕业证书。[8] 二是高中成绩单。学生必须获得 21 个单元以上的学科成绩（如英语、数学、物理、生物、化学、哲学、逻辑等），其中英语和数学科目为必修课，不得少于 4 个单元。三是入学心理测试（Psychometric Entrance Test，PET）。PET 是一种能力测试，由多项选择题和书面任务组成，测试分为三部分：口头推理、定量推理和英语，目的是预测学生在高等教育中获得成功的可能性。考试可以用希伯来语、阿拉伯语、英语、俄语、法语或西班牙语进行。很多学生高中毕业后先去服兵役（以色列所有公民需服兵役，男性 3 年，女性 2 年），进行毕业旅行，然后再参加当年的 PET，继续接受高等教育。

（二）高校深度介入高中天才儿童培养，并及时伸出橄榄枝

天才儿童比一般学生更易被大学录取。天才儿童的智商等方面位于同年龄群体的前列，而且以色列天才儿童在中小学阶段选拔过程中已参与很多类似于 PET 的测试，这个群体在取得 Bagrut 证书和通过 PET 测试方面有绝对优势。高校在选拔学生过程中也会考查学生以前是否参加过天才儿童培养项目，因此天才儿童比一般学生更容易被大学录取。

大学通过科学夏令营吸引天才儿童。很多大学尤其是科技类大学，一般通过举办科学夏令营让天才儿童可以提前在大学参加课程修读，科目包括基础类课程（如高等数学）和应用类课程（如编程），并允许他们提前参加理科预科考试，类似于我国的先修课程。有些天才儿童高中允许学生提前毕业，有学生在 18 岁服兵役前就已入读大学，目前资料显示有 16 岁入读大学的情况。

高校设置管理机构和科研项目培养天才儿童。很多大学设立专门机构跟进天才儿童教育，例如，希伯来大学青年部（Hebrew University Youth Division）为高中天才儿童提供融入学术研究的机会，跟进天才儿童培养，促进科学教育发展。

希伯来大学设立未来科学家中心（Future Scientists Center），通过阿尔法（Alpha）、理想（Idea）和奥德赛（Odyssey）三个项目对高中天才学生进行学术训练。阿尔法项目针对在科学和数学方面表现优异的学生，理想项目针对在人文学科方面表现出色的学生，奥德赛项目针对特别是在数学和物理方面有天赋的学生。这些项目为天才青少年提供各种大学课程，旨在促进高中学生更多地接触和了解高等教育，培养科学和学术成就感。主要是由高中学生辅导员（student counselor）负责和决定参加这些项目的学生的选拔工作。所有项目的课程都经过充分认证，并有助于获得 Bagrut 证书。

希伯来大学为特别有天赋的学生设置 Aleph-Aleph 项目，具体做法是设立一些学习中心，如耶路撒冷卓越中心（Jerusalem Centre for Excellence），高中学生可以利用下午课后时间和晚上在这些中心修读大学课程。学生需要经过严格筛选，并完成一些学术课程学习，包括学术介绍、研究工具、科学文本分析、解决问题的技巧、时间管理等。所有研究均与中学课程并行。如果高中生所修学分超过获得本科学位所需学分的一半，可以推迟一年服兵役，以完成本科学位学习。

总之，不同高校通过不同项目为高中学生提供大学课程，让他们提前开始本科学习，所修学分为大学认可。

（三）天才儿童并未有特别规定或特殊的高校入学通道

以色列对天才儿童在入学方面并未进行特别规定或提供专门通道。但在实际操作中，天才儿童因为一直与高校保持密切联系，一是在入读大学时更有优势，二是可以在中学阶段提前修读大学课程，并有机会在服兵役前获得学士学位。以色列天才儿童培养体系主要由设置的各类项目构成，比较灵活多变，高等教育机构也是通过设立不同项目来吸引和录取天才儿童，并在大学培养过程中提供科研平台等支持，以便于更好地让天才的天赋得以发挥，为国家和社会服务。

四、以色列天才儿童培养的发展特点

以色列推进天才儿童培养主要通过项目制来实现。项目制的好处是可以及时发现问题，对项目进行补充和改进，让教育探索和改革变得更灵活、更快捷。以色列英才与优秀学生局则从兼顾多样化、关注特殊个体等方面进行工作改进和模式探索。

（一）保障教育公平，兼顾多样化

以色列在建国之初并没有特别重视天才儿童教育。因国家自身具有移民及多民族的特点，教育公平是需首要考虑的因素。后来，教育部重新定义“教育公平”，提出教育公平就是为不同学生提供适应其能力与需求的教育，以最大限度帮助学生实现个人潜能。在英才教育的实施过程中，依然有很多问题需要面对和重视。比如，因民族文化和语言差异，需要对犹太民族、阿拉伯民族等不同民族学生群体提供不同的教育供给。英才与优秀学生局对待阿拉伯、德鲁兹和贝都因民族以及犹太民族的基本原则是相似的，不同之处在于细节，如需聘请专业的阿拉伯研究所专门从事心理测试的人员，在选拔测试时用阿拉伯语而不是希伯来语。对于如何在细节问题上实现教育公平，如何为诸如女孩、少数族群、移民、经济落后地区人群等提供便利而有效的天才教育供给，是以色列英才与优秀学生局需要继续探索的问题。

（二）关注天才儿童群体中的特殊个体

在天才儿童培养工作改革方面，英才与优秀学生局从以下方面展开工作：鉴定和培养独特领域（如音乐、数学等领域）的天才儿童；在选拔和鉴定天才儿童时，如何对创造力和动机进行综合、有效的测试；加强对存在阅读障碍等学习困难的天才儿童群体进行识别和培养；将学习常态化，开展全天候天才项目（24/7 Gifted Program）；在常规课堂中给教师配备“工具包”（Tool Box），以便教师更好地开展天才儿童教育教学等。[9]

以色列在天才儿童培养过程中也发现了一些问题。例如，家长对待孩子参加天才教育项目的态度等发生变化。一方面，父母在选拔过程中的参与变得更加密集，选拔测试的准备工作也需要家庭付出一定资金，如报名费、差旅费等。另一方面，父母追求卓越的愿望有所下降，许多父母的主要目标似乎是增加孩子的天才标签，而不是为孩子提供良好、合适的教育，满足他们的学业和情感需求。[10]因此，国家需要特别关注天才儿童心理健康和卓越意识的培养，为这个群体提供更多可持续发展的机会和社会支持。

（三）扩大影响，增强天才儿童的使命感

以色列天才教育强调两个主要目标：一是满足天才儿童的特殊学习需要，帮助天才儿童最大限度地发挥他们的天赋和能力；二是将人类所蕴含的天赋服务于国家和社会发展，而非变成天才儿童的个人福利。投资天才儿童，是作为对社会更美好未来的承诺。在培养过程中，通过特殊项目可以发展天才儿童的领导力，促进其社会认知与情感能力发展，培养其社会意识和责任感，使天才儿童更具远见，未来成为所在领域或社会的领导者。英才与优秀学生局接下来将为天才儿童创业等提供社会支持，增强天才儿童的归属感和使命感。

整体而言，以色列通过各种各样的项目有效培养了儿童的创造能力、批判性思维和领导能力等。不少天才儿童后来在世界知名高校完成学业，成为不同行业的创新人才或领导者，为国家和社会发展做出了杰出贡献。天才儿童的自我实现只是天才教育的一个目标，使天才儿童为全人类服务才是最终目的。希望全世界的天才教育，都能以此为目标，共建人类命运共同体。

参考文献：

［1］张立娅. 以色列英才教育研究［D］. 上海：华东师范大学，2015.

［2］吴春艳，肖非. 以色列的英才教育现状研究［J］. 比较教育研究，2012（12）：54–58.

［3］张倜，王萍萍，熊斌. 以色列英才教育教师培训课程的特色［J］. 外国中小学教育，2017（8）：49–55.

［4］Ministry of Aliyah and Integration. Education: 8th edition［EB/OL］.［2022–11–08］. https://www.gov.il/BlobFolder/generalpage/education_guides/en/edu_en.pdf.

［5］Rachmel S. The new policy for promoting education for outstanding and gifted students in Israel［M］//Csermely, P. Science Education: Models and Networking of Student Research Training under 21. Amsterdam: IOS Press, 2007.

［6］Tan J. The gifted: Israel's experience［N］. The Straits Times, 1983–09–10（18）.

［7］Poleg A. Excellence 2000: nurturing scieutific and mathematical thinking skills among excelling elementary and secondary school students［M］// Vidergor H E, Harris C R. Applied practice for educators of gifted and able learners. Rotterdam: Sense Publishers, 2015.

［8］隋泽征，尤铮. 以色列三轨并行高考制度的形成特征及启示［J］. 中国考试，2023（10）：62–70.

［9］Menachem N. Policy and practice of gifted and outstanding education in Israel［EB/OL］.［2022–11–12］. https://www.youtube.com/watch?v = NKXUSBa0eFE.

[10] Senior J. An interview with Hanna David: reflections on counselling gifted children [J]. Journal of Gifted Education and Creativity, 2022, 9 (1): 115-127.

第十四章
沙特阿拉伯天才儿童教育发展

沙特阿拉伯也叫沙特阿拉伯王国（以下简称“沙特王国”），是一个以石油为资源拉动经济发展的中东大国。为摆脱对石油产业的高度依赖，沙特王国从 2004 年开始对其教育体系进行新一轮改革，推进多元化发展战略。在沙特王国政府的推动下，针对教育方面的智力投资和人才支持不断扩大。其中，天才儿童是沙特王国早期智力投资的重要群体。针对天才儿童的选拔、培养、保障，沙特王国近年来进行了一系列探索与实践，也呈现出一定的成效和不足。

一、沙特王国对天才儿童教育的定义

沙特王国将天才儿童称为“gifted and talented children”，将天才教育称作“gifted education”。1969 年，沙特王国官方教育文件中确定了天才儿童教育的基本目标，其中之一就是“识别和培养有天赋的个人，并为他们提供各种资源和机会，在一般的培养范式下，用特殊项目提供不同的资源和机会以发展他们的天赋”。而后，沙特王国教育部进一步明确了天才儿童的定义，即“在一个或多个社会重视的科学领域或者特殊领域，依据特定的科学依据，筛选出来的心理素质、学业成就、创造力和创新力特别突出，或者拥有特殊技能和能力的人”。[1] 教育部将“天赋”作为界定学生是否为天才儿童的基础，而培养他们的资优项目则被视为在普通教室中对天才儿童的补充教育，用以满足他们的特殊需求。

二、沙特王国天才儿童教育的发展历史

1969 年，沙特王国通过《王国教育政策》呼吁国家为天才儿童提供一切可能的关注，采取策略识别天才儿童并为之提供特定的教育计划和奖励，从而更好地发掘他们的才能。该政策的提出标志着官方开始正式关注天才儿童，但仅局限于为有天赋的学生提供财政支持和物质奖励，使他们能够在王国境内或境外继续接受教育，支持他们开展科学研究，天才教育惠及的范围较小，也缺少识别天才儿童的科学工具和方法。

此后，首都利雅得大学教育学院院长阿卜杜拉·阿尔纳菲（Abdullah Al Nafie）在一份关于“沙特天才识别项目”的报告中指出，沙特王国关于天才教育的主要障碍是缺乏对于本国天才儿童的客观鉴定标准和科学测试。针对这个问题，沙特王国专门组建了“国家教育系统”，负责准备和制定符合沙特王国国情的标准和测试，识别本国有天赋的男童和女童，沙特王国教育部和女童教育总部也由此开始实施天才儿童发展计划。在此背景下，阿卜杜勒 - 阿齐兹资优生基金会成立。

为了确保天才儿童教育与全球同等项目的步骤一致，沙特王国的天才教育工作小组还阅读和实地考察了美国及其他先进国家的项目，对比学习了其他国家培养天才儿童的国际经验。1999 年，沙特王国教育部在首都利雅得学生示范研究所进行了针对 4—6 年级天才学生的识别关怀计划实验。该实验结果表明，充实强化的培养策略能够有效提升天才儿童的学习成绩、思维能力以及对科学和数学的兴趣。由此，教育部决定在国家教育系统项目的基础上，将原本只存在于天才儿童中心且只针对小学 4—6 年

级学生实施的天才学生识别和关怀计划逐步扩展到包括中学在内的其他教育阶段，以及另外42个沙特王国省级以下地区的公立学校。[2]值得注意的是，按照伊斯兰教文化的惯例，沙特王国是男女分校的，但目前就天才教育来讲，对男童女童的期望是相当的。[2]

三、沙特王国天才儿童的选拔与培养

（一）天才儿童的选拔

沙特王国天才儿童的筛选由教育部组织开展，针对公立小学4—6年级和初中学生进行。筛选由两大阶段构成，第一阶段是校内主观筛选，经过筛选的学生进入第二阶段，参加客观筛选测试。教育部在42个学区都开办了男女天才中心，每个地区的男女儿童中心是分开的，天才男童中心的进展向教育部男童部门汇报，天才女童中心的进展向教育部女童教育总部汇报。

在主观筛选阶段，对天才儿童的评估主要来自教师、家长和学生同伴，由教师、家长和学生同伴通过观察来判断某个学生的天赋情况。在这一阶段中，教师提名通常被认为是识别天才儿童的第一步，因为教师所处的有利地位能够使其多次观察和测试学生。教师在班级中发现有天赋的学生并向学校推荐，推荐形式主要以教师填写关于天才学生的能力清单为主。例如，教师被要求将学生相关能力评为差、弱、一般、好或优秀，该清单内化了沙特王国政府对于天才儿童的选拔标准，包括言语交流能力、写作能力、阅读能力、在特定科目上的能力（科目由教师视情况选择）、通识知识等。

家长提名和学生同伴推荐也作为对学生天赋判断的重要补充资料。在鉴别小学天才学生方面，家长提名比教师提名更准确，因为这个阶段的家长比教师更加了解他们的子女。不过，家长的判断可能受他们的偏见影响。为了成功取得家长的判断作为鉴别天才儿童的一部分，学校需要向家长提供不同的报告表格，如问卷、评分表和检查表（如《我的孩子喜欢做的事情和特征检查表》)，由此获得包含学生的特征、技能和行为的不同信息。而对于较年长的天才学生来说，同伴检查表或问卷资料也可以作为判断天才儿童的信息补充材料，用以评估团体对他们的看法。不过，这种方法可能会受到团体内竞争或妒忌、学生的社会适应性能力和天才儿童某次成绩不佳等因素的影响。

在客观筛选方面，沙特王国对天才儿童采用的是美国常用的定义和识别工具，该标准由美国全国天才儿童协会发布。对于沙特王国公立学校中的学生，从 4 年级到 12 年级，学生必须符合 5 个标准中的 3 个，才会被确定为天才儿童，包括：学业成绩测试的分数处于 90%—100%（即在一般科目上达到 90% 标准分数或以上，以及在数学和科学科目上达到 90% 标准分数或以上的学生）；在韦氏儿童智力量表中达到 124 分或更高分数；在托兰斯创新思维测试的成绩为 124 分或更高（该测试包括四个部分：流畅性、灵活性、原创性和表达性）；最后要通过一般心智能力测试。[3]

（二）天才儿童的培养

沙特王国对于天才儿童的资优项目主要分为三类：充实培养模式、加速培养模式和能力分组模式。这种差异化教学因符合天才学生不同的兴趣取向和学习速度，特别适合天才儿童。

1. 充实培养模式

沙特王国的充实培养模式是通过课程内容和过程的差异化，增强天才儿童在正常班级或专属班级的知识和技能，协助学生思考、调查、预测、分析和评估其对于某一领域知识的了解情况。充实培养模式提供三种类型的强化训练：第一类包括常规课程以外的一般活动，天才儿童可自主选择爱好、学科和职业，通过研究和调查活动，提升他们在所选领域的参与程度；第二类涉及分组活动，学生接受以过程为导向的指导，借以深入调查自己感兴趣的领域，发展批判性和创造性思维能力，提高学习和使用参考资料的能力及沟通技巧；第三类主要是聘用受过训练的天才儿童培养专家，在独立资源室与小组天才儿童合作，通过合作独立项目拓展天才学生的智力、兴趣。这类项目需要常规教师和天才儿童培养专家的沟通和合作。[4]

绿洲充实模式是最具有代表性的充实培养模式，属于第三类训练项目。该模式为沙特王国学校提供了一些天才教育的实践经验和系统化设置项目的方法。在实施中，把天才学生抽离班级，在学年或暑假期间聚集在主流班级之外，参加系统的强化课程，培养学生的卓越能力。由阿卜杜勒－阿齐兹资优生基金会与约翰·霍普金斯大学的青年人才中心合作开发了 28 个 STEM 充实单元，天才学生选择其中的项目单元进行工作，经历探索、完善和创造三个过程。其中，每个单元的探索阶段花费约 15% 的时间，完善阶段花费约 60% 的时间，创造阶段花费剩余 25% 的时间。期间的任务是开放式的，促进学生掌握多层次的技能，整合先前学习的知识并开发出不同的产品。在绿洲充实模式的强化课程中，天才儿童有更多机会与其他有类似或不同能力的天才儿童接触，更好地识别、挑战、发展和提升他们的能力和天赋，并克服自身的弱点。不仅如此，该模式还帮助学生掌握学科交叉领域的丰富内容，发展学习能力，如高阶思维能力、研究能力和自我调节能力等。此外，该模式还强调调动学生内部动机和提高参与者的自我意识，以交互式培养学生在研究思考、学习学术和个人与社会三方面的能力。[5]

2. 加速培养模式

沙特王国的加速培养模式通过教育干预使学生以比正常学年内更快的速度完成教育计划。[6]加速培养模式中的课程对参与学生具有挑战性，学校和教师对学生的学习内容进行密切监测和调整，以适应学生的学习能力和心理年龄，提升他们的学业成就。

对于学生来说，加速培养通常以两种干预模式出现：一是以学科为基础的加速，学校为天才儿童提供特殊内容领域的知识和技能；二是以年级为基础进行加速，加快和缩短天才儿童在课程中的年级 / 年数。加速培养的优点包括提高学生的自我效能感、提高学术自尊、建立心理习惯、提供专业训练和优化学习过程，并减少学生的孤独感；加速培养模式还能提升学校教育教学运作效率，学生之间也能相互分享知识，促进友情。加速培养的缺点包括：过早参与高年级课程可能给学生带来社会和情感问题，在某些领域学生之间产生知识和技能的差距，并对一些较年幼学生的身心成长产生负面影响；此外，一些加速模式没有给学生提供差异化的课程，也没有为教师提供专业培训或教授他们某些领域所需的特殊技能，如管理技术等。

3. 能力分组模式

能力分组是指根据学生的能力水平或表现，将他们安排在一个小组内进行学习，这在资优教育的差异化课程中很重要，特别是在充实培养课程中。通过这种能力分组的形式，资优学习者在学业成绩、批判性思维和创造力方面产生了更优的学业成就。

这种按能力分组的优点可以帮助教师界定普通教学和差异化教学，以满足天才儿童的需要，提供适当的教学环境。不过，能力分组也有缺点，包括：可能在一些教师或学生中产生精英主义思想和负面态度，排名靠前的学生可能在分组中得不到任何好处，其他学生则会无法发挥自己的才能，因此会持比较消极的态度，包括丧失学业自尊和抱负。

（三）天才儿童升学通道和奖学金计划

在常规的一般入学和推荐入学的基础之上，天才儿童也可以通过加速模式提早进入大学。[7] 此外，为了培养这些学生和其他学生未来成为研究人员、创新者和技术领导者，沙特王国的阿卜杜勒－阿齐兹资优生基金会前瞻性地为所有进入高三的学生提供了青年领导力和奖学金计划，学生可以自行申请或者由教师推荐。青年领导力和奖学金计划综合考虑学生之前的学习成绩、提交审核的论文和面试，看重其整体素质和潜能，致力于培养具有领导力的优秀人才。[7]

青年领导力和奖学金计划由四大项目组成：一是实习项目，由基金会提供国际顶级公司的暑期实习机会，学生能得到线上工作面试和职业指导课程；二是技能培训项目，培养学生的语言及创业技能，学生可参加由各领域专家组成的研讨会；三是导师项目，由学生所在大学相关课程教授或行业专家担任导师，定期进行一对一或小组会议；四是提供去往国际顶尖大学的奖学金，即阿卜杜勒国外留学奖学金，协助学生申请大学。该国外留学奖学金计划旨在赞助沙特王国的男女学生在国外顶尖大学攻读学士、硕士和博士学位并提供医学研究资金。[8]

不过，对于这个计划，国外知名大学的教授和咨询专家也提出了建议：一是要注重阶段性，避免一开始就过度发展，故而该计划的范围暂时较小；二是虽然开始时可以参考国际经验，从中长期来看，依旧要注意王国内部能力建设；三是与沙特王国中的其他组织需要加强建立伙伴关系，明确阿卜杜勒－阿齐兹资优生基金会的角色和责任。总体来讲，沙特王国本身需要发展培养相关天赋学生的专家，从而更好地执行整个培养项目。

四、沙特王国天才儿童教育的保障体系

（一）教育政策法规保障

沙特王国于1969通过《王国教育法》，其核心要求就是关注有天赋和有才华的学生。该法第57条提出，沙特王国教育的主要目标之一是以特别项目的方式帮助和培养天才儿童，并提供各种资源和机会来发展他们的天赋。[2] 此外，该法令第192条、193条和194条也补充了关于天才教育的相关内容，呼吁国家为有天赋的学生提供一切可能的关注，从而“使有关当局能够识别他们，并为他们提供特别定制的教育方案以及奖励”。

2001年，沙特王国教育系统的负责人发起了“国家教育系统”计划。该计划的目标除了编制适合沙特王国文化的、识别沙特王国社会中天才男童女童的测试和标准，还另外制定了科学和数学两个学科的充实项目。此次计划的开展是教育部实施天才儿童发展计划的基础。这些成果也助力了阿卜杜勒－阿齐兹资优生基金会后续天才教育项目的展开。2002年起，沙特王国的一些公立学校便逐步设立了一些资优教育项目。[9]

2016年，沙特王国在《2020年国家转型计划》中确立了八个战略目标，明确提到了关于天才少年、创造力和创新力的相关内容。其中第三个战略目标提出“改善学生的学习环境，激发学生创造力和创新力”。2017年，在《2020年国家转型计划》基础上，沙特王国推出了《沙特阿拉伯2030年愿景》，为王国未来15年的发展及经济目标制定了路线图，同时也补充了为天才儿童制定的教育计划。该文件解决了关于如何发展学生潜能的问题，并要求确保为天才儿童提供及时有效的服务。[10] 可以说，《沙特阿拉伯2030年愿景》在改革沙特王国学校的资优教育方面起到了主导作用。

（二）组织机构保障

1999年，当时为王储的阿卜杜勒－阿齐兹成立了阿卜杜勒－阿齐兹资优生基金会，希望以此促进王国的资优教育，并用各种方案满足资优生的需求。该基金会是一个独立的非营利组织，总部设在利雅得，其目标是识别和支持年轻的有天赋和有才华的沙特王国的学生。该机构宣称的使命是“营造创新创造的氛围，推动社会发展，使有才能和有天赋的个人能够充分发挥他们的才能为国家服务”。从那时起，沙特王国的资优教育就在阿卜杜勒－阿齐兹资优生基金会和教育部两个机构主导下进行。沙特王国的学校和暑期补习班提供的资优生服务就是以基金会的绿洲充实模式为基础的。同时，基金会专门为全国的天才儿童建立了网络教育平台，用以满足有天赋的学生和教育工作者的需求。

沙特王国教育部资优教育总局为天才学生制定了四种主要的教育政策：成立天才学生特殊学校；在选定的学校中为认定的天才学生开设特殊班级；对天才学生实施抽离式强化充实课程；提供学习加速计划模式。教育部还与沙特王国的一些公共和私人机构合作，为天才学生提供特定项目和比赛，如夏季论坛和全国科学创意奥林匹克竞赛。

除此以外，一些其他机构也给沙特王国的天才学生提供支持，如阿拉伯海湾国家教育局、阿拉伯资优生理事会、阿拉伯教育文化和科学组织，以及一些民间私营机构。不过，很多机构往往受自己的特定目标和方向所驱动而为资优教育做出贡献，因此，他们的努力更多是为特定的学生群体服务。如阿拉伯教育局奖项会授予在沙特王国培养天赋学生科学计划的团队。

（三）师资保障

学校、学区和培训机构提供专业发展平台来帮助教师掌握知识和技能，以便能够有效地与天才儿童合作，了解天才儿童的特点并更好地回应他们的需要。为了发展与加强资优教师专业发展课程，全国资优儿童协会与世界资优理事会和全国特殊教育协会合作，共同制定了资优教育的教师预备和培训课程框架。根据全国资优儿童协会的资优准备标准，为确保天才儿童成功，教师应接受以下培训：了解学生发展情况和个人学习差异；了解学生学习环境；准备课程内容知识；进行有效评估；制订教学计划和选择策略；进行专业学习和道德实践；学会协作。这些培训增加了教师对基础资优教育理论的了解，并为教导天才儿童做好实际准备。其中有关教导天才学生的科学或理论知识，涉及对天才学生的理解、识别以及天才学生的社会情感发展。在教学方面，专业发展课程为教师提供了教学基础，使他们能够针对性地使用不同的教学策略和课程并进行创造性的实践。协同合作让教师建立起一个超越学校的学习社区，包括教师、家庭和社会，这个社区使学生们可以更好地相互交流、分享和协作工作。

不过，沙特王国的教师们也面临着两个主要问题。一是常规的大学课程结构已经被固定，教师讲课流程化和习惯死记硬背，其教学能力对天才儿童教育产生了一定程度的负面影响。二是未来的教师在学校里学到的知识与他们被要求和学生一起实践的知识之间存在差距。未来的教师在大学期间准备得越好，在学校面临实际问题时才能解决得更好。因此，天才儿童教师的培养课程必须进行变化和改革，促进这些教师不断学习以更新知识体系，为天才学生提供恰到好处的教育。此外，师范教育的目标也需要把教师培养成促进者，而不是课堂的主宰者和知识的唯一来源。

五、沙特王国天才儿童教育的成效与不足

总体来讲，沙特王国的天才儿童教育尚未成熟，但仍然取得了一定成

就。一是沙特王国在天才儿童方面的措施确实可以识别和培养天才儿童，促进天才儿童发展天赋并有机会发挥潜能。二是现在的资优教育没有性别限制，不再仅关注天才男童。三是自 2003 年以来，为培育天才儿童而开设的中心越来越多。从 2004 年到 2009 年，实施资优课程的学校数量呈指数级增长，由 2004 年的 27 所增长到 2009 年的 700 所。沙特王国的天才男童课程比天才女童课程更丰富，在 2007 年，超过 66 000 名沙特王国男女学生被鉴定为天才儿童并获得天才教育服务。

尽管取得了令人瞩目的成就，沙特王国的资优教育仍存在如下问题。一是资优课程需要与学生未来的专业生涯相联系。近一半的专家认为，现有的资优课程与天才儿童未来从事的专业无关。二是在沙特王国开设的大多数资优课程没有为学生提供关于身体和健康方面的内容，如对健康食品的认识、体能锻炼课程以及如何养成健康睡眠习惯等。三是有必要在同一资优课程中把科学内容与技能联系起来，如研究和思维能力，而现阶段的资优课程是将这两者互相分开的。四是应每年从相关参与者的角度评估资优教育课程，提高对于天才教育项目的持续关注和评价。比如可以对天才儿童、家长和资优教育教师进行调研，从而改善课程，更好地为天才儿童教育服务。

参考文献：

[1] Alamiri F Y. Gifted education in Saudi Arabian educational context: a systematic review [J]. Journal of Arts and Humanities, 2020, 9 (4): 68–79.

[2] Al Qarni M A. Evaluation of provisions for gifted students in Saudi Arabia [M]. Wollongong: University of Wollongong, 2010.

[3] NAGC. NAGC position statement: use of the WISC-V for gifted and twice exceptional identification [EB/OL]. (2018–08–01) [2023–02–15]. https://nagc.org/page/position-statements.

[4] Aljughaiman A M. Evaluation of math and science summer enrichment programs in Saudi Arabia [J]. Australasian Journal of Gifted Education, 2011, 20 (2): 10–22.

[5] Aljughaiman A M, Ayoub A E A. Evaluating the effects of the Oasis Enrichment Model on gifted education: a meta-analysis study [J]. Talent Development & Excellence, 2013, 5 (1): 99–113.

[6] Alqefari A. A study of programmes for gifted students in the Kingdom of Saudi Arabia [D]. School of Social Sciences PhD Theses, 2010.

[7] Gifted Phoenix (2011). Mawhiba: gifted education in Saudi Arabia (Part Two) [EB/OL]. (2011–05–26) [2023–02–15]. https://giftedphoenix.wordpress.com/2011/05/26/mawhiba-gifted-education-in-saudi-arabia-part-two/.

[8] Ministry of Education. Rules, regulations and policies [EB/OL]. (2021–11–25) [2023–02–15]. https://www.moe.gov.sa/en/aboutus/nationaltransformation/Pages/rpr.aspx.

[9] Saudi Arabia's vision 2030 [EB/OL]. (2017–04–26) [2023–02–15]. https://

www.vision2030.gov.sa/en/vision-2030/vrp/human-capacity-development-program/.

[10] Al-Makhalid K A. Primary teachers' attitudes and knowledge regarding gifted pupils and their education in the Kingdom of Saudi Arabia [D]. Manchester: The University of Manchester, 2012.

第十五章
印度天才儿童教育战略

教育是国家独立自主的基石，是建设现在和未来国家的重要工具，也始终是印度发展计划中的关键要素。印度开国总理尼赫鲁把科技和教育作为国家进步和发展的首要任务。[1]进入21世纪的印度已拥有大量科技人才，其中科学家和工程师的人数居世界前列。[2]促进教育公平、提高教育质量和为学生提供合适的教育，被视为印度发展教育的三个主要目标。促进教育公平意味着使人人拥有受教育和分享教育资源的权利；提高教育质量有助于促进教育公平；为学生提供合适的教育意味着满足不同学生的教育需求。天才儿童是具有特殊教育需求的群体，天才对于促进社会进步、提升国家竞争力具有关键作用。印度通过保障天才儿童得到适合其发展的高质量教育来促进教育公平。

一、印度对天才儿童的定义

关于天才的概念在不同文化和时代中差异很大。印度的历史大致可分为古印度、英属印度和现代印度三个阶段，不同阶段对天才儿童的定义也不尽相同。古印度实行等级森严的种姓制度，只有婆罗门、刹帝利和吠舍三大种姓拥有受教育的权利，且三者所受教育的权利与内容不同。其中，婆罗门教育可被视为古印度的天才教育，但其主要目的不是教授知识，而是更注重品德培养。古印度将“天才”定义为具有优秀品质的人，品质包括正直、慷慨、奉献等。由于这些品质无法通过工具进行测量，所以“天才”这一概念在古印度没有得到足够重视。[3]

英属印度时期推翻了古印度对天才的定义，引入了西方的概念，并影响至今。接受了西方优秀观念的精英们认为，学术成就是衡量天才的唯一标准，认为在某方面具有创造性和独特性的儿童是天才。自印度独立以来，这一精英群体逐渐获得优势社会地位，发展成崇尚英语教育的高级阶层，他们通常会将自己的孩子送到国外接受高等教育。

现代印度的官方政策文件中通常使用“talent”一词指称“天才”。[4]虽然当前的印度对天才概念的界定仍未统一，但大致具有以下共识：一是学习新知识或新事物的速度超于常人；二是对新的复杂事物更感兴趣；三是语言能力和词汇量均高于常人；四是精力充沛且充满好奇心，通常会提出非同寻常的问题并进行探索；五是具有元认知能力和发散思维能力，能从不同角度发现事物的联系；六是具有创造力，能用一些新方法解决问题；七是拥有理解较为高深概念的能力；八是对自己感兴趣的问题表现出坚韧的毅力。[5]由印度的天才教育项目也可以发现，这些项目通常面向智商高、创新能力强、在学术能力方面高于同龄人的儿童。儿童的天赋是一种隐藏的、未开发的、天生的潜力。天才儿童通常具有较强的认知能力、更高的智力水平、快速的特定领域学习能力、高效的量化学习方法以及在特定领域学习的强烈动机。大多数关于天才的理解都集中在学术成就和高水平的智力上，可通过智商测试来衡量。[6]

二、印度关于天才儿童教育的政策与项目

（一）天才儿童寻找计划

印度政府的天才儿童教育可以追溯到 1963 年实施的“全国天才寻找计划”（National Talent Search Scheme），该计划由印度全国教育研究与培训委员会发起，目的是发掘印度的天才学生并为他们提供经济援助以保障其未来的充分发展。该计划通过选拔考试来寻找天才，包括地方考试和国家考试两个阶段，学生不需要缴纳任何费用。

该计划颁布至今，经过多次修订，已发生较大变化：一是选拔对象范围扩大。最初只选拔自然科学领域的学生，现在已扩展到社会科学、工程学、医学、管理学和法学各领域，原先面向 10 年级毕业生选拔，现在降到 8 年级，录取名额及奖学金数额不断提升。二是考试内容也进行了多次修改。例如，国家考试的内容及分数占比有所调整，规定来自特殊群体的学生占有一定比例，学生被录取后可以每月领取奖学金；学习基础科学、社会科学和商学的学生可以一直领取奖学金直到获得博士学位；学习工程学、医学、管理学和法学等专业的学生可领取奖学金到获得硕士学位。

（二）专门学校资助计划

印度的天才教育从儿童初期着手，通过国家立法及出台政策，把天才教育纳入国家教育体系，使其得以稳步发展。[7] 印度一直将教育视为国家进步的重要因素，且奉行“精英教育”的理念，试图通过培养一小部分精英人才带动国家发展。[8] 印度着重满足学生的个性化需求，竭力为天才儿童提供特殊教育。印度没有专门的天才教育政策文件，但在国家教育政策中包含着针对天才教育的内容。1968 年，印度制定并颁布了首

个《国家教育政策》（*National Education Policy*），其中第五条提出，为了充分开发智力资源，要积极鼓励各个地区提供一切机会发现超常儿童，保证这些儿童的充分发展。1986 年，印度颁布了第二版《国家教育政策》，对天才儿童教育进行了详细阐述：一是政府要消除地域差异，为具有特殊教育需求但长时间被忽视的天才儿童提供合适的教育，以此促进教育公平；二是必须为拥有特殊才能和天赋的儿童提供更多机会和更高质量的教育，使有天赋的儿童特别是农村天才儿童适应集体生活，获得共同学习、发展个性和才华的机会；三是为了培养农村和少数民族人才，提高整体教育质量，要在印度每个区建立免费的寄宿制示范学校，正式命名为"新星学校"[9]，面向完成基础教育的所有农村学生招生，通过严格的统一考试择优录取。这些新星学校不仅为来自各地区的天才儿童提供教育，还为国家选拔和培养出一大批精英，[10]有助于促进教育公平和社会稳定。[1]

2009 年颁布的《教育权法令》（*Right to Education Act*）提出，要为印度每位学生提供合适的教育。2020 年修订的《国家教育政策（2020）》[11]是印度 21 世纪以来最重要的教育政策，首次将在学校课程之外识别并培养天才儿童置于中心地位，利用技术提供丰富的课程和指导机会，旨在接触来自弱势社区的天才儿童。2021 年，印度颁布了主题为"通过高质量的教育促进学生和教师全面发展"的《国家教育政策 2020 实施计划》，针对《国家教育政策（2020）》中有关基础教育的政策建议提出了改革意见及预期成就，旨在为这一政策的实施提供行动指南。其中，包括建议教育部开发类似"包容基金"（Inclusion Fund）的计划，保障印度优质教育的供给，以实现教育公平。例如，从全国各地筛选天才儿童，由中央政府出资帮助他们参加国家级的寄宿学习项目，保障天才儿童接受优质教育。[12]

（三）天才儿童教育激励计划

“激励追求科学研究创新”（Innovation in Science Pursuit for Inspired Research）计划由印度的科技部发起，目的是通过提供奖学金和实习机会来激发学生和学者对于科学的热情，鼓励其日后从事科研工作进而提高国家的科技竞争力。[4]该计划由三个子项目构成：“早期吸引天才计划”（Scheme for Early Attraction of Talent for Science）、“高等教育奖学金资助计划”（Scholarship for Higher Education）、“保证科研生涯计划”（Assured Opportunity for Research Career）。其中的“早期吸引天才计划”，主要为10—15岁的天才儿童评定和发放奖学金，每年还会在全国100多个地方举办夏令营和冬令营，有近5万名天才少年参加，他们还将获得与全球优秀科学家见面的机会。“激励追求科学研究创新”计划并没有直接以天才教育为目标，但该计划培养的学生却取得了很高的学业成就。

三、印度对天才儿童的选拔与培养

印度政府积极发展天才儿童教育的宗旨是：保证每个天才儿童获得高质量的教育，使其潜力得到最大化发展；不考虑这些儿童的家庭经济条件和社会地位，促进社会公平。印度通常使用行为评定量表、测试以及档案袋评定等方法来识别天才儿童。其中行为评定量表由国家高等研究院等机构共同研发，测试则是在国际通用测试量表的基础上进行修订以适应印度国情，档案袋评定可以记录儿童的学习成就。[4]印度政府为了避免在选拔过程中扼杀学生潜质，努力从多方面最大限度地识别天才学生。

（一）举办奥林匹克竞赛

印度在基础教育阶段设置了全国性质的奥林匹克竞赛，如数学和物理竞赛。竞赛成绩优异的学生在一些高等学校的面试中具有较大优势。被录取的学生会获得学校及相关部门发放的高额奖学金，并接受特定的适合他们发挥天赋才能的教育，以便更好更快地成为国家需要的人才。

（二）创办天才儿童学校

印度于 1985 年创办“天才儿童学校”，其管理机构是总部位于新德里的“新黎明学校组织”，隶属人力资源开发部。[13]“新黎明学校组织”将印度划分成 8 个大区，每区管辖 3—4 个邦，对天才儿童学校进行统一规划管理。为了贯彻落实在印度的每个行政区都开设一所“天才儿童学校”的理念，为天才儿童提供现代化的高质量教育，大多数学校都设在城市和农村接合部，统一配备现代化教学设备，统一建筑风格和格局，以便从外观就能分辨学校的性质。学校实行寄宿制管理，学生的一切生活和学习费用均由国家出资，主要教授科学、商业、体育、瑜伽、文化和艺术等课程。学生要学习英语、印地语和当地语言，到了 11 年级或 12 年级时，能够毫无困难地自由转换英语和印地语，初步掌握大学课程的内容。教学之外，学校还向学生传播价值理念，着重增强学生的环保意识和社会责任意识，同时鼓励学生参与冒险活动，加强体能训练。天才儿童学校均为教学示范校，要向当地其他学校传授教学经验，以推动当地教育事业的发展，在假期为附近普通学校的学生提供参观学习的机会。

天才儿童学校对学生的选拔十分严格。每年 2 月份，印度会进行时长为 120 分钟的全国统一标准化考试，考试内容包括三部分：心理能力测试占 60%，语言和数学各占 20%。印度 70% 的人口在农村，农村儿童在印度儿童中占比较高。因此，天才儿童学校明确规定，在录取的学生中，农村儿童必须达到75%，其余为城市儿童。[14]每年约有2万名新生进入这些天才儿童教育学校学习，由中央政府负担学生在校的所有生活和学习费用。印度政府非常重视全民天才教育，大力实施高端人才战略，为社会各个领域培养了大量高端人才，大大提高了综合国力。同时，印度政府中也有人批评创办天才儿童学校的花费巨大。[15]

（三）通过私立学校选拔并培养天才

印度的私营经济在社会生活中占据较大比重，创办私立学校是调动社会力量积极办学的重要途径。印度有比较发达的私立学校系统，其中私立中小学占据了半壁江山。这些私立学校非常重视天才培养，并会通过宣传升学率招生。印度有针对应试教育的价格高昂的培训机构，但处于经济劣势地位的家庭无力支付费用。一些私立学校会招收经济条件较差的天才儿童，为他们提供免费的定向培训教育，这样既为学校吸收了更好的生源，也为天才儿童教育贡献了力量。

（四）成立天才教育研究的民间组织

印度也存在专门从事天才教育的民间教育组织。例如“全国天才儿童联盟”“天才儿童中心”“促进印度天才青少年发展中心”等组织，有的组织会定期举办与“天才儿童”相关的学术研讨会及培训班，邀请一些学生、家长和教师等相关人员参与讨论。此外，“促进印度天才青少年发展中心”通过建立家长、教师以及研究人员的沟通网络，为鉴别和培养天才儿童提供指导，鼓励非政府组织、家长、教师以及社会工作者共同发现和培养天才儿童，帮助天才儿童解决教育发展中的各种问题。值得一提的是，印度虽然推出了全国人才选拔考试、数学和科学奥林匹克竞赛、天才激励项目等年度国家级考试和其他人才选拔项目，但也有学者指出，测量事实性或陈述性知识的心理测试不能等同于智力测验，因为它们是个体社会化水平的指标。[16]换句话说，这些考试衡量学生获得的知识和技能，而那些有天赋却没有表现出很高学术成就的儿童，可能会被漏掉。

四、印度天才儿童升入大学的途径

一是多样化招生方式搭配分层考试完成人才筛选。印度高校没有类似于我国的全国统一招生入学考试制度，但是高中学生必须获得中央级高中资格证书或者邦级高中资格证书，这是公立大学录取的首要依据和前提，公立大学基于上述考试的成绩再举办全国性质的联合入学考试或单独招生考试。例如，邦内高中资格考试的成绩可以作为邦大学入学的资格要求之一，但具体要求还需根据各邦和各大学的具体情况而定。因此，印度采用专业性的多样化招生方式搭配分层考试，完成多层次人才的筛选。[17]同时，为保障国家重点领域如工程、医学类专业选拔出卓越创新人才，印度国家测试机构（National Testing Agency）还设立了全国性的专业联合入学考试，如工程类主要院校联合考试、医学类国家大学入学资格考试等。这些考试更加强调考试科目与专业之间的高度匹配性。

二是大学自主招生，实现生源与专业高匹配。印度政府给予公立大学较大自主权，一些大学可以根据本校办学特点和人才培养需求自主选择招生方式，实现生源与大学专业间合理匹配。

例如，印度理工学院以培养工程技术类的人才为宗旨，在生源选拔上十分重视考查学生的数理素质和逻辑思维能力。印度理工学院联合入学考试被誉为“世界上最可信的和最具竞争性的入学考试之一”[18]，考试科目仅设置了数学、物理、化学三门，考试的题型全部以多项选择题形式呈现，实现了标准化评定。[17]为选拔出“均衡型”专业人才，学院除了对录取总分设置了最低标准，还对三门单科科目分别设立了最低录取分数线。考生须要在每门科目成绩上达到最低录取标准，否则即使考生总分达到最低录取分数线，也不能被录取。

三是出台专门计划选拔优秀工程和科研人才。印度为选拔出优秀的工程和科研人才还推出了两项计划：一是“印度工程院升学计划”，该计划每年会从印度各地选拔优秀的工程学生并为其提供奖学金和培训机会，进而为印度青年学生提供顶尖的工程教育和研究机会。[19]二是“青少年科学家奖励计划”，该计划由印度科技部资助并在班加罗尔实施，为科学、工程或医学专业的 11 年级至本科 1 年级学生提供奖学金及专门升学通道。[20]

四是高校针对天才学生的特殊措施。部分高校通过面向天才学生开设专门考试并设置科学论文加分制度等方式增加其升入高水平大学的机会，如“全国高中生数学和科学奥林匹克竞赛”[21]“全国天才寻找计划”“激励追求科学研究创新计划”，这些针对拔尖创新人才的专项选拔、评价及奖学金支持计划，大大增强了印度科技创新的“人力资源储备”。

五、印度天才儿童教育面临的挑战

（一）印度天才儿童的识别尚需优化

印度面临的一个重要挑战是确保所有人都能接受公平教育，同时满足包括天才儿童在内的特殊群体的需求。但是，因社会文化的多样性和区域的特殊性以及对天才的定义不同，印度面临着有效识别天才儿童的巨大挑战。为了能够为天才儿童提供专门的教育机会，有学者指出，识别天才儿童的计划必须集中在跨学科的研究方法和响应式干预模式。具体来讲，印度的心理学家、认知科学家和神经学家必须打破与其他学科的相对隔离，与教师和家长密切合作，这将有助于确定不同领域的天才，如数学、科学、艺术、音乐和其他领域，构建天才儿童的学习模式。[22]在缺乏国家天才教育计划的情况下，印度失去了大量挖掘年轻人才能的机会，这些人本可以为国家发展做出重大贡献。正是认识到这一点，印度于2010年启动了一项国家计划，开发识别科学和数学天才儿童（3—15岁）的工具，并为潜在的天才儿童开发指导模块。该项目由印度政府首席科学顾问办公室发起，由国家高等研究院与另外两个合作机构——德里大学和阿加斯提亚基金会共同主持，使用定量和定性方法开发了多种工具并已得到验证。研究小组在进一步验证鉴定方法时，也在努力指导天才儿童。这项任务十分艰巨，需要更多团体的加入以不断推进。从2014年到2019年，印度政府向德里大学的“为潜在的科学和数学天才儿童建立基于过程的识别和指导实践”项目进一步提供了财政援助。

此外，印度国家科学院和印美科学技术论坛联合举办了“印度天才儿童的识别和指导”国际圆桌会议，邀请美国和印度在该领域工作的专家分享他们的知识和经验，以期确定一个可行性方案，更好地指导印度的天才儿童教育。在经过深思熟虑、分享观点和辩论后，研究人员提出了一个在印度背景下识别潜在天才儿童的三层模型，其具体目标是：在学校环境中发现并培养有潜力的天才儿童，找出那些在一个或多个领域具有显著天赋的儿童；从校外环境中识别出显著的天才儿童；为天才儿童准备一系列课程，以满足其不同教育需求。[23]总的来说，该模式旨在建立国家战略，一方面在学校系统内建立识别天才儿童的机制，另一方面要尽力确定那些隐形的、孤立的、远离教育系统的天才儿童。

（二）印度的天才儿童教育缺乏创新

印度天才儿童教育模式有一个关键特征，即认为个人是社会的一部分，并将学术发展与性格形成和社会责任的发展结合起来。因为印度相信学术上有天赋的儿童无论处于什么样的教育环境都能取得成功。[24]这导致印度在早期对天才儿童教育的重视不足，没有考虑到丰富和促进人才发展的环境需求，未能通过充分的技术支持来培养有天赋的头脑。有学者指出，印度的教育体系是基于死记硬背的学习，这可能会使学生在考试中获得更高的分数，却无法培养学生尤其是天才的批判性思维和创造能力。[3]印度绝大多数中小学在课堂上采取标准化的“一刀切”教学法，忽视天才儿童的特殊需求，这种缺乏挑战性的课程使天才学生的学习技能逐渐萎缩，导致绝大多数天才儿童在平庸的学校系统中湮灭。

（三）印度精英人才外流严重

随着经济的快速发展，印度越来越重视天才教育。然而近年来，印度在科学技术领域的增长却十分缓慢，导致一些精英人才为寻求更好的发展机会而移居国外。据印度信息部统计，印度每年培养约 10 万名工程师，其中流向美国的就有 5 万—6 万人。印度因此而被称为“向西方输送高级人才的净出口国”。[25]印度人才外流也与英才教育制度不完善有关。印度当前实行的天才儿童项目更重视学术人才的选拔和培养，与市场需求严重脱节，导致大量人才向外寻求发展。为遏制精英人才流失，印度政府正在通过提升国内顶尖高校的办学质量，制定回国人才倾斜政策，开展国际合作等多项措施吸引留学生及海外精英回国，[26]以提升国家的人力资本。

参考文献：

[1] 安双宏. 印度教育战略研究 [M]. 杭州：浙江教育出版社，2014.

[2] 邹宏如，敖洁，李铁明. 印度科技人才培养及其启示 [J]. 贵州大学学报（社会科学版），2006（4）：117-121.

[3] Raina M K, Srivastava A K. India's search for excellence: a clash of ancient, colonial, and contemporary influences [J]. Roeper Review, 2000, 22 (2): 102-108.

[4] 肖甦，等. 天赋与卓越：国际视野下英才教育的政策与实践 [M]. 上海：上海教育出版社，2020.

[5] Kurup A. The gifted child's right to education [J]. Learning Curve, 2014 (23): 6-8.

[6] Lubart T. Enfants exceptionnels: précocité intellectuelle, haut potentiel et talent [M]. Editions Bréal, 2006.

[7] 胡叶力. 印度中小学英才教育研究 [J]. 新教育，2018（26）：20-22.

[8] 陈昀. 中国与印度教育之比较：以比较历史法的视角 [J]. 煤炭高等教育，2005（1）：94-96.

[9] 张铁道，王凯，戴婧晶，等. 国外英才教育考察报告 [J]. 基础教育参考，2008（9）：11-21

[10] 郑锋. 印度课程传统与英才培养的社会历史因素探究 [J]. 课程教学研究，2017（10）：24-30.

[11] Ministry of Human Resource Development. National Education Policy 2020 [EB/OL]. (2020-07-30) [2022-01-15]. https://www.education.gov.in/sites/upload_files/mhrd/files/NEP_Final_English_0.pdf.

[12] 王秀文. 争创世界一流教育体系：印度《国家教育政策（2020）》研

究［D］. 武汉：华中师范大学，2022.
［13］易泓. 英才教育制度的国际比较［J］. 教育学术月刊，2008（6）：16−18.
［14］黄伟杰. 超常儿童教育：不该是无解的难题——基于国外政策及实践的思考［J］. 当代教育科学，2012（22）：58−60.
［15］殷重华. 高文盲阴影笼罩着印度［J］. 国际展望，1990（18）：29−30.
［16］Shavinina L V. How can we better identify the hidden intellectually-creative abilities of the gifted?［J］. Psychology Science, 2008, 50（2）: 112−133.
［17］肖海霞. 独立后印度公立大学本科招生录取制度研究［D］. 南昌大学，2019.
［18］安双宏. 印度高科技人才的摇篮——谈印度理工学院的体制创新［J］. 中国高等教育，2000（22）：40−41.
［19］India National Academy of Engineering. Innovative student projects award［EB/OL］.（2022−09−07）［2023−11−24］. https://www.inae.in/innovative-student-projects-award/.
［20］Joshi A W, Raybagkar V H, Surve F I. Simple, concept-centred, innovative, open-ended experiments in Physics-2［J］. Resonance, 2003, 8（9）: 81−87.
［21］Kurup A, Dixit S, Chandra A. Traits of gifted children in India: an analysis nias gifted education programme［R］. National Institute of Advanced Studies, 2016.
［22］Kurup A, Maithreyi R. A review of challenges in developing a national program for gifted children in India's diverse context［J］. Roeper Review, 2012, 34（4）: 215−223.
［23］Sharma J. Where are they? Gifted disadvantaged children in India［J］. Gifted Education International, 2012, 28（2）: 215−223.
［24］Subotnik R F, Olszewski-Kubilius P, Worrell F C. Rethinking giftedness and gifted education: a proposed direction forward based on psychological

science [J]. Psychological Science in the Public Interest, 2011, 12 (1): 3−54.
[25] 栗力. 防止人才外流：印度政府的对策 [J]. 东南亚南亚研究，2014 (2)：54−59.
[26] 段戴平. 印度高等教育大规模扩张中公平与质量的冲突及其根源 [J]. 复旦教育论坛，2022 (5)：106−112.

第十六章

新加坡天才儿童教育体系

新加坡于1965年独立，截至2022年，总人口约564万。[1] 1996年，新加坡跻身发达国家行列，成为继日本之后率先实现现代化的亚洲国家。新加坡所取得的瞩目成绩与其重视人才培养、实行精英教育政策关系密切。新加坡的天才儿童教育是在“发挥全体儿童潜力”这一基本教育理念的基础上，对天才儿童实施的特殊教育，致力于让每个天才儿童的潜力得到认可、培养和发展。

一、新加坡天才儿童教育的发展

（一）新加坡对天才儿童的定义

新加坡依据智力与才能的多样性来界定天才儿童。结合国家发展需求与心理学研究成果，将“天才儿童”定义为与具有相同年龄、经验和环境的其他个体相比，在某方面表现出超常能力或潜力的儿童。具体包括：一般智力（general intellectual ability）、特殊学术才能（specific academic aptitude）、创造性思维能力（creative or productive thinking）、领导才能（leadership ability）、视觉艺术和表演艺术方面的才能（ability in the visual and performing arts）和心理运动能力（psychomotor ability）。[2]

新加坡天才儿童教育的目标是：开发智力的深度，发展更高水平的思维能力；培养基于产品的创造力；树立自主的终身学习态度；增强实现卓越的志向与抱负；培养强烈的社会责任感，以服务国家和社会；培养良好的道德观，开发领导潜能。[3]

（二）新加坡天才儿童教育制度的发展

新加坡的学校以公立为主。[1]建国初期的新加坡教育体制要求学生在相同时间内完成相同课程，参加同样的升学考试，没有留级制度。这种体制导致小学和中学的辍学率较高，造成国家教育投资的浪费。[5]

1979 年，新加坡开始实施教育分流制度（mechanism of separation）。这是一种金字塔式的精英教育模式，即在基础教育阶段进行多次分流，以便对不同学生因材施教，选拔国家急需的栋梁之材。以小学分流制度为例，依据小学 4 年级的统考成绩，并综合前三年的成绩，学生被分入 5 年级的三种班型，通过小学离校考试（Primary School Leaving Examination，PSLE）后进入中学或参加职业训练。一是普通双语班，通过考试后进入中学；二是延长双语班，学制 8 年，通过考试后进入中学；三是单语课程班，只选修一门语文课，学制 8 年，成绩合格者进入职业训练班，未来将成为技术工人。

1981 年，新加坡开始实行中学分流制度。普通双语班和延长双语班的学生通过小学离校考试升入中学后，根据成绩分入三种班型：一是特选课程班，只有成绩最优异的约前 10% 的学生入选；二是快捷课程班，与特选课程班的必修课相同，但没有大量课外补充学习材料；三是普通课程班，分为学术性和工艺性两种。以上三种类型的学生，如在中学最后一年通过新加坡普通教育证书“普通”水准考试（General Certificate of Education“Ordinary”Level Examinations），成绩优秀且学术能力强者可申请进入大学预科。[6]

分流制度为新加坡节约了教育资源，选拔了大批人才，做到了因材施教，但仍存在明显的“智力资源浪费”问题，即少数天才儿童的潜力不能得到充分发掘与培养。

1981年，时任教育部部长郑永顺率团到美国、俄罗斯、以色列等国家考察后，认为在新加坡开展天才儿童教育迫在眉睫。在“提供天才儿童教育指导，致力于培养天才儿童，使他们发挥最大潜力去实现自我、为社会做贡献”的教育使命下，新加坡于1984年正式颁布了《天才教育计划》（*Gifted Education Programme*）。[7]正式启动《天才教育计划》主要基于教育和政治两个需要。从教育需要来讲，新加坡认为天才儿童需要高水平的精神刺激和挑战，但在常规课堂环境中很难实现；就政治需要而言，新加坡是一个自然资源匮乏的小国，国家的发展和成功必须依赖人力资源开发。[8]

二、新加坡天才儿童教育的保障

（一）教育政策法规

1984年颁布的《天才教育计划》是新加坡天才儿童教育的纲领性文件。该计划分别在小学和中学阶段实施，两个阶段的天才儿童教育相互衔接、贯通。《天才教育计划》从形成到实施大致经历了四个阶段。一是准备阶段（1981—1983年），1981年赴国外考查，1983年草拟《天才教育计划》。二是实施、拓展阶段（1984—2001年），1984年，在两所小学和两所中学试行计划；2001年，天才儿童教育小学增至9所，天才儿童教育中学增至7所。三是调整阶段（2004—2008年），2004年在中学开设综合课程，2008年综合课程全面取代中学天才班。四是融合阶段（2008年至今），开始在9所天才小学实施天才儿童与非天才儿童互动计划，并延续至今。[7]

（二）组织机构保障

一是政府领导机构。天才教育处（Gifted Education Branch）是新加坡天才儿童教育的最高领导机构，负责自上而下实施《天才教育计划》，设计充实课程，确定入选计划名单，指导进入该计划的基层学校的教学与管理，以及对计划的执行情况进行监督、检查和评估等。[9]新加坡国立教育学院（National Institute of Education）是新加坡的国家教师教育机构，是国家教育服务不可或缺的一部分。[10]教育部与国立教育学院共同领导新加坡的天才儿童学校，从而推进新加坡的天才儿童教育。[8]

二是办学机构。新加坡实施天才儿童教育的小学有9所。其中莱佛士女子小学和乐赛学校最早开始天才儿童教育的小规模实验（1984年），后来陆续增加的学校分别是：英华学校（小学部）、公教中学（小学部）、恒力小学、南华小学、南洋小学、圣希尔达小学、道南学校。新加坡实施天才儿童教育的中学有7所。中学阶段的天才班于2008年底被设有综合课程（Integrated Programme，IP）的可实施校本天才教育（School-Based Gifted Education）的《天才教育计划》学校替代，学生可以通过选择IP课程进入这些学校学习。这些学校拥有较大的自主性和灵活性，可自行设计课程、选拔与培训教师。学生要在校本天才教育学校学习6年，不必参加新加坡普通教育证书“普通”水准考试，便可进入两年制的大专学校。[7]

（三）天才儿童教育经费保障

从2005年起，新加坡政府每年对教育的投资几乎与国防投资持平。[11]新加坡教育部还有专项拨款用于推动天才儿童教育发展。如就读于政府支持的特殊教育学校（government-supported special education school）的学生，每年均可获得教育储蓄学生基金（Education Saving Pupils Fund）的支持；国家专门为私立学校所开展的综合课程提供奖学金等。[7]

三、新加坡天才儿童的选拔

新加坡的《天才教育计划》主要针对智力超常的天才儿童，对在其他方面（如艺术、体育等）有超常能力或潜能的天才儿童，也专设了鉴别与培养部门。

（一）面向小学 3 年级儿童的选拔

面向小学 3 年级学生的选拔分为两个阶段。第一阶段为筛选测试（screening test）。每年 8 月下旬，新加坡教育部面向公立学校和政府资助学校的 3 年级学生，组织全国性的英语、数学能力测验，从中筛选出前 10% 的学生进入第二阶段的选拔测试（selection test）。第二阶段的选拔测试于每年 10 下旬进行，主要考查英语、数学和综合能力，最终约有 1% 的学生入选，进入《天才教育计划》学校的 4 年级学习。[12]

（二）面向小学 6 年级儿童的选拔

小学 6 年级学生如果在小学离校考试中至少有 3 门成绩优异（A 级），可以申请参加每年 12 月举办的 6 年级选拔测试。该测试主要考查语言、数学和综合能力，教育部的工作人员亲自监考，计算机阅卷，用过的试卷会及时销毁以免真题流出。通过考试的学生可进入开设综合课程的《天才教育计划》中学。[9]

（三）其他类型天才儿童的选拔

针对在艺术、体育等方面表现优异的天才儿童，新加坡也有专门的鉴别与培养渠道。通常天才儿童的家长需要为孩子特别申请，通过专业测试的孩子可以学习特选课程。例如，艺术特选课程（Art Elective Programme）为期 4 年，专为有艺术天赋的学生设计，其目的是培养学生成为艺术方面的从业者、学者、倡导者和领军者。艺术特选课程为入选学生提供大量学习资源，包括扩充艺术课程、研讨会、社会项目以及向行业内专业人士学习的机会，还可以使用专业的设施设备。[13]又如，音乐特选课程（Music Elective Programme）也为期 4 年，专为有音乐天赋的学生设计。入选音乐特选课程的学生可以参加扩充音乐课程，训练欣赏、创作、表演能力；还可以对古典、爵士、流行等多种风格的音乐进行深入研究；可以使用专业设施设备等。[14]

四、新加坡天才儿童的培养

（一）天才儿童教育以充实制为主

新加坡的天才儿童教育主要采用充实制（enrichment model）。[15]具体做法是以小学和初中现有课程为基础，在保留主体课程的基础上，对一些教育内容适度加宽、加深。教师由管理者变成指导者，学生成为教学中心，学生的个性化和独立思考能力成为新的培养目标。[9]这一做法是为了保证天才儿童离开充实课程后能够回归正常课堂学习，且不会负担过重。他们在日常充实课程之外，可以根据自己的兴趣参与充实活动、个性化学习计划以及特殊计划。

1. 充实课程

《天才教育计划》最大的优点是为天才儿童提供个性化的充实课程

（enriched curriculum），做到因材施教。充实课程的特点是：内容充实、过程充实、学习结果充实和学习环境充实。[15] 其中的情感教育别具特色，其培养目标与天才儿童教育培养儿童社会适应能力和责任感的目标一致，且内容丰富，不仅有道德教育、伦理教育，还包括社会服务等内容。在教学形式方面，包括课堂讲授、分组讨论、社会实践等多种形式。

2．充实活动

新加坡天才教育处组织各种课外充实活动（enrichment activities），帮助天才儿童成长为能够自主选择、终身学习的独立学习者。如为小学天才儿童设计英语、数学和科学方面的充实活动等，这些活动的实施会得到地方学校和天才教育处的支持。[16]

在英语领域，由天才教育处、新加坡辩论协会以及弗莱士学院共同举办“智慧与语言：校际辩论锦标赛”，针对小学 5、6 年级学生，目的是培养天才的英语口语能力。另有“创意写作活动”，针对经过筛选的对英文写作有兴趣和天赋的小学 5 年级学生，通过为期两天的夏令营活动，促进天才儿童与同辈群体、作家沟通交流，培养天才儿童的英语创意写作能力。

在数学和科学领域，由天才教育处分会和新加坡国立大学共同举办“小学数学项目竞赛”，针对所有小学 4、5 年级学生，为学生提供机会将数学学习拓展到课堂以外或应用于日常生活，鼓励学生在数学领域进行创新。此外还制定了“E2K 卓越数学计划”（Excellence 2000 Mathematics Programme）和“E2K 卓越科学计划”（Excellence 2000 Science Programme），分别针对经过筛选的对数学、科学有兴趣和天赋的小学 4—6 年级学生，培养学生通过探究方法加深对数学或科学概念的理解。这两项计划为学生提供丰富的资源以培养数学家或科学家的习惯、态度和风格，使学生获得批判性思维能力、高效沟通技能等 21 世纪需要的能力和技能。

新加坡的天才教育处也为中学天才儿童设计了不同领域的充实活动。[9] 如数学领域的“数学充实工作坊”，针对经过筛选的中二校本天才教育计划的学生，旨在帮助有数学天赋的学生进一步拓展数学兴趣与知识，传授大学阶段的数学知识和技能。此外还有“数学研讨会”，针对中三和中四校本天才教育计划的学生，拓展他们大学层次的数学兴趣和知识，为他们创造机会向专家学习。又如科学领域举办的“科学创造和探索应用竞赛”，目的是促进所有初中学生将创造性和探索式解决问题的技能应用到实际案例研究中，培养研究与独立学习的技能，重视团队合作。

在文学领域，举办“文学研讨会”，目标群体是中三和中四校本天才教育计划的学生。通过研讨会的形式，使学生接触课程和课堂之外的文学问题，激发对文学的兴趣，丰富对文学学科的理解。该活动每年聚焦不同形式，包括论坛、讲座和工作坊等，主讲人包括作家、学者、评论家、文学及表演艺术从业者。

3. 个性化学习计划

个性化学习选择（Individualised Study Options）是天才教育计划课程体系的基石，是天才儿童可以参与的各类计划的总称，其目的是培养天才儿童对问题的研究能力并使之成为独立的学习者。该计划使天才儿童有机会深入探索特定天赋及兴趣领域，拥有大量个性化学习的选择，每种选择强调培养的具体技能不同，如研究技能、信息技术技能、创新思维技能和问题解决技能。[9]

个性化学习选择的目标群体是小学 4、5 年级的天才儿童。他们在 4 年级时将进行基本的研究技能学习，主要包括确定研究范围、收集信息、数据采集、数据分析以及呈现结果的技能；到了 5 年级，则可以选择个性化研究（Individualised Research Study）、创新计划（Innovation Programme）、学校主办的未来问题解决计划（Future-Problem Solving）以及目的地设想计划（Destination Imagination）。[17]

4. 特殊计划

新加坡天才教育处开设大量特殊计划（special programmes）对《天才教育计划》充实课程进行拓展，培养学生的意志和信念。其作用是甄别特殊领域有高动机和高天赋的学生，为他们提供机会向该领域的专业人士学习，并进行特殊领域的兴趣拓展。这些特殊计划包括科学计划、人文计划、创新计划、领导才能计划等。[9]

（二）天才儿童教育与普通教育融合发展

2008 年，新加坡开始重视天才儿童教育与普通教育的融合，在 9 所天才儿童小学实施天才儿童与非天才儿童的互动计划，以促进天才儿童个性的全面发展。这种融合趋势不断加强，一直延续至今。[7] 天才儿童教育与普通教育的融合遵循四条原则：一是《天才教育计划》的核心充实课程，包括英语、数学和科学等，对天才儿童单独授课；二是综合班级儿童的学习能力大致相同；三是所有综合班级的教师必须接受天才儿童教育相关培训；四是要注意共同授课的质量，而不只是共同学习的时长。[18] 天才儿童教育与普通教育的融合有两种模式。

一是天才儿童和普通儿童组成综合班级。如在 9 所天才儿童小学中的南华小学和道南学校的 4、5 年级，天才儿童和普通儿童组成混合班，由天才教育教师和受过天才儿童教育训练的普通教师授课。在这类班级中，除《天才教育计划》核心充实课程以外，所有其他科目都共同上课。天才儿童要参加单独的英语、数学和科学课学习。天才儿童和普通儿童有 40%—50% 的时间在一起学习。在道南学校，每个年级的儿童还将参加三天两夜的露营活动，共同参加至少 8 个小时的社区服务工作。

二是《天才教育计划》和非《天才教育计划》儿童分别组班。天才儿童和普通儿童混合上课的课程包括艺术和手工、公民道德教育、中文/高级中文、音乐和物理等，有的学校还会安排家庭实践、辅助课程、田野郊游或露营等。该模式于 2008 年开始在另外 7 所“天才教育计划”小学实施。两类儿童的混合能够促进儿童分享经历和体验，建立更紧密的关系。[18]

（三）选拔和培养天才儿童教育教师

新加坡对天才儿童教育教师的要求非常严格。进入天才儿童教育系统的教师必须具备以下特质：一是教师必须认同天才儿童的需求有必要满足；二是具有较高的教学水平、学历和良好的教师记录；三是充满求知欲、想象力、创造性和热情，精力充沛，乐于接受新观念，灵活性强，尊重学生的潜力；四是具有良好的教学技能和专业态度。教师选拔的具体步骤包括个人申请或他人推荐、面试和试讲。其中，面试着重考查教师对天才儿童教育的态度以及该教师是否适合天才儿童教育系统。[7]

新加坡非常注重对天才儿童教育教师的培训。对新入职教师，天才教育处会委派专家深入课堂，在教学策略和课程设计方面给予专业辅导。教师必须完成 3 门必修课：一是天才儿童教育基础课程（mandatory foundation course in gifted education），可使教师对核心概念具备清晰的认识；二是天才儿童的情感教育（affective education for the gifted），有助于教师关注并引导学生情绪、情感、态度等方面的发展；三是天才儿童的课程差异（curriculum differentiation for the gifted），帮助教师区分天才儿童教育课程与主流课程的差异，以针对儿童的具体需要设计符合其身心发展特征的课程，满足天才儿童的需求。[19]

有经验的教师将接受更专业的培训，包括课程培训、专家指导、会议交流、出国考察等。其中比较特别的是，教育部在融合教育趋势下，通过对普通教育教师进行天才儿童教育方面的培训来提升其教学水平，以支持学校实施天才儿童培养的混合编班模式。[7]

（四）考核评估天才儿童教育结果

从国家角度而言，为考察学校实施天才儿童教育的情况，天才教育处制定了相关考核与评估措施。一是课程综合考察。天才教育处会组织天才儿童教育专家定期到执行《天才教育计划》的学校听课，并与学校管理者和教师进行座谈，以便在每学年末对课程进行修订。二是整体评估。每隔几年，天才教育处会采用正式的评估标准对《天才教育计划》执行学校进行审核。为了全面评价天才儿童教育的执行情况及开展长期研究，天才儿童的各项成绩都要有详细记录。

从学校角度出发，需要全面评价各学科教学情况，主要由教育部委派的专人负责，具体包括以下工作：一是详细记录天才儿童的全国统考成绩、各科考试成绩等；二是邀请天才儿童和家长参与评估，通常是与儿童（包括已毕业或中途离开的学生）和家长面谈。[20]

五、新加坡天才儿童教育的成果

（一）国家竞争力与国民素质提高

《天才教育计划》的实施不仅为新加坡选拔和培养了国家急需但数量有限的高素质人才，还极大地提高了新加坡全体国民的文化素质和技能水平。一是提升了新加坡的国际竞争力。世界经济论坛（World Economic Forum）发布的《全球竞争力报告（2011—2012）》指出，新加坡之所以能成为世界上第二大最具竞争力的国家，主要原因在于对教育的极度重视。[21]在《全球竞争力报告（2016—2017）》中，新加坡的全球竞争力指数排名仅次于瑞士，位列第二，其中高等教育指标排名全球第一。[22]在《全球竞争力报告（2018）》中，新加坡的全球竞争力指数排名仅次于美国，位列第二。[23]在《全球竞争力报告（2019）》中，新加坡的全球竞争力指数排名世界第一。[24]二是在国际能力测试中取得好成绩。经济合作与发展组织发布的国际学生能力测试报告显示，新加坡在 PISA 2015 测试中夺得桂冠，[25]在 PISA 2018 中位居第二。[26]

（二）各行各业领军人物突出

2017 年，新加坡教育部从其收集的《天才教育计划》毕业生纵向数据发现，这些毕业生不仅在学术领域，而且在非学术领域也表现出色。较早几批毕业生现已 40 多岁，在公共和私营部门发挥着重要作用。他们有的成为私营组织的创始人、管理合伙人或首席执行官，有的是各自领域的领军人物，如医疗领域的高级顾问、律师事务所的高级合伙人或公共部门的高级主任等。[27]

六、新加坡天才儿童升入大学的途径

新加坡每年对小学 3 年级学生开展全国性测试，选拔出来的天才儿童将进行天才教育课程学习。部分天才学生在初级学院学习，毕业后获得高中文凭 / 国际文凭 / 新加坡剑桥 A 水平认证（因学校而异）；另一部分天才学生可以依据成绩选择顶尖中学，入学后将自动进入“快捷班”，在中学学习四年后，通过新加坡剑桥“普通”水准考试，进入初级学院或理工学院，接受两年大学预科教育；通过剑桥“A 水平考试”

后进入新加坡国立大学或南洋理工大学学习，也可以进入国立教育学院，接受教师培训。[28]

综上，新加坡天才儿童升入大学没有特殊通道，与普通学生一样，采取基于学业成绩的选拔方式进行分流。

参考文献：

［1］中华人民共和国外交部. 新加坡国家概况［EB/OL］.（2022-07）［2022-10-28］. https://www.mfa.gov.cn/web/gjhdq_676201/gj_676203/yz_676205/1206_677076/1206x0_677078/.

［2］董俊峰. 新加坡的“天才教育计划”［J］. 外国教育研究，2000，27（4）：51-53.

［3］Ministry of Education, Singapore. Overview of the gifted education programme［EB/OL］.（2021-10-18）［2022-10-10］. https://www.moe.gov.sg/education-in-sg/our-programmes/gifted-education/overview.

［4］Ministry of Education, Singapore. Types of schools［EB/OL］.（2022-02-23）［2022-12-9］. https://www.moe.gov.sg/education-in-sg/our-schools/types-of-schools.

［5］李丽. 新加坡教育分流制度浅析［J］. 创新，2009（4）：24-27.

［6］李晓明. 新加坡的精英教育［J］. 外国教育研究，2004（8）：17-20.

［7］王寅枚，冯超，程黎. 新加坡天才教育的现状及特色［J］. 外国教育研究，2014（3）：12-21.

［8］Milne A, Mhlolo M. Lessons for South Africa from Singapore's gifted education-A comparative study［J］. South African Journal of Education, 2021, 41（1）: 1-8.

［9］唐科莉. 新加坡天才教育体系及实践经验［J］. 新课程评论，2021（1）：120-128.

［10］National Institute of Education, Singapore. Corporate information［EB/OL］.（2022）［2022-11-10］. https://www.nie.edu.sg/about-us/corporate-information.

[11] 刘笑言. 新加坡文化软实力的制度载体与价值内核 [J]. 社会科学，2015（2）：23-30.

[12] Ministry of Education, Singapore. Identification of students for the gifted education programme [EB/OL].（2023-05-30）[2023-12-10]. https://www.moe.gov.sg/education-in-sg/our-programmes/gifted-education/identification/identification-exercise.

[13] Ministry of Education, Singapore. Overview of the Art Elective Programme（AEP）[EB/OL].（2022-02-24）[2022-11-04]. https://www.moe.gov.sg/education-in-sg/our-programmes/aep-sec/overview.

[14] Ministry of Education, Singapore. Overview of the Music Elective Programme（MEP）[EB/OL].（2022-05-31）[2022-11-04]. https://www.moe.gov.sg/education-in-sg/our-programmes/mep-sec/overview.

[15] Ministry of Education, Singapore. Gifted education programme enrichment model [EB/OL].（2022-10-14）[2022-11-04]. https://www.moe.gov.sg/education-in-sg/our-programmes/gifted-education/enrichment-model.

[16] Ministry of Education, Singapore. Enrichment programmes and activities for high-ability learners [EB/OL].（2022-02-18）[2022-11-04]. https://www.moe.gov.sg/education-in-sg/our-programmes/high-ability-learners.

[17] Ministry of Education, Singapore. Individualised study options [EB/OL].（2021-10-18）[2022-11-04]. https://www.moe.gov.sg/education-in-sg/our-programmes/gifted-education/individualised-study-options.

[18] 冯艳艳. 新加坡“天才教育计划”研究 [D]. 武汉：华中师范大学，2009.

[19] Shavinina L V. International handbook on giftedness [M] //Recent developments in gifted education in East Asia. Germany: Springer Verlag Press, 2009.

[20] 罗震雷. 新加坡的天才教育 [J]. 教育科学，1998（2）：60-61.

[21] World Economic Forum. The Global Competitiveness Report 2011–2012 [EB/OL]. (2011–10–29) [2022–11–04]. https://cn.weforum.org/reports/global-competitiveness-report-2011-2012.

[22] World Economic Forum. The Global Competitiveness Report 2016–2017 [EB/OL]. (2016–09–28) [2022–11–04]. https://www.weforum.org/reports/the-global-competitiveness-report-2016-2017-1.

[23] World Economic Forum. The Global Competitiveness Report 2018 [EB/OL]. (2018–10–16) [2022–11–04]. https://cn.weforum.org/reports/the-global-competitveness-report-2018.

[24] World Economic Forum. The Global Competitiveness Report 2019 [EB/OL]. (2019–10–09) [2022–11–04]. https://cn.weforum.org/reports/global-competitiveness-report-2019.

[25] Organisation for Economic Co-operation and Development. Singapore tops latest OECD PISA global education survey [EB/OL]. (2016–12–06) [2022–11–04]. https://web-archive.oecd.org/2016-12-06/422316-singapore-tops-latest-oecd-pisa-global-education-survey.htm.

[26] Organisation for Economic Co-operation and Development. PISA 2018 results [EB/OL]. (2018) [2022–11–04]. https://www.oecd-ilibrary.org/docserver/5f07c754-en.pdf?expires = 1702203515&id = id&accname = guest&checksum = 88B6AF4A70E9290B40E1335A859F334E.

[27] Ministry of Education, Singapore. Gifted education programme [EB/OL]. (2017–11–06) [2022–11–04]. https://www.moe.gov.sg/news/parliamentary-replies/20171106-gifted-education-programme-1.

[28] Ministry of Education, Singapore. Integrated programme [EB/OL]. (2021–10–18) [2023–03–09]. https://www.moe.gov.sg/secondary/courses/express/integrated-programme.

第十七章
印度尼西亚天才儿童教育分析

印度尼西亚（以下简称“印尼”）是世界人口第四大国。印尼政府高度重视人才培养，2019 年更是将国庆节主题设为“优质的人力资源缔造先进的印度尼西亚”，充分彰显了提升人力资源素质的迫切期望和强大意志。印尼拥有中小学生近 5000 万，天才儿童占比为 2%—3%，印尼政府希望充分发挥这一“支点”的杠杆作用，将人口红利加速转化为经济优势，赋能国家发展。

一、印尼对天才儿童的定义

印尼也将天才儿童称为超常儿童、闪亮儿童、超能力儿童、特长儿童、特别天才儿童、资优儿童等，而在法律法规中则习惯使用“具有非凡智力和特殊才能的儿童”。这些称谓都是用来指代具有非凡智力和 / 或在特定领域拥有杰出才能的儿童，他们往往能够在优势领域取得突出成就，即“能力超群、成就高”。印尼对于天才儿童的定义也经历了从最初的单维智力到多维能力的转变过程，单维智力以智商作为唯一标准，而多维能力则同时综合了智力和非智力因素。相对于普通儿童而言，天才儿童具有显著优势，因此天才儿童教育应是差异化和超常规的特殊教育服务，不但支持这些天赋学生实现自我价值，也应有益于国家的发展和福祉。

二、印尼天才儿童教育的保障体系

（一）法律法规

印尼没有针对天才儿童教育的专门法律法规，而是将天才儿童教育作为特殊教育的一种类型，纳入国家教育法律和政府行政条例框架内，鼓励相关主体完善管理体系，提高服务质量。这些法律法规从内容来看可以分为两大类：一类强调天才儿童获得特殊教育的机会和权利，例如 1989 年《国家教育制度法》〔2 号〕、2002 年《儿童保护条例》〔23 号〕、2003 年《国家教育制度法》〔20 号〕、2009 年《国民教育部长条例》〔70 号〕等。其中 2003 年《国家教育制度法》〔20 号〕第 5 条第 4 款就规定“具有智力潜力和特殊才能的公民，有享受特殊教育的权利”。另一类是强调落实教育主体责任，为天才学生提供各类特殊教育服务，例如，2005 年《有关国家教育标准的政府条例》〔19 号〕、2006 年《有关教育管理和实施的政府条例》〔34 号〕和 2010 年《有关教育管理和实施的政府条例》〔17 号〕。其中 2010 年《有关教育管理和实施的政府条例》〔17 号〕第 25 条第 1 款规定了“省政府应对具有潜在智力和 / 或特殊才能的学生进行持续辅导，以在科学、技术、艺术和 / 或体育领域取得巅峰成就”。此外，印尼政府还将 1994 年联合国教科文组织发布的《萨拉曼卡特殊教育声明及行动框架》（*The Salamanca Statement and Framework for Action on Special Needs Education*）作为行动纲领之一，强调教育机构应为“有天赋的儿童”开发以儿童为中心的教学法。可以看出，印尼高度重视天才儿童的独特教育权利，并致力于在法律法规层面保障天才儿童享有最佳教育服务。[1]

（二）政策支撑

印尼自第三个五年计划（1979—1984）后开始掀起“天才运动”。印尼教育与文化部计划分步骤为天才儿童群体提供针对性的优质教育服务，并于1992—2002年间陆续出台一系列政策，突出实施“卓越学校”和“加速计划”项目，提出各省至少建立一所“卓越学校”（寄宿制）的发展目标，同时下属教育与文化研究发展办公室课程发展中心开始为天才学生设计“补充课程”。[2]

1993年出台的《国家发展基本指导方针》进一步强化了印尼天才儿童教育的政策支撑，以政府和私营部门为共同主体的多元共建机制此后不断趋于完善，并通过实施一系列重点政策为天才儿童教育提供持续发展动能。一是制定学生资助政策，为表现优异的天才学生提供奖助学金，例如，由华人创办的希望之光私立学校响应政府倡议，于2021年度通过SPH突破奖学金计划，为包括天才儿童在内的所有优秀学生提供奖学金，准备总额达到330亿印尼盾（约合人民币1320万元）。[3]二是落实对天才儿童发展社会组织的支持政策，例如1993年专门成立了天才儿童教育和发展基金会，2007年成立了全国天才儿童协会。全国天才儿童协会的成立得益于政府联合了多所学校“加速计划”的组织者、艺术和体育方面的天才计划组织者，旨在通过共同搭建组织平台助力天才儿童教育和研究稳步发展。同时，政府与全国天才儿童协会共同参与协会的政策制定、资源整合等工作，并为全国天才儿童协会会员学校提供额外补助。三是完善专业培训政策，政府和专业协会等机构通过举办常态化研讨会和讲习班，提升教师职业素养，并为天才儿童家长提供家庭教育指导。四是积极实行以赛促学政策，坚持每年举办主题多样的科学竞赛，培养天才儿童的科学才能和科学态度，鼓励科学创造和产出。五是推进“媒体助学”政策，借助电视节目、科学类期刊杂志等媒体为天才儿童能力发展和科研交流拓展平台。

（三）经费投入

印尼对天才儿童教育的专项经费投入可以追溯到1974—1975年，那时已开始向有才华、成绩优异且主要来自贫困家庭的小学、初中、高中和职业学校学生颁发人才和潜力奖学金。此后政府将这一制度常态化，且逐步提高资助标准，成为印尼大力推进全纳教育的重要体现。

《2003年国家教育制度法》第46条第1款和《2008年第48号政府条例》第2条提出“保障教育经费是中央政府、地区政府和社区的共同责任”。印尼目前对天才儿童教育的资金投入来自政府、学生家长、社区捐赠等，其中政府财政支出占绝对主导地位。政府资金投入以学校运营援助基金的形式运作，具体经费预算和管理由印尼教育与文化部特殊学校发展司负责，学校对资金拥有100%的支配权，可用于兴建和维护学校设施、购买教学工具和资料、支付教师酬金、提高教师福利等合理需求。对天才儿童教育的援助基金按特殊教育标准拨付给学校，2018年生均年度拨付标准为200万印尼盾（约合人民币800元），高于对普通学生的援助标准（小学80万印尼盾、初中100万印尼盾、高中140万印尼盾），同时为了防止资金被挪作他用，印尼教育与文化部要求各校设立学校委员会和教师委员会，共同进行监督。[4]

（四）师资培养

天才儿童教育的成功与否很大程度上取决于教师是否具备必要的复合技能、个人特质和先进理念。印尼全国天才儿童协会于2011年制定了天才儿童教师的必备技能标准，成为推动师资培养快速走向规范化的重要指南。这些技能包括：拥有成熟的教学技能，了解天才儿童的认知特点和个性发展规律，了解天才儿童潜能开发的优化要素，能够在与天才儿童的互动过程中正确自我定位，能够开发差异化课程，能够根据实际需要确定教学资料，能够制作教学工具并进行真实的基于类的评估。[5]

在加大天才儿童师资队伍建设方面，印尼形成了较为清晰的思路。首先，从选拔机制来看，由于天才儿童教师学历教育缺乏且相较于普通教育呈现出更强的专业性，因此天才儿童教育师资皆从各级学校的优秀教师中进行选拔。其次，从培养模式来看，培训主体包括政府、高校、基金会、专业协会等，培训目标主要定位于提升教师教育实践技能，并为此设定了教育心理、教学技能、教育管理、学科专业、教学科研等培训模块，突出培养教师的高级思维技能、沟通技能和创造性思维技能、与相对后进的天才儿童的合作技巧以及制定减轻学生压力策略的能力等。在培训方式上，主要以讲习班、研讨会或短期考察项目进行。例如，全国天才儿童协会定期举办加速项目教师工作坊，目的在于提升加速项目中教师教学与管理的技能。

三、印尼对天才儿童的选拔与培养

人才的选拔与培养是天才儿童教育的两个核心环节，关系到天才儿童个人全面发展的实现和国家拔尖创新人才培养体系的有效构建。印尼在天才儿童的选拔过程中注重多轮、多维严格测试，并在培养方式上突出多元化和深度化。

（一）天才儿童的选拔

美国教育心理学教授任祖利在提出的三环模型中指出，天才儿童应具有高于平均水平的能力、对任务的承诺以及创造力。[6]这一理论因其多维内涵已成为许多国家开展天才儿童教育实践的重要理论参考，印尼教育与文化部也基于此制定了覆盖从小学到高中各个学段的天才儿童选拔程序。以小学为例，选拔程序分为初选和复选两个阶段。初选阶段包括三个环节，一是用瑞文标准推理测验进行智力测试，目的在于测验学生观察力及清晰思维的能力，要求的思维操作是从直接观察到间接抽象推理的渐进过程；二是提交数学、综合实践活动课和印尼语成绩单以衡量儿童在校学习成绩；三是教师提名。能够从初选进入复选阶段的学生必须满足多项要求，包括瑞文标准推理测验达到一级水平，在校课程平均分至少 7 分（总分 10 分），并获得教师提名。教师提名环节主要基于天才儿童的四个特征维度，包括学习特点、任务职责特征、创造力特征和领导特质，具体指标如表 17–1 所示。[7] 复选阶段则采用韦氏儿童智力量表的印尼改编版测试智力，测验内容相对于初试更为多样和高阶化，目的在于评估被试有目的地行动、合理地思维和有效地处理周围环境的综合或整体能力。该阶段还包括应用图画创造思维测验（圆圈测验）测试创造力。最终通过复选的学生分为三种类型：一是智商至少达到 130；二是智商达到 125—129 的同时，圆圈测验成绩达到三级水平；三是智商达到 120—124 的同时，圆圈测验成绩达到二级水平。

表 17–1　教师提名环节参考指标

特征维度	参考指标
学习特点	轻松上课；轻松忆起已上过的课程；知识面广阔；思维敏锐、擅长推理；良好的专注力；喜爱阅读；能够流利、清晰地以口头或书面语形式表达思想、感受或意见；对智力活动抱有极大的好奇心，包括进行简单的实验等
任务职责特征	勤奋学习；意志顽强；学习内驱力强大，不简单满足于课堂上接触的材料或知识领域，学习过程中不断寻求突破；表现出对各种成人世界问题（如宗教、政治、经济、腐败和正义）的兴趣；很快对例行性任务产生厌倦心理；可以捍卫自己的观点；延迟满足即时需求以实现未来目标

续表

特征维度	参考指标
创造力特征	好奇心强；经常问有分量的问题；为一个问题提供许多想法和建议；能够自发地表达意见；具有或能够欣赏美感；在一个或多个研究领域脱颖而出；能从多个角度寻找问题解决方法；具有幽默感；富有想象力；能够提交与他人不同的想法、解题思路（原创）
领导特质	经常被选为学生领导；受到学校同伴的喜爱；能与同伴或老师积极合作；可能会正面影响同伴或其他人；主动性强；责任感很强；自信心强烈；轻松适应新情况；积极参加学校的社会活动；乐于助人

（二）天才儿童的培养

1. 培养形式

印尼主要通过特殊学校、特殊班级以及融合到常规教育的形式开展天才儿童教育。前两种形式由于投入较大、排他性和精英待遇的特点，容易招致有违社会公平的舆论批评，总体发展规模有限，而最后一种形式相对而言更加符合印尼国情，且更有益于天才儿童的社会心理发展，因而占据主要地位。

特殊学校在印尼又称“卓越学校”，指专门为天才儿童配备接受过专业培训的师资、设置特殊课程、采取特殊教学方法并采用特殊教育教学工具的精英学校。坐落在西爪哇省展玉县的库格南天才学校成立于2010年，是印尼第一所真正意义上的学术型天才小学。除学术型学校之外，印尼还创办了体现艺术、科学、体育、文学等专业特色的“卓越学校”，仅体育资优学校就包括了廖内省体育学校和圣贝纳迪诺体育天才高中等知名学校。

特殊班级一般附设在普通学校，是将天才儿童集中而成的独立班级。印尼符合天才儿童教育资质的普通学校都普遍设有特殊班级，在师资投入、课程设置、教材配备、教学设备、班级人数等方面与特殊学校相似。

由于学生能力差异较小，这种同质班级有利于教学开展，而且有利于学生在满足其学术发展需求的同时，通过参加所在学校社团和集体活动增强社会心理适应能力。

将天才教育融合到常规教育，包含三种主要方式。一是跳级学习。天才学生在完成同年级普通学生基本课程学习后，还可进入更高年级课堂学习，加速完成学业。二是学习资源室。普通学校设立专门的学习资源室，配置专业师资和设施，天才学生在基本课程之外每天安排 1—2 小时到学习资源室集中接受特殊科目的培训。三是独立学习。天才学生自主开展校外课题研究，例如进行为期数月的观察实验，在校外导师的监督指导下完成实验报告并及时提交给就读学校。校外研究场所主要涉及城市科技馆、青少年活动中心等社会公益机构，能够提供专业化、个性化的培养活动。为了将天才教育更好地融合到常规教育中，印尼还专门培养了一批顾问教师，协助普通班级的班主任根据天才儿童的特长和需要制定培养计划、安排教学资源。

2. 培养方式

天才儿童往往具有高阶思维、批判—分析—评价能力、综合性和原创性、完美主义、解决问题导向、独特的处理和理解信息的方式、思维灵活、学习速度快、好奇心强、热爱挑战等突出优点。为了满足天才儿童的特殊学习需求，印尼主要采取了差异化、加速化和充实化三大培养方式。

一是差异化。天才儿童教育倡导尊重个体差异，实行差异化教学，其核心在于实施差异化课程。差异化课程是指专为满足天才儿童学生不同特质或特殊需要而设计的一种学习课程。印尼全国天才儿童协会原秘书长穆罕默德（Muhammad）曾指出，“面向天才儿童的差异化课程，强调区别于普通学校基本课程体系的系统性课程开发，能够以综合方式促进和适应天才儿童精神世界、思维逻辑、伦理和审美、创造性等意识和能力的发展”。[8]差异化课程由多种元素共同构成。一是设定高级教育目标，在课程内容、教学过程和理论概念等方面做好充分准备；二是应用能够激发更高阶思维的学习方法，如探究式学习、问题导向学习等与高级课程相适应的方法；三是精选具有挑战性和趣味性的材料，激发天才学生更高层次的思维发展；四是天才学生的学习任务必须具有一定的挑战性并能激发学生的创造性思维，比如学生的练习作业不仅允许学生自由表达，还应提供让学生能够发展创造性思维的多种选择。

二是加速化。2000 年全国工作会议宣布学习加速计划成为印尼的国民教育计划。《2010 年第 17 号教育条例》第 135 条明确提出，针对天才儿童学生的特殊教育实施加速计划，在准入问题上，学生应符合相关能力判定标准，办学单位已达到或接近国家教育标准。根据 2010 年印尼教育与文化部特殊学校发展司的定义，加速化是指天才学生以更短时间或在更低年龄完成正规教育的服务形式。具体包括以下几种方式。其一，提早入学。例如，印尼普通儿童小学入学的法定年龄为 7 周岁，但天才儿童可以提前至 6 周岁甚至更早。其二，跳级学习。部分天才学生几乎在所有课程中都表现出很强的学习能力，对此学校将在资优特质心理测试结果合格的基础上，追溯学生的学业成绩档案或进行独立的学业潜能测试，符合标准的学生即可进入更高年级跟班学习，从而加速完成学业。其三，部分天才学生只在某个 / 些课程或 / 和技能上出类拔萃，学校通过安排高阶学习内容使他们快速成为某领域的拔尖人才。其四，推行学分制。印尼从 2014 年开始在中小学教育中实施学期学分制，服务对象包括所有学生群体。对于学习速度较快的学生，“必须促进他们学习下一个学习包，以便他们可以完成每个科目，并最终在比正式可用时间更快的时间内完成所有科目”。学期学分制为天才儿童缩短学习年限提供了可能，印尼教育与文化部出台规定，允许将天才儿童小学学制由六年压缩至五年，将初中和高中学制分别从三年加速至两年。[9]

三是充实化。充实化是指常规学习之外的额外补充，以解决天才儿童“吃不饱”的问题，包含两种实现方式，一种是对某个或一组科目加大内容难度的“纵向方式”，另一种是拓宽研究领域和丰富知识面的“横向方式”。纵向上，印尼重视对天才学生的单项技能强化培训，希望将他们培养成某方面的杰出人才。例如，全国天才儿童协会将以往只针对初中至大学阶段才开展的领导力培训提前至小学 4—5 年级，与多所学校合作推出了名为“全国青年领袖”的领导力基础培训班，为印尼未来发展积蓄领导人才。横向上，印尼学校提供了更多的课程选项。例如，在高中阶段增设了海洋科学、研究方法论、社会心理学、政治学、法学等科目。数字化时代为印尼天才儿童教育充实化提供了更多可能，包括基于信息通信技术的个人自主学习、小组合作学习、学习中心以及导师指导、研究领域专业竞赛等活动，都为挖掘天才儿童潜能发挥了积极的推动作用。

（三）天才儿童升大学通道

印尼多数天才儿童都能获得大学深造的机会。例如，SMART 卓越学校作为一所负有盛名的初高中寄宿制天才学校，90% 的毕业生都能进入印尼顶尖高校学习，其中包括印度尼西亚大学、艾朗加大学、茂物农业大学、万隆理工学院、蒂博尼哥罗大学、卡查马达大学、布拉维加亚大学、安达拉斯大学、哈山努丁大学等公办大学。[9]总体来看，印尼高校对天才儿童的招录方式包括如下三种。

首先是国立大学全国性选拔，由印尼高等教育入学考试研究院根据学校数据库中的学业成绩选拔学生进入大学。参加选拔的学校应是具有国家学校识别码的高中或技校，而且依据学校认证级别享有不同的招生配额，A、B、C 级配额标准分别为排名前 40%、20% 和 5% 的学生。整个招录核心流程分为三步。第一步，在学校数据库中录入有资格注册的学生所有学期的在校表现和学业成绩；第二步，在线审核申请者条件。申请者须为满足招生高校规定要求的高中或技校毕业生，且已经在学校数据库中提交个人学业表现证明材料，专业特长生还应上传获奖作品和证书；第三步，招生高校对申请学生进行排名，按理工、社会研究、语言、技能等门类分别设置录取标准，如若学生最终评分相同，学校还可以自主增设其他标准。

其次是国立大学联合入学考试，起初是由印尼高等教育入学考试研究院组织的全国性笔试联考，2019 年开始改为基于计算机的笔试。核心流程包括四项：一是审查报考资格，凡是近三年从高中或高中同等学力学校毕业且年龄未满 25 周岁的学生均可报考。二是确定考试内容，分为学业潜能测试、英语水平测试和学术能力测试三大类，其中学业潜能测试用于衡量学生的认知能力，包括一般推理能力、数理能力、常识和理解能力以及阅读和写作能力，英语水平测试旨在衡量大学学习所需的英语语言技能，而学术能力测试在于衡量学生成功接受高等教育所需的科学知识和理解能力，以及与在校学习科目直接相关的认知能力，重点放在高阶思维技能上。三是进行考试分组，按报考专业分为理科组、社科组以及混合考试组，各组又按学业潜能测试、英语水平测试和学术能力测试三类设置不同的考试科目，理科组和社科组考试时长皆为 195 分钟，而混合考试组考试时长则为 285 分钟。技能特长生除笔试外，还应参加现场技能考试。四是明确测试一般要求，即每位学生每年仅能参考一次，并将单独获得测试结果。该项考试为天才学生升入大学提供了有益通道，使从国立大学全国性选拔中落选的学生依然可以借此获得升学机会。

最后是高校的自主招生，包含两种具有代表性的入学途径。一是高中或中等技工学校资优生自行在线申请。如蒂博尼哥罗大学开设的“具有卓越成就种子学生选拔”，就是针对有突出特长的学生开设的特别通道。要求申请者毕业时间不超过三年，修满高中课程且每学期成绩单总分不低于 70 分（满分 100 分），参加过体育、艺术、科技、社会、人文、宗教等领域的比赛或锦标赛，成绩至少达到省级一等奖，有些则要求国家或国际比赛前三名，在线申请还必须提供赛事主办方的详细信息。[10] 二是高校对部分杰出天才学生进行破格直招，并提供特别奖学金，帮助学生获得更好的发展平台，进而为所在高校、所在地区和整个国家争得荣誉、多做贡献。例如，泗水穆罕默迪亚大学多年来通过破格直招的方式招收包括运动员、创新者、影响人物以及《古兰经》记忆者在内的青年才俊，并颁发同名奖学金。该校在 2022 年重点招收了九名卓越运动员新生，不仅有国家截肢足球队员（指残疾运动员）和五人制足球运动员，还包括电子竞技国家队成员。[11]

四、印尼天才儿童协会组织

成立于 2007 年的全国天才儿童协会由来自特殊学校发展司、地方教育当局、高等教育机构、“加速计划”学校、社区团体（艺术机构、体育等）、科学技术示范中心、青年科学家培育中心的代表共同组成。

该协会设有四个行动目标：一是为天才儿童提供特殊教育服务；二是为天才儿童增加获得优质和可持续教育服务的机会；三是提高公众对天才儿童教育的理解和认识；四是发展信息和协作网络，如参与“加速计划”天才儿童的数据收集。协会同时承担三大职能：一是制定政策鼓励教育机构提供优质、有效和可持续的天才儿童教育服务；二是对天才儿童教育服务机构进行引导和管理；三是协调与政府和相关机构的合作关系，根据相互协议及各方能力和潜力执行计划。该协会还具备多维功能：学术方面，常态化举办科学论坛并为天才儿童教育工作者出版著作和论文提供培训和资助；教育管理方面，负责协助天才儿童教育项目管理及课程与学习的监控、评估与督导；课程设计方面，参与开发差异化课程；课程实施方面，负责开发基于信息通信技术的学习媒体、培训信息通信技术的使用、探索适合天才儿童的学习模型和评估系统；教师发展方面，组织教师科学作品创意展示大赛、教学创新竞赛以及教师教学能力测试等；学生发展方面，提供学业能力测试、品格培育、爱国主义教育、生活技能培养、青年领导培训、创业态度培养、创新创意大赛等发展平台。

五、印尼天才儿童教育的挑战

印尼天才儿童教育历经数十年发展，已经成为特殊教育的重要组成部分，为印尼的拔尖创新人才培养和国家现代化建设做出了积极贡献。然而，印尼天才儿童教育总体发展水平与西方发达国家差距明显，首要表现就是覆盖面不广，能够获得特殊教育服务的天才儿童比重长期处于低水平。例如，2009 年，130 万天才儿童中仅约 0.7% 的人进入“加速计划”获得特殊教育服务。[12] 具体来说，印尼天才儿童教育面临的挑战突出表现在以下几个方面。

首先，在顶层设计上需要不断加以完善。一是在管理体制上，印尼的政府更替往往带来管理部门更迭和政策变动频繁的问题，并对天才儿童教育产生不利影响，因而需要保持政府领导管理机构和发展政策的稳定性和延续性，保障选拔、培训、课程、计划和人事等事务的“线性红利”；二是印尼天才儿童教育政策独立性不强，无法给予管理机构和办学单位真正明确的行动指南，为此，需制定具有针对性、操作性更强的天才儿童专项法律法规体系；三是虽然天才儿童教育财政投入标准高于普通教育，但总体规模有限，且经常性出现资金到位不及时等问题，因而需要加大资金投入，改善天才儿童教育的软硬件，扩大天才儿童资金帮扶的覆盖面。

其次，在选拔方面尚未实现真正公平和完全覆盖。尽管印尼制定了针对不同学段的天才儿童选拔程序，但招生的公平公正性并未得到有效维护，非天才儿童在生源中占有一定比例。究其原因，一是家长对天才儿童教育的认识存在偏差，把这种教育作为孩子走向成功的“捷径”，即使孩子并不符合条件也要想方设法获得“入场券”；二是部分学校将提供天才儿童教育作为“卖点”，违规招收非天才儿童生源进入“加速计划”以降低单位办学成本。[13]对于家长的功利化做法，需要加强正确宣传，帮助他们提高对天才儿童教育的认识，意识到天才儿童的选拔并非满足教师和家长的愿望，而是为了确保儿童的潜能得到最大发挥，同时学校也应该坚守招生规范，切实提升天才儿童教育质量；三是天才儿童教育发展规模仍然非常有限，对此应致力于扩大选拔范围，惠及不同学段、不同背景、不同地区的天赋学生，让更多天才儿童获得特殊教育机会。

最后，在师资问题上，印尼距离建立专业化的师资保障体系还有一定差距。第一，由于缺乏相应的学历教育，能够从事天才儿童教育的教师数量严重短缺，而且素质难以满足要求，成为亟待解决的问题；第二，教师选拔标准方面，天才儿童教师源自优秀普通教育教师，这种师资选拔缺乏任职标准的规范，容易造成教师能力的良莠不齐，无法从根本上保证每位天才儿童都得到最佳发展；第三，教师的在职培训体系并不健全，使得教师的知识与技能水平得不到稳步提升。对此，印尼应编制适合国情的天才儿童师资培养标准，有效联合与师资培养相关的教育部门、专业协会、研究机构等单位，共同形成聚焦合力，争取最大成效。

参考文献：

［1］UNESCO. The Salamanca Statement and Framework for Action on Special Needs Education［EB/OL］.（1994）［2023－02－10］. https://unesdoc.unesco.org/ark:/48223/pf0000098427Salamanca:World Conforence on Special Quality, 1994.

［2］Munandar U. Perspectives of education for the gifted and talented in Indonesia［J］. World Gifted, 2000（3）: 1＋17－18.

［3］Kompas. Sekolah Pelita Harapan Sediakan Beasiswa Rp 33 Miliar untuk Siswa Terbaik di Indonesia［EB/OL］.（2021－09－22）［2023－03－01］. https://www.kompas.com/edu/read/2021/09/22/080200571/sekolah-pelita-harapan-sediakan-beasiswa-rp-33-miliar-untuk-siswa-terbaik-di.

［4］Kementerian Pendidikan dan Kebudayaan. Republik Indonesia Nomor 18 Tahun 2018 Tentang Petunjuk Teknis Bantuan Operasional Sekolah［R/OL］. 2018: 11－12. https://bos.kemdikbud.go.id/media/upload/users/5610fb71841ca54bd90ef3be/files/Permendikbud%20Nomor%201%20Tahun%202018.pdf.

［5］Asosiasi CI＋BI Nasional. Menjadi Guru aksel yang efektif［EB/OL］.（2011－09－24）［2023－02－08］. https://asosiasicibinasional.wordpress.com/tag/guru/.

［6］Renzulli J S. Three-Ring conception of giftedness［EB/OL］.（2022－04－15）［2023－02－05］. https://gifted.uconn.edu/schoolwide-enrichment-model/three-ring_conception_of_giftedness/.

［7］Rosmawati D. Bimbingan Konseling Belajar［M］. Pekanbaru: UR Press, 2017.

[8] Muhammad A. Prinsip Utama Layanan Akselerasi [EB/OL]. (2014−05−03) [2023−02−05]. https://asosiasicibinasional.wordpress.com/category/tips-untuk-guru/page/3/.

[9] Fachrudin Y. Penyelenggaraan Program Akselerasi Bagi Anak Berbakat di SMART Ekselensia Indonesia [J]. Dirasah: Jurnal Pemikiran Dan Pendidikan Dasar Islam, 2019 (1): 23−37.

[10] Fakultas Teknik University Diponegoro.Peluang untuk Siswa Berbakat dan Berprestasi Melalui SBUB UNDIP [EB/OL]. (2022−03−10) [2023−03−01]. https://ft.undip.ac.id/peluang-untuk-siswa-berbakat-dan-berprestasi-melalui-sbub-undip/.

[11] Universitas Muhammadiyah Surabaya. Dari Atlet Kebanggaan Indonesia hingga Inovator Muda jadi Mahasiswa Baru UM Surabaya [EB/OL]. (2022−09−28) [2023−03−08]. https://www.um-surabaya.ac.id/homepage/news_article?slug = dari-atlet-kebanggaan-indonesia-hingga-inovator-muda-jadi-mahasiswa-baru-um-surabaya.

[12] Asosiasi CI + BI Nasional. Siswa Cerdas Ikut Percepatan Baru 0.7% [EB/OL]. (2014−05−03) [2023−02−15]. https://asosiasicibinasional.wordpress.com/2011/06/19/siswa-cerdas-ikut-percepatan-baru-07/.

[13] Profil Asosiasi CI + BI [EB/OL]. (2014−05−03) [2023−02−16]. https://asosiasicibinasional.wordpress.com/salam-cibi/about/.

第十八章
马来西亚天才儿童教育研究

21世纪以来，世界各国都更加重视拔尖人才培养，其中亦包括马来西亚。马来西亚将天才儿童教育纳入国家战略，以人才优势、科技优势助力经济增益，被冠以“教育界黑马”。自20世纪60年代起，马来西亚历经探索与实践，从“一刀切”的平等教育转向有利于天才儿童发展的“个性化”教育，在政策立法、选拔培养和支持保障体系等方面逐步系统化和规范化。

一、马来西亚天才儿童教育概述

（一）马来西亚对天才儿童的定义

马来西亚对天才儿童的界定大致涉及三个层面的考虑与探讨，即智商测验、特殊表现能力识别和培育国家领导者素养。

一是从智商测验层面对天才儿童定义。持此类观点的马来西亚学者认为，智商分数与特殊人才培育直接相关，为此将天才儿童定义为：在言语能力、感知与组织推理、注意力、记忆力、图形运动处理速度以及情绪发展等方面测验中都表现出色的儿童。此外，在测试中成绩高于平均值三个标准差的儿童，应被称为高度天才儿童。[1][2]

二是从特殊表现能力层面对天才儿童定义。马来西亚全国天才儿童协会（National Association for Gifted Children）在 1987 年发布的官方文件中开宗明义地指出，天才儿童是与同龄、同经历或同环境的其他人相比，能够在一个或多个特定领域表现出特殊能力和发展潜力的群体。2012 年颁布的《马来西亚教育蓝图 2013—2025》（*Malaysia Education Blueprint 2013–2025*）中明确提出，天才儿童是指在数学、语言、音乐和视觉艺术等领域有特殊天赋的 1% 的学生，其成绩在同龄人中居前 5%，在所有级别的国家考试中都表现得极为出色。[3]

三是从国家需求和提升国际竞争力层面对天才儿童下定义。马来西亚著名学者琳达·布罗迪（Linda Brody）等认为，天才儿童未来能通过自己所学和天赋才能为国家社会服务，并具备特殊思维品质应对各种挑战。[4]马来西亚大学哲学博士阿布·巴卡尔（Abu Bakar）则指出，天才儿童具有常人未有的天赋和潜力，此类儿童在国家精心培育下将发挥自身潜能，成为未来优秀的领导者。[5]

综合来看，马来西亚倾向于将天才儿童定义为在智力、创造力、领导力、艺术、体育等方面表现出非凡天赋和潜力的儿童，这些儿童通常具有出色的学习和创新能力，能够在不同领域取得优异成绩，为国家未来的发展做出贡献。[6]

（二）马来西亚天才儿童教育背景

马来西亚长期承袭英国教育体制，平等主义理念根植于教育系统中。20 世纪 60 年代，马来西亚秉持人人平等的“一刀切”原则，认为天才儿童与普通儿童无异，将对天才儿童实施特殊教育视为强化精英主义特权。20 世纪 90 年代早期，马来西亚经历了后“斯普特尼克时代”，由于天才儿童无法获得高质量教育，大批马来西亚天才儿童移居到能够为其提供优质教育的其他国家。

2008年，马来西亚天才教育迎来转机。政府召开特别紧急会议引入强化计划，宣布发起天才教育改革。政府针对数学和科学方面的天才儿童组织了全面的教育计划，对天才儿童按照特殊儿童处理，将其归入残疾儿童、全纳教育和特殊教育中。《马来西亚教育蓝图2013—2025》首次将天才教育政策单独列出，标志着马来西亚天才教育正式纳入国家教育蓝图和战略规划，并逐渐从普通的特殊教育体系中脱离。

（三）马来西亚天才儿童教育目标

马来西亚致力于促进所有学生在智力、精神、情感、身体上的全面发展，其总体教育目标是确保每个儿童享有平等的教育机会并具备成功所需的知识和技能，体现兼顾公平与卓越的教育理念。这一教育理念也促使马来西亚在发展天才儿童教育过程中兼顾国家与个人利益，追求教育机会平等，以公私合作为路径，以试点项目为抓手，培养适应新时代、具有卓越才华与独特优势的领军人才。

马来西亚教育部针对天才儿童制定的国家战略路线图，涵盖了以服务马来西亚教育总目标为出发点的具体目标和任务，始终贯穿卓越与公平的教育理念，最终落在促进整体教育高质量发展的实现路径上。其中，“卓越”体现在天才儿童的差异化培养中，即根据马来西亚天才儿童的特殊学习需求，制定个性化的教学方案；“平等”体现在为天才儿童提供平等的学习机会，最大程度地激发他们的个人学习潜力；“促进整体教育高质量发展”体现在将马来西亚试点天才儿童教育项目推广至全国，并为此构建完善的人才培养体系。[7]

二、马来西亚天才儿童教育的发展阶段及政策演变

自 1957 年国家独立以来，马来西亚开始在天才教育领域进行探索。迄今为止，其天才儿童教育发展及政策演变经历了初步探索、巩固发展和深化转型三个阶段。

（一）初步探索阶段（20 世纪 60—70 年代）

20 世纪 60—70 年代，马来西亚天才儿童教育缺乏系统的政策支持，也不存在立法规范，仅在 1962 年由马来西亚教育部推出“速成班计划”，旨在通过缩短学制来快速培养天才儿童。1970 年，“快速班级系统”（Sistem Kelas Ekspres）在短暂实施后因各种客观因素终止。“速成班计划”虽未能成功延续，但表明马来西亚开始意识到天才儿童对国家教育发展的重要性。在此阶段，政府对天才儿童教育的支持极其有限，并未出台正式的、具体的、有针对性的教育政策，也没有成立相关协会来促进天才教育的发展。天才儿童教育在初期探索阶段发展虽较为缓慢，但仍引发了马来西亚各界的逐步关注。

（二）巩固发展阶段（20 世纪 80 年代—21 世纪初）

20 世纪 80 年代—21 世纪初，全球科技和商业竞争日趋激烈，各国开始重视推进教育高质量发展。在此阶段，马来西亚致力于促进成立协会开展天才教育项目，并注重加强与地方合作，相关的政策计划也开始涌现。例如，马来西亚分别在 1983 年和 1987 年成立了马来西亚门萨协会（Malaysian Mensa）和马来西亚国家天才儿童协会（National Association for Gifted Children，Malaysia），为天才教育发展提供专门平台，帮助天才儿童挖掘和识别自身潜力；支持高校教育学院实施天才儿童才能项

目（Program Pintar Cerdas BAKA），开发天才儿童的特殊才能；于1996年推出了类似于20世纪60年代“速成班计划”的一级评估能力测试（Penilaian Tahap Satu，PTS），旨在通过加强与地方合作选拔天才儿童，该计划执行满5年后，于2001年结束。

（三）深化转型阶段（21世纪初至今）

21世纪初至今，马来西亚为天才儿童教育发展做出了大量努力，在全国范围内进行全面整理，重新启动地方性天才教育系统，政策立法也逐渐趋于科学化、体系化。至此阶段，马来西亚天才儿童教育已开始全面深入地谋求转型发展。2006年起，马来西亚教育部反复强调天才学校或天才班的设立对于国家发展具有重要意义。一方面，大力推行与实施天才教育项目。例如，马来西亚政府于2009年和2010年推动了两轮地方天才课程体系建设，推出了“国家智慧天才项目”“国家伊斯兰天才项目”等系列重要项目计划。另一方面，加强政策顶层设计。例如，马来西亚政府正式发布的《马来西亚教育蓝图2013—2025》旨在促进天才教育发展规范化、体系化。该政策的颁布，标志着马来西亚天才教育正式进入法治化、体系化、规模化的发展阶段。

三、马来西亚天才儿童的选拔与培养体系

马来西亚对天才儿童综合能力进行全方位考查，结合量化标准与全过程观察评价，筛选出天赋较高的天才儿童，形成了较为客观科学的选拔体系。在此基础上，进一步完善了天才儿童培养体系，对高天赋儿童从课程、教学、评价等方面进行全方位培养，以实现马来西亚天才教育的育人要求。

（一）选拔体系：标准化测试混合评估系统

根据天才教育机构和专家的深入研究，在教育部门的领导和统筹协调下，马来西亚采用基于标准化测试手段的混合评估系统，形成了以马来西亚 9—15 岁儿童为选拔对象，从天才儿童学术表现、情商和创新思维三方面确定选拔标准，以在线测试平台、指标测试和学术训练营为选拔工具，以两项智力测试加一项综合评估为选拔流程的天才儿童选拔体系。

1．选拔标准

天才儿童选拔需要基于标准化测试，对青少年的能力水平与性格特质进行量化评价，通过选拔者要在学术能力、思维品质、情商指数三方面都能达到基本标准。学术能力要求选拔对象能够通过智力水平考试，具备较强的感知与推理能力，兼有高水平的判断力与记忆力；思维品质要求选拔对象具有高阶思维，能够在处理问题的过程中运用创造性思维和批判性思维；情商测试要求选拔对象具有基本情绪管理能力，选拔过程需要对感知力、同理心等多种心理特质进行监测，同时参考心理学相关指标，对选拔对象的情绪管理与心理特质进行量化评价。

2．选拔工具

为了科学化实施天才儿童量化评价，马来西亚开发了包含一个在线测试平台、两项指标测试和一个学术训练营的系统选拔工具。一是在线智商测试平台，通过两轮在线答题，以语言理解、科学与数学等科目知识作为考查内容，科学评估学生智力水平与学习技能。二是两项指标测试，即马来西亚情商量表（Malaysian Emotional Quotient Inventory）与托兰斯创新思维测试。其中，马来西亚情商量表根据心理学等相关专业研究成果对学生的情商水平进行量化评价；托兰斯创新思维测试是一项创新性可视化测试项目，利用图片、视频等可视化工具考查学生处理问题时思维的创造性与灵活性。三是可实现综合考查的学术训练营，对学生进行全过程综合评价测试，通过观察学生课堂表现考查学生的感觉运动能力，结合学生项目展示情况综合评价学生能力。

3. 选拔流程

马来西亚天才儿童教育选拔流程分为三个阶段，两项智力测试与一项综合评估（见图 18-1）。第一阶段为“非受控”在线智力测试（Universiti Kebangsaan Malaysia 1，UKM1），由国家教育部牵头，每年 2—5 月举办，对设备和测试环境的限制较小，未指定考试中心，全体马来西亚学生可自行在线上答题。第二阶段为“受控”在线智力测试（Universiti Kebangsaan Malaysia 2，UKM2），这一测试举办时间在每年 6 月 1 日之后，由指定考试中心组织线上答题。每 15—20 名学生组成一个测试小组，分批进行测试。[8] 第三阶段为综合评估（Universiti Kebangsaan Malaysia 3，UKM3），该项评估由三个量化测试与一项学术训练营组成。学生通过前两项测试

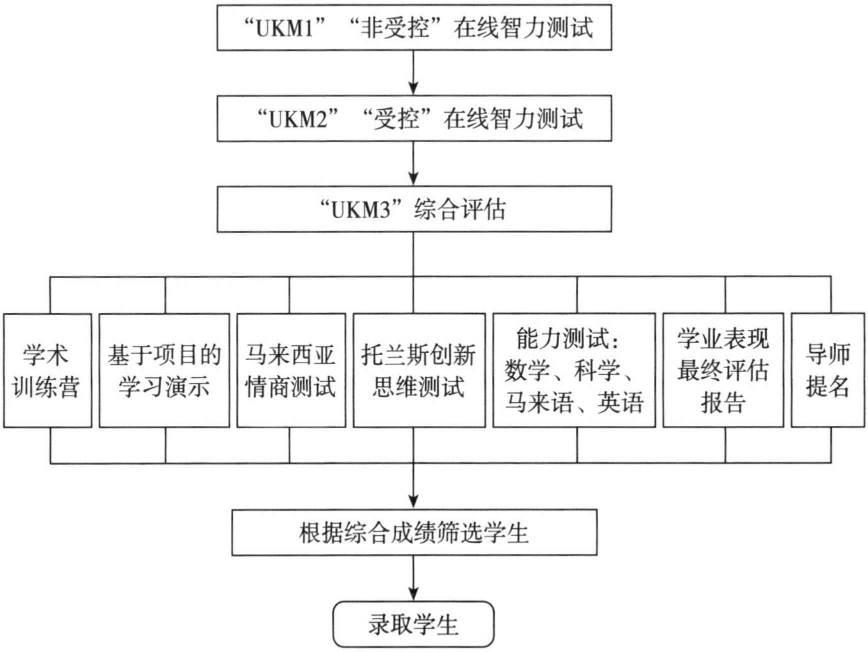

图 18-1　马来西亚天才儿童的选拔流程

后，方可进入天才教育组织机构举办的学术训练营，学习多门大学 1 年级的数学与自然科学领域课程。在此阶段，专家通过观察学生课堂表现与个人项目展示对学生进行综合评估，导师根据学生综合表现进行提名推荐，同时组织考查学生语言、数学与自然科学知识的能力测试。此外，学生在该阶段也需参与马来西亚情商调查与托兰斯创新思维测试。[9]

（二）培养体系：三维育人模式

马来西亚天才儿童培养体系涵盖了课程、教学和评价三个方面，切实结合天才儿童发展阶段的不同特色与不同需要，为天才儿童创设了个性化、规范化的高质量培养体系。

1. 课程设置

围绕天才儿童的学习兴趣和学业需求，马来西亚学校主要设置了加速课程、分组课程和充实课程。一是加速课程。在让天才儿童加速完成基础学业、学习逻辑哲学等超前课程、参加教育文凭考试后，通过跳级等方式满足天才儿童的特殊学习需求。二是分组课程。依据高天赋儿童能力划分小组，并设立特别课程。马来西亚针对在数学、语言学、音乐和视觉艺术等特定领域具有特殊天赋的前 1% 学生提供天才课程，使其能接受该领域专家的特别指导。三是充实课程。一方面，拓展深度，主要是基于原有核心课程增添各类选修课程和预科课程；[9] 另一方面，拓展广度，主要是提供多领域的第二课堂活动让学生选择，注重活动过程中对天才学生的综合能力培养，同时加强线上课程活动，如开发“Zoom”“Google Classroom”等数字平台和资源，帮助学生完成课程学习的全过程。[10]

2. 教学方法

根据天才儿童的学习进度与思维特点，马来西亚学校适当转换教学方法，采取灵活的课堂组织策略，改进任务布置方式，并研发新教学工具。具体包括以下方面：教师根据学生对教学材料的掌握程度，实行差异化与多样化教学方法，适度增删课程内容，适时调整课程安排；教师加强课堂组织策略，实行灵活的分组方式，促进天才学生在学习小组中共同交流、共同进步；教师发挥指导者作用，根据学生水平布置适当任务，最大程度锻炼学生的学习技能，提高学习效果；教师利用多种工具指导学生学以致用，如运用在线游戏创作软件，帮助学生深入理解知识，激发思维创造力。[11] 此外，学校鼓励教师积极挖掘在线课程网站，探索新教学资源，发展数字化教学手段，以资源创新推动教学工具的革新。[12] 多种教学方法与教学策略的实施，为提高天才儿童教育质量与效率、发挥天才学生实际潜力提供了动力源泉与效率保证。

3. 考核评价

由于天才儿童具备特殊性，马来西亚学校在考核评价中实行多主体评价方式，开发评估工具，创新多元评价内容，基于具体的科学化标准对学生进行综合客观的整体性评价。一是改进综合评价方式，实行多主体整体评估。此项评估对包括学生、家长、教师、管理人员在内的所有利益相关主体进行项目满意度调查，针对学生测试成绩进行质量分析，形成综合评价。[13] 二是不断开发新评估工具，对学生进行科学化评价。例如，培训教师使用美国的教育考试服务中心（Educational Testing Service）及美国州教育部提供的标准化测试、剑桥大学提供的相关试卷，并以天才学校和机构开发的评估工具作为补充，推动教师对标准化评估工具的运用与创新。三是创新评价内容，结合新评价形式进行多元内容评价。教师在个人研究报告和成果访谈中实施多角度客观评价，在校本考试、期末作业、标准化考试等多项评估中形成动态监测与整体评价。马来西亚学校在评价方式、工具与内容等方面的创新做法，有助于对学生形成更为客观的评价，推动天才学生发展自我意识，提升天才学生元认知能力。

4. 天才儿童高等教育升学路径

马来西亚为天才学生提供了个性化的高等教育升学路径，主要包括以下两种。

一是通过国家资格考试升学。马来西亚天才高中的二级天才学生在完成中学教育后，需要参加马来西亚教育文凭考试以确定是否符合升入大学或其他高等教育机构的条件。[8]考试包括数学、英语、马来语、科学和其他选修科目。天才学生在通过该考试之后可以选择预科班项目（Matrikulasi Programme）、参加基础班课程（Foundation Course）和攻读大学学位课程（University Diploma Course）三种继续学习的方式。除了统一考试，马来西亚还有一些其他的考试和评估机制为天才学生入学提供更多的选择和机会，如国际文凭课程（International Baccalaureate）、剑桥国际考试（Cambridge International Examinations）和马来西亚资质署（Malaysian Qualifications Agency）的学术评估等。

二是借助文凭和证书认证申请升学。马来西亚天才学校考核结果的大部分来自终结性评估，而其余则来自研究和课程中的评估，天才学生完成高中课程并评估合格后将被授予高中文凭（High School Diploma）。学生可以使用高中文凭成绩申请大学。例如，马来西亚的仁山天才学院（Genius Insan College）中的第一批高中毕业生，超过一半的学生通过文凭认证申请进入了名校继续深造。此外，马来西亚高级宗教文凭被公认为相当于高等教育文凭，获得该文凭的天才学生可以直接申请进入阿兹哈尔大学和当地宗教大学。[14]

四、马来西亚天才儿童教育的支持保障体系

为了保障天才教育顺利实施，马来西亚从组织架构、经费投入、师资

培养和协会指导四个方面完善了相应的支持保障体系，持续为天才儿童的成长与发展提供个性化的支持。

（一）组织架构

对于天才群体的长期规划、管理和评估，马来西亚政府能提供的天才教育政策引导和支持有限，而高校和研究机构作为天然优质教育资源的供给单位，是开展天才教育研究和实践服务的重要主体。由此，马来西亚政府主要依托高校设立天才儿童教育领导机构和相关办学机构。

一方面，教育部下设的马来西亚国家天才儿童中心是马来西亚天才教育的最高领导机构，主要发挥重要的指导、统筹及监督作用。2009 年，在马来西亚政府支持下，马来西亚大学和约翰·霍普金斯大学共同开发了一项“马来西亚国家天才儿童中心计划”，成为马来西亚天才教育主流系统。[13] 政府在该计划基础上成立了马来西亚国家天才儿童中心，主要任务是对马来西亚发展天才计划的可行性和研究进行指导和审查，以及对天才计划的具体执行情况进行监督和评估。

另一方面，办学机构是天才培养的必要条件与保障。遵照教育部提出的天才教育改革发展方向，马来西亚政府依托高校分别于 2011 年和 2015 年为天才儿童建立了两所实验学校负责天才儿童培训，即马来西亚大学的国家智慧天才学院和马来西亚伊斯兰大学的国家伊斯兰天才学院，并授权其为国家天才中心官方管理机构。作为当地天才教育计划的先锋和卓越中心，这两所办学机构的整体目标是制定全面的教育计划，以促进全国天才学生的全方位发展。2018 年，政府将“马来西亚国家天才儿童中心计划”移交至教育部特别设立的天才教育部门，该部门与两所高校共同领导天才计划，推进天才教育系统进一步完善发展。

（二）经费投入

马来西亚历来对教育极为重视，历届政府对教育的投资都高居榜首。20 多年间，马来西亚的教育支出占比一直在 14.0% 以上，最高达 25.9%。2019 年，联合国教科文组织数据显示，马来西亚列在全球最佳教育排名第 11 位，这与政府对教育大力提供财政支持密不可分。2022 年，马来西亚教育部获得 526 亿拨款，占联邦发展开销总额的 16.0%，是有史以来拨款预算最高的预算案，为天才儿童培养提供了重要的经费支持。马来西亚政府对天才儿童教育的经费投入主要体现在以下两方面。

一是为保障天才儿童获得高质量的教育和教学资源，马来西亚加大了对硬件设施和教学资源的资金投入，并为此设立了专项资金。其中，政府尤其重视加强建设信息和通信技术系统，并为此提供强有力的支持结构，在通信技术方面投资了约 60 亿林吉特以增加通信技术设备的数量，使学生与设备的比率达到 10∶1。

二是为满足天才儿童的特殊教育需求，马来西亚升级了对天才教育机构的资助。一方面，考虑到负责国家课程考试的全寄宿学校、一流学校和优秀学校等天才办学机构需要获得资金及管理灵活性，加大其可利用资金使用权限，开发更丰富的天才教育课程与活动。另一方面，增加高等教育天才儿童培养资金投入。2022 年，高教部得到拨款总额为 145 亿林吉特，基金贷款也被批准予以特别折扣优惠，以为天才教育研究和天才学生入学提供充分的经费保障。

（三）师资培养

高质量师资队伍是天才儿童教育的重要保障，天才儿童教育也对教师的知识储备、素养和能力提出了较高要求。为此，马来西亚建立了教师职前与职后支持体系，为具有不同需求的教师及教师候选人提供获取理论知识、提升教育教学能力的机会。

在职前教育阶段，政府和学校采取一系列措施，努力打造一支高素质的教师队伍进入天才儿童学校。一方面，政府通过制定政策和提供资金帮助教师成长。2010年，政府与教育部合作，提出了“为马来西亚而教”（Teach for Malaysia，TFM）方案，旨在吸引优秀的年轻毕业生从事教学工作。TFM成员被安排到对天才教育师资有迫切需求的学校进行为期两年的实习，期间将得到指导和支持，并在完成培训后获得天才教育方面的专业资格。另一方面，学校设置了职前培训和学位要求，确保教师做好入职的资格准备。天才学校初任教师需要通过天才学校为其入职前设定的时长为60小时的职前培训和考核。大学研究型教师则需要研修相关领域的课程和学分，同时获得相关领域的硕士学位。

在职后教育阶段，通常是天才学校为教师和学校行政人员提供在职培训。国家智慧天才学院的学校项目为教师提供了为期两年的连续内部培训，培训过程中咨询和聘请相关专家在教学法、评估能力、心理—社会—情感支持系统和研究能力方面给予教师指导。在培训项目结束时，相关专家将选取优秀教师成立培训小组，为该项目培养未来导师。此外，由于天才学校的高层行政人员需要拥有天才教育证书，马来西亚还建立了天才教育证书制度，并为此成立了一些天才教育机构，如马来西亚新南威尔士大学（University of New South Wales Malaysia），供教师职后学习以考取天才教育文凭和证书。

（四）协会指导

为实现天才儿童和谐发展，马来西亚教育部鼓励家长、社区和私营部门作为合作伙伴充分参与教育，利用各方优势共同创建协会，拓宽多元路径支持天才儿童教育。

马来西亚分别于1983年和1987年成立了马来西亚门萨协会和马来西亚国家天才儿童协会。其中，门萨协会为智商在人口中排名前2%的14岁以下天才儿童设立，入会者须通过门萨智商测试，对于10岁以下的儿童，评估过程需在教育心理学家协助下开展。马来西亚国家天才儿童协会的设立，是为帮助天才儿童发挥潜力，并为家长、教师和其他关心天才儿童发展的人提供支持与指导，儿童不需要通过任何测试就可以加入协会，因此该协会的会员遍布全国，极大促进了马来西亚公民对天才儿童教育的深入理解。

马来西亚国家天才儿童协会提供了各式各样的活动及多方面的资源以支持天才儿童教育的发展。在活动计划层面，协会尝试通过组织讲座、培训班、社交聚会和公众论坛等方式，向教育工作者、家长和公众传播有关天才儿童甄别和教育的知识普及信息，让公众了解高潜质儿童所面临的挑战及其解决方法。在资源提供层面，协会集结社会多方力量设立了资源中心，服务包括与社会组织、团体合作，提供有关资优儿童的录像带、书籍、杂志，供会员借阅，与政府、高校合作，开发系列天才教育特色课程。

五、马来西亚天才儿童教育的成果

（一）马来西亚天才教育机构发展

自20世纪80年代开始，马来西亚教育系统为天才学生提供了不同类型的教育机构与教育形式。目前，马来西亚已成立了国家天才儿童协会、马来西亚门萨协会帮助具有杰出天赋的儿童发挥潜力，还成立了国家智慧天才学院、国家伊斯兰天才学院、彭当天才学院三所专门性天才教育机构，规划和践行马来西亚天才教育计划。为助力国家在2025年实现整体教育高质量发展的愿景，马来西亚高等教育机构开发了多个天才教育数字平台，如国民大学国家天才中心利用信息与通信技术创新构建了“数字教室”，马来西亚伊斯兰大学利用数字应用程序，针对天才教育设计教学内容和开展课堂活动，为天才儿童提供了良好的学习平台和便利的学习环境。[15]

（二）马来西亚天才儿童培养成果

经过数十年的探索，马来西亚培养了大批拔尖人才，教育成果斐然。目前，马来西亚已有超过 200 万名儿童参与天才儿童选拔，且人数逐年递增。经过个性化教育培养的天才儿童与同龄人相较，不仅在标准化考试、学业就业、未来职业发展方面显示出更强竞争力，在领导力、创新力、社会情感力等方面也更为突出。其中约 27% 的天才学生被世界排名前 20 的大学录取继续攻读学位，约 92% 的天才学生表示希望在 STEM 领域等不同行业工作，为马来西亚、亚洲甚至全球的科技创新发展贡献自己的力量，约 7% 的天才学生表示希望进入国家公共部门，成为未来的优秀领导者。

面向未来，马来西亚政府提出，将把目光转向标准课程之外更具挑战性的天才教育，给予学生更多时间参加创新活动，拓宽天才儿童的知识领域，从而培养国家甚至是全球所需的高素质人才。总体而言，马来西亚天才儿童教育的更迭发展，是对教育从“绝对平等”到“个别优质”，从儿童“普通特殊”到“少数特殊”的价值追寻，“天才”是“天赋”人才，也需要获得后天培养。由此可见，发现、关注、满足少数真正天赋异禀的特殊儿童教育个性化的特别需求，不仅是维护教育公平的一种体现，也是国家培养拔尖创新人才的愿景和意义所在。

参考文献：

［1］Jones J, Ishak N M. The worldwide interest in developing innovators: the case of the Center for Talented Youth（United States）and PERMATApintar（Malaysia）［M］//The Routledge International Handbook of Innovation Education. New York: Routledge, 2013.

［2］Subhan M, Amat S, Bakar A Y A, et al. The level of resilient among gifted and talented students in Malaysia［C］//Proceedings of International Conference on Special Education. 2015.

［3］Ministry of Education Malaysia. Malaysia education blueprint 2013−2025（preschool to post-secondary education）［C］. Putrajaya: Ministry of Education Malaysia, 2013.

［4］Bakar A Y A, Brody L E. A counselling framework for meeting the needs of gifted students in Malaysia［M］. Sydney: Routledge, 2021.

［5］Bakar A Y A, Zakaria Z. The gifted and talented education programme in Malaysia: development, reform, and way forward［M］//Education in Malaysia. New York: Routledge, 2023.

［6］Aziz A R A, Ab Razak N H, Sawai R P, et al. Exploration of challenges among gifted and talented children［J］. Malaysian Journal of Social Sciences and Humanities（MJSSH）, 2021, 6（4）: 242−251.

［7］Kementerian Pelajaran Malaysia. Ringkasan Eksekutif-Pelan Pembangunan Pendidikan 2013−2025［R］. 2012.

［8］Shakir S B A, Ali M A B M. Gifted education in Malaysia: a promising tomorrow［J］. Vietnam Journal of Educational Sciences, 2021, 17（1）: 75−83.

[9] Malaysia Ministry of Education. Garis Panduan Pengoperasian Program Pendidikan Pintarn Cerdasdi Sekolah Kementerian Pendidikan Malaysia [Z]. (2021-06-22) [2023-03-25]. https://www.moe.gov.my/pemberitahuan/pengumuman/surat-pekeliling-iktisas-bil-3-tahun-2021-garis-panduan-pengoperasian-program-pendidikan-pintar-cerdas-di-sekolah-kpm.

[10] Yusof R, Ismail J, Radzi A M. Online distance learning: a New learning approach in the Malaysian gifted education system [J]. FWU Journal of Social Sciences, 2022, 16 (1): 28-46.

[11] Kamarudin M F, Sharif M S A M, Kamarulzaman M H. Differentiated instruction: exploring the attitudes of gifted and talented students in Mathematics [J]. Asian Journal of Research in Education and Social Sciences, 2022, 4 (1): 146-160.

[12] Bakar A Y A. "Digital Classroom": an innovative teaching and learning technique for gifted learners using ICT [J]. Creative Education, 2016, 7 (1): 55-61.

[13] Bakar A Y A. Developing gifted and talented education program: the Malaysian experience [J]. Creative Education, 2017, 8 (1): 1-11.

[14] Arifin Z, Halim Z A, Bakar K A. The readability of Balaghah textbook of Malaysian higher certificate of religion (Stam): a pilot study [J]. Advances in Natural and Applied Sciences, 2013, 7 (2): 192-200.

[15] Zakaria Z b, Hilmi A B b A, Spawi M B. Engaging gifted and talented students with iPad: using educational apps to promote higher order thinking skills [J]. Journal of Global Business and Social Entrepreneurship (GBSE), 2017, 1 (4): 132-140.

第十九章
澳大利亚天才儿童教育推进策略

随着全球社会和科技的发展，各国争相将人才培养作为国家发展的战略性部署。澳大利亚人口稀少，百年来却产生了十多位诺贝尔奖得主、众多国际科技创新人才，这主要得益于其对人才培养的重视。在兼顾公平和卓越的条件下，澳大利亚政府通过实施天才儿童教育，因材施教，助力天才儿童最大限度地发挥自身才能。澳大利亚天才儿童教育历经半个世纪，已发展到较高水平，这种特殊教育模式既为国家培养了大批创新型人才，也全面提升了国家综合实力。

一、澳大利亚对天才教育的界定

澳大利亚全国共有 6 个州和 2 个领地。各州（领地）对“天才”的界定不同，有的甚至对“天才”没有进行界定。但总体上，各地都以加涅的“天赋和才能区分模型”为基础制定相关政策。根据加涅的理论，澳大利亚的天才教育包括两个部分：有天赋儿童的教育和有才能儿童的教育。在澳大利亚官方政策中，天赋指的是学生在某一个或多个领域（如智力、创造力、社会情感或感觉运动）中所拥有的突出能力，是儿童先天遗传而来的；才能则指的是学生接受教育和实践之后，在书写、数学、科学和技术、雕刻、运动、语言等某个方面或某些方面具有的突出能力，是儿童后天习得的。天赋是才能发展的基本条件，而才能是教育、实践和培训的结果。天赋能力对儿童发展具有非常重要的作用，同时，儿童的个性特征、所处的环境以及机会对儿童的发展同样具有极其重要的影响。[1]

二、澳大利亚天才儿童教育的制度保障

澳大利亚联邦政府于1973年成立了学校委员会，正式承认天才儿童的存在。此后，联邦政府持续为天才儿童教育提供保障。

（一）政策保障

与欧美发达国家相比，澳大利亚天才儿童教育受反智文化潮流的影响，起步较晚。直到20世纪70年代末，澳大利亚各州和领地才陆续颁布了与天才儿童教育相关的政策文本和研究案例。80年代以后，澳大利亚联邦及各个州（领地）开始出台正式的天才儿童教育政策，认为天才儿童需要特殊教育和支持。澳大利亚天才儿童教育政策的发展经历了三个阶段。

1. 发轫阶段（20世纪80—90年代中期）

1980年昆士兰州公布的《埃亨报告》（*Ahern Report*）是澳大利亚第一个有关天才儿童教育的政策文件。1985年5月，澳大利亚天才教育协会成立，为全国提供天才教育信息、支持和宣传网络。1988年，在澳大利亚成立了天才儿童教育的学术研究机构。在20世纪80年代到90年代中期这一阶段，只有个别州有天才儿童教育相关政策，从政策的影响到学术理论的建立都尚显不足。[2]

2. 发展阶段（20世纪90年代中后期—21世纪初）

1996年，澳大利亚在国家平等计划（National Equity Programs）中提出了有关天才儿童的教育方针，是全联邦性质的天才儿童教育政策。该计

划引导更多州出台了相关政策，使天才儿童教育政策迅速发展完善，天才学校开始创立，天才教育经费逐渐增多。天才教育科研机构也纷纷成立，从不同角度研究天才儿童教育的科研成果不断涌现，理论建树颇丰。澳大利亚天才教育协会（Australian Association for the Education of the Gifted and Talented）也在各个州成立分会，共享科研成果，避免重复工作，使天才儿童教育得以高速发展。这一时期各州建立的协会都有其宗旨、目标和对象，既要组织学校与社区合作开发教育项目，为天才儿童提供支持，又要游说政府机构给予天才儿童更大的认可与政策及资金支持。总的来看，20 世纪 90 年代中后期—21 世纪初的这一阶段，澳大利亚从政策体系、机构设置、理论建设等方面都在逐步完善。

3. 改革阶段（21 世纪以来）

从 21 世纪初至今，澳大利亚坚持通过调整原有政策适应天才儿童教育的持续发展，天才儿童教育政策也愈加体现出时代特色，为现在和未来天才儿童教育的更好发展提供更科学的政策指导。[2]

（二）法律保障

1. 联邦政府立法

1988 年，澳大利亚参议院第一届选举委员会撰写了名为《天才儿童教育》（*The Education of Gifted and Talented Children*）的政策性报告，提出 9 条建议，主要涉及教师教育和特殊教育问题，但后期因为缺乏财政支持，未能得以贯彻实施。1999 年，联邦政府在《阿德莱德宣言》（*Adelaide Declaration*）中强调，天才教育的首要目标是学校应该充分发展所有学生的天赋和能力。[1] 2000 年 10 月，澳大利亚参议院关于天才教育的第二次报告提出了 20 条建议，与第一次报告中的 9 条建议非常相似，再次强调了天才儿童教育教师培训、国家制定关于天才教育的战略措施、成立国家研究中心、开发国家课程的重要性。该报告虽激发了公众的兴趣，但同样未得到有效贯彻与实施。2005 年，澳大利亚公布《天才教育：教师专业发展包》(*Gifted and Talented Education: Professional Development Package for Teachers*)，表明政府力图弥补教育上的缺憾。

2. 各州立法

从 2010 年至今，澳大利亚出现了一股天才教育热潮，各州（领地）纷纷制定相应的公立学校政策。2010 年，西澳州出台了《公立学校天才教育政策》(*Gifted and Talented Education in Public Schools Policy*)[3]；2023 年，首都领地颁布了《支持天赋和能力很强的学生》(*Support for Gifted and Highly Able Students*)[4]，维多利亚州出台《志存高远：天才儿童与青年战略 2014—2019》(*Aiming High: A Strategy for Gifted and Talented Children and Young People 2014–2019*)[5]；2019 年，昆士兰州、南澳州两地分别颁布了各自的天才教育政策《P–12 课程、评估和报告框架》(*P–12 Curriculum, Assessment and Reporting Framework*)[6]与《天才儿童教育》(*Gifted and Talented Children and Students*)[7]；2017 年，北领地和塔斯马尼亚州出台了《天才教育：指导意见与规程》(*Gifted and Talented Education: Guidelines and Procedures*)[7]、《天才儿童拓展性学习》(*Extended Learning for Gifted and Highly Able Students*)[8]。至此，澳大利亚 6 个州以及 2 个领地均制定出天才教育政策。其中，新南威尔士州是澳大利亚天才教育的典范，在缺乏师资的困境下，经过 80 多年的发展，2022 年该州将有 77 所学校开设“机会班”。[9]

（三）经费保障

1993 年到 1995 年间，澳大利亚联邦对天才教育领域的资金支持成为《针对学校的国家公平计划》的一部分，每年投入约 100 万澳元用于在没有相关课程设置的大学设立天才教育课程。但这项有针对性的支持计划于 1996 年停止。1994 年到 1996 年间，联邦实施《全国专业发展计划》(*National Professional Development Programme*)，为教师专业发展提供了支持。目前，联邦实行的是《优质教师计划》(*Quality Teacher Programme*)，将在三年内提供 7400 万澳元用于教师的专业发展。[2] 2004 年到 2005 年间，澳大利亚教育部投入 6 亿澳元发展天才教育，内容包括训练天才教育教师的专业技能、教学策略和教学技巧。澳大利亚还投入 55 万澳元帮助乡村、少数民族与土著居民等不同文化背景的天才儿童获得天才教育。2005 年，新南威尔士州政府提出高质量教师计划，对优秀天才教育成果实行资金支持计划（Common Wealth Funded Project）。[10]

（四）师资保障

1. 制定政策

为保障天才教育的实施，2005 年，澳大利亚公布了《天才教育：教师专业发展包》，内有 6 个模块：理解天才、天才儿童的辨识、天才儿童的社会性发展和情感发展、了解天才儿童的进步、为天才儿童提供个性化课程、天才儿童的发展项目和服务。各州政策文件都界定了教师职责。例如，昆士兰州教育部的政策认为教师职责包括以下内容：一是应进行专业学习，以提高天才教育教学实践能力；二是应熟悉天才的概念、天才儿童的特征、正确的鉴别方法和专家的支持性意见；三是应反思自己的教学实践；四是应提供富有挑战性的课外活动和有区别的课程；五是应与父母或看护者进行联络和沟通；六是应通过评估向天才儿童提供成果报告。[2]

2. 加强培训

在澳大利亚，很多学者对天才儿童教育的实践工作进行了深入研究。

一些研究表明，教育工作者在天才和天才儿童的教育中扮演着重要且有影响力的角色，他们对这些儿童的学习、成就和发展产生深远影响。[11]教师需要适当的培训，以处理天才教育过程当中的问题。有研究显示，接受过天才教育专业学习或者读研期间学习过天才儿童教育的教师在满足学生需求方面表现得更出色[7]，而缺乏天赋和天才儿童教育领域的培训，可能使教育者对天才儿童教育持有误解和消极的态度，从而对课堂实践产生重大影响。研究表明，教师培训尤其是在职前阶段进行的培训，可以增强教育工作者为有天赋和有才华的学生提供高质量学习经验的能力和信心。[12]因此，各州、领地开展形式多样的教师培训以提高天才儿童教育质量。2001 年，澳大利亚参议院对天才儿童教育进行调查，并要求在本科教师教育课程中落实加强资优教育的 20 项建议。[11]维多利亚州教育、就业和培训部建议，职前教师培训课程应至少包含一个关于天才儿童教育的必修单元。新南威尔士州教育与培训部建议，应该有 13 周的天才儿童教育教学单元。天才儿童教育研究资源与信息中心建议，至少要有 12 小时的必修课程和一门更加深入的选修课程。[2]但是，在本科阶段，几乎没有教育学院把天才儿童教育作为一门完整的课程来开设。虽然实习教师听取关于天才儿童的鉴别与教育的讲座变得越来越普遍，但总体上次数较少。一些大学开设了天才儿童教育教师培训的硕士课程。西澳州的莫道克大学、南澳州的福林德斯大学等都开设了天才儿童教育的硕士课程，帮助教师和学校管理者进一步发展和完善教学技巧，改进教育计划，从而帮助天才儿童获得好成绩。这些大学还针对本国及国外的学生规定了不同的入学资格。有些大学还提供相关的入职后培训，鼓励教师和校长围绕天才儿童的教育问题进行专业培训。例如，莫道克大学和福林德斯大学针对部分任务繁重的在职教师和学校领导者，设计出可供选择的、灵活的课程结构，在职教育工作者也可以在自己的研究生学习中把班级工作当作研究对象和素材；一些学校也联合起来，建立了天才教育网，为本地区教师专业发展提供支持性讲座和网络资源支持。[10]澳大利亚虽然没有强制教师接受天才儿童教育的相关培训，但是所有州（领地）都要求教师在注册教师资格时接受特殊教育需求方面的培训，此类培训包含一定时长天才儿童教育学习材料。[7]通过职前和在职培训，天才教育领域的教师们更加熟悉天才儿童的特征和鉴别方法，丰富了教学经验，改进了教学方法，可以更好地帮助天才儿童达到更高成就，使天才儿童教育政策的实施获得更好的效果。

三、澳大利亚对天才儿童的选拔与培养

天才儿童选拔、培养是天才儿童教育推进过程中的关键环节，事关天才儿童健康发展与国家综合国力的提升。为此，澳大利亚大力开发天才儿童鉴别工具，制定严格的选拔程序，并在研究和实践的基础上，通过科学的培养模式，保证天才儿童更好地发展。

（一）天才儿童的选拔

20 世纪 80 年代以前，澳大利亚天才儿童选拔主要依据学业成就。这种方式使具有外显天赋才能的儿童得以识别出来，但是那些有潜在特殊才能的儿童很难被辨别。[13]当前，澳大利亚对天才儿童的选拔主要从“天才的定义”出发，坚持选拔是一个持续性的“诊断”过程，选拔结果是为了更好地培养天才儿童。每一所学校都有责任制订本校的天才选拔流程并在具体选拔手段上体现一定差异，但总体上看，对天才儿童的选拔都涉及提名、鉴别和观察三个阶段。

1. 提名阶段

在提名阶段，由家长或学生本人向学校提交申请，包括家长提名、教师提名、同龄人提名以及自我提名等形式，由相关人员（如父母、教师、同龄人或被鉴定者自己）对学生的心理特征、行为表现进行主观判断和评价。之后，家长、教师、辅导员和同学根据专门的检查量表，收集该学生在学习、性格、兴趣等各方面的信息，作为选拔的依据。

2. 鉴别阶段

这一阶段，学校通过标准化试卷、量表来鉴别儿童的天赋才能。具体包括智力测验、能力倾向测验、成就测验、学业水平考试以及超水平测试等，以量化的方式评估学生的天赋与才能水平，具体测试方法还需根据学生的年龄、天赋领域等进行选择，其中包括：有特殊文化背景的学生，如有经济困难背景的天才儿童；来自多元文化背景并将英语作为第二语言的天才儿童；有天赋但有学习障碍的天才儿童；有生理缺陷的天才儿童，如视力或听力受损的有天赋的儿童；偏远地区的天才儿童；由于重复学习而失去学习热情的天才儿童；没有接受挑战性课程的天才儿童；故意伪装自己的能力以获得同伴认可的天才儿童。鉴别这些天才儿童通常采用瑞文标准推理测试、动态测试、古迪纳夫—哈里斯画人测验等，可有效排除劣势或多元文化干扰因素的影响。

3. 观察阶段

该阶段，学校会在一定时期内对通过审查的儿童进行观察，由教师进行观察并记录儿童的学习情况、兴趣、优缺点等相关信息，考察儿童的实际表现是否符合预期。通过选拔程序的儿童将被视为真正的“天才儿童”，参与学校为天才儿童提供的活动与项目。

总体上，各州（领地）在天才选拔方面大致有以下特点：一是使用多种选拔标准；二是采用特殊方式对具有特殊天赋、不同文化背景的儿童进行选拔；三是在选拔时要注意，天才儿童并非在所有方面都最优秀，他们可能只在一个或几个方面表现突出；四是主观和客观选拔策略相结合。

（二）天才儿童的培养

1. 天才儿童培养的特点

澳大利亚对天才儿童的培养呈现出以下特点。一是针对不同天才儿童实行有差异的课程，通过加速制和充实制，使天才儿童获得良好发展。各州（领地）天才教育实践可归纳为两种模式：新州模式与南澳州模式。新州模式倾向于对天才儿童进行集中教育，如设立重点学校与重点班，采取该模式的主要有新南威尔士州、维多利亚州、昆士兰州；南澳州模式倾向于主流班级学习，辅之以差异化课程，采取该模式的主要有南澳州、西澳州、首都领地。[1]二是为音乐、表演、绘画、体育、语言、数学、科学等特定领域的天才儿童开设具有选择性的天才教育课程。三是让智力水平超常或学习成绩突出的天才儿童提前进入更高阶段的学习。四是开设丰富多彩的天才儿童教育活动。例如，组织天才儿童通过参加各种国际、国内竞赛进一步提升才能，通过参观各式展览开阔视野、拓宽知识面；安排天才儿童参加校外实习，以学会理论联系实际，丰富社会经验，学会与人交流，从而避免成为孤立的只会学习的“怪才”。

2. 天才儿童培养模式

澳大利亚天才儿童教育服务背后蕴含着如下理念：所有天才儿童均可平等地参与教育项目，教育项目本身必须是灵活的、全纳性的，能够满足天才儿童的需求；处于发展过程任一阶段的儿童都可以按照自己的步调、学习禀赋构建自己的知识结构；教育项目可以满足个体的特殊需要、符合其兴趣；根据课程内容、程序、结果和学习环境为每一位天才儿童调整课程安排；规划组织结构和群体结构，保证天才儿童在适切的学习环境中有秩序地互动；吸纳能满足天才儿童教学需要的人力和资源等方面的支持；项目的基础是现有研究和实践。[10]

基于以上理念，澳大利亚天才教育主要采取融合制，以充实制和加速制为两大主轴。除少数的集中式天才班或重点学校（selective high schools）外，大部分州政府更多地在普通班级中进行区分性的天才充实课程，包括加速、独立学习研究、资源教室、学校课程延伸等综合式的活动方案。中学阶段的普通学校，为音乐、语言、数学、科学等特定领域的天才儿童开设具有选择性的天才课程，而其他课程则在一般教室中学习。[10]学校主要采取以下几种形式进行天才儿童教育。

一是分组。将学习能力相近的学生组成小组，教师根据学生的程度给予差异化指导和任务安排，以促进学习成果最大化。这种方式既可以是长期举措，也可以是短期应用。

二是加速制。对具有超常天赋与学习能力，同时具有超常的毅力、独立性、灵活性和学习动机，能够适应加速式、灵活化和严格化学习的学有余力的学生，实施加速教育项目，包括提供课程包、提前讲解课程内容、允许部分或完全跳级（在某一个学段内跳级或跨学段跳级）、提供大学提早入学机会等。

三是差异化培养。包括充实性课程和拓展性课程。充实性课程注重课程知识的广度，帮助学生学习应对复杂世界的知识与态度，提高应用能力与思维能力。

四是天才工作室。建立天才工作室，以综合学生、教师、家长和学校其他工作人员的经验，更好地为天才教育服务。

五是导师项目。将学生与学校里拥有专业技术技能的工作人员紧密联系起来，这些工作人员将作为天才儿童的导师，为他们提供帮助与指导。

六是设立天才学校。天才学校能够提供多样化的教育活动，包括竞赛及假日学校、社区英才中心、国家天才教育学院等举办的各种活动。例如，2003 年，州政府在弗林德斯大学设立澳大利亚科学与数学学校（Australian Science and Mathematics School），专门针对 10—12 岁在科学及数学领域的天才儿童展开教学，这些儿童在两年内完成普通课业的学习后，将以大学教授引导的方式进行课程学习。[10]

四、澳大利亚天才儿童教育的研究机构及成果

（一）天才儿童支持与研究机构

澳大利亚成立了很多协会和研究机构支持天才儿童的培养与研究，各州也在大学开设了小型的天才儿童教育研究机构，为本地区的天才教育课程和师资培训提供智力支持。其中最主要的研究机构如下。

1. 澳大利亚天才教育协会

澳大利亚天才教育协会成立于 1985 年，由各州天才儿童教育组织组合而成，主要目的是促进和保护天才和有突出才能的人受教育的权利和福利。该协会通过一系列活动和服务，为天才教育提供正确的信息、宣传和服务网络。这些活动和服务包括但不限于：提供由国家领导的天才教育；提出天才儿童的教育和福利需求；与政治家和政府合作，在立法和政策上接纳有天赋和才能的学生，以实现他们在学校和社会中被认可和接纳；促进天才教育的研究和学术发展；满足天才儿童的智力和情感需求，提供适宜的教育措施；为杰出天才提供教育奖学金；发行《澳大利亚天才教育杂志》（*Australian Journal of Gifted Education*）期刊及举办半年一次的天才教师与研究者会议。[10] 澳大利亚天才教育协会致力于通过国家投资，对

为澳大利亚天才教育做出重大和显著贡献的人给予奖励。2020 年，该协会修订并恢复了每两年颁发一次的 AAEGT 天才教育杰出奖，表彰那些在职业生涯和志愿活动中为天才教育做出重大贡献的人。

2. 塔斯马尼亚天才协会

塔斯马尼亚天才协会（Tasmanian Association of the Gifted）是一个自愿的、非营利性组织，由当地致力于改善天才儿童教育成果的家长、教师、心理学家和专业教育工作者组成。其主要功能包括：宣传和游说改善天才儿童教育的立法；向家长和教师提供信息；建立关系网和促进教师专业发展；组织开展天才儿童活动，如乐高机器人项目（Lego Robotics Programs）。其主要工作包括：定期请天才教育领域的专家为教育者和家长举办在线会议，内容涉及天才儿童的概况、分化和加速培养、能力分组、成绩提高、早期入学、友谊等问题。[14]

3. 新南威尔士大学的天才教育研究资源与信息中心

1997 年，为支持天才教育发展，澳大利亚政府在新南威尔士大学建立了天才教育研究资源与信息中心（Gifted Education Research Resource and Information Centre），主要提供天才教学与天才研究服务，在假日为天才儿童提供充实课程，为家长提供天才儿童咨询服务，举办天才儿童教育研讨会及开设教师工作坊等，成为较有影响力的国家级天才教育研究机构。[10]该中心对天才教育专家和教师的培养发挥着积极作用。

（二）天才教育机构的研究成果

一是选拔和培养了一批天才儿童。据澳大利亚天才教育协会统计，在全国的学校中，大约有 40 万天才儿童在接受特殊教育。据新南威尔士州教育部的统计，仅该州就有 17 所公立性质的天才中学和 24 所设有天才班的高中。[2]

二是打造了天才儿童教育师资队伍。澳大利亚最早的天才儿童教育教师专业化培养始于 1987 年。查尔斯特大学作为首个开设天才儿童教师教育专业的大学，为学生提供包含 8 门课程在内的研究生学位课程。[2] 澳大利亚的大学几乎都设有教师教育的专业课程，有 7% 的大学提供天才儿童教育的本科课程，在研究生阶段，有 26% 的大学提供天才儿童教育课程。其中，新英格兰大学、新南威尔士大学、福林德斯大学、查尔斯特大学、墨尔本大学和莫纳什大学设立了硕士或博士层次的天才儿童教育专业。在职教师过去只能通过三个假期的在校学习来获取天才教育计划证书，但到了 2009 年，天才教育研究资源与信息中心在此基础上，增加了远程教育与一个假期的在校学习相结合的方式供在职教师们选择。到目前为止已有数百名教师通过这种新的方式取得了此证书。[2] 自该中心成立以来，已有包括澳大利亚、新西兰、新加坡、瓦努阿图等国家和中国香港地区的近 2000 名教师获得了天才儿童教育计划的证书，已有超过 80 名教师获得了天才教育领域的研究生学位。

三是涌现大量研究成果。在澳大利亚联邦及其各州（领地）正式出台天才儿童教育政策之前，该国已有相关组织、研究机构和教育工作者做了大量调查研究，从心理学、教育学、社会学等多个角度，论证了天才儿童教育实施的必要性和可行性。在天才儿童教育政策实施后，教育工作者和科研工作者们对实施效果进行评估、分析和反思，得出了一系列总结报告，通过教育部等有关部门进行公布，并下发到各级各类教育部门。[2] 同时，在调查、分析、评估过程中涌现出的大量研究成果，也推动了天才儿童教育政策的改革与发展，并形成了良性循环。这些研究成果，除了各级教育部门所呈现的报告，还包括大量的科研著作，如惠顿（Whitton）和戴安娜（Diana）所著的《天才儿童教育策略》（*Educational Strategies for Gifted Children*）、埃迪·布拉格特（Eddie Braggett）的《小学区分性计划》(*Differentiated Programs for Primary Schools*)和《中学区分性计划》(*Differentiated Programs for Secondary Schools*)、路易斯·波特(Louise Porter)的《天才儿童》(*Gifted Young Children*)、南澳大利亚天才儿童协会的《家长们：培养天才儿童的挑战》(*For Parents: The Challenge of Raising a Gifted Child*)等。另外，研究天才教育的学者们在《国际教育杂志》(*International Education Journal*)、《国际天才教育》(*Gifted Education International*)、《澳大利亚教师教育杂志》(*Australian Journal of Teacher Education*)、《澳大利亚教育研究者》(*The Australian Educational Researcher*)等杂志上也发表了众多成果。

四是兼顾卓越和公平。澳大利亚天才教育经历了一系列演变过程：从追求平均到追求公正与卓越，从栽培少数精英到兼顾全民才能发展，从零碎充实到系统完整的教育。澳大利亚曾经一度对天才儿童教育存有顾虑，主要是因为将大量公共教育资源投入到极少数成绩拔尖的学生，片面追求天才儿童的智力发展，其价值指向与教育公平明显相悖。如今，随着社会的发展，全社会对公平和卓越有了更深刻的理解，公平(equity)并不等同于平等(equality)，教育公平包含着平等原则、差异原则和补偿原则[10]，人们已经能够以更加开放、包容的思想来认识天才教育，认为天才儿童教育也是一种公平，有天赋和才能的人也应拥有获得针对性教育的权利，国家应该为天才儿童提供适合其发展的教育。同时，为避免教育过程中的种族、性别歧视，保证所有天才儿童有同等机会接受天才教育，澳大利亚各州(领地)天才教育政策反复强调天才儿童教育的公平性。例如，昆士兰州教育与培训部强调使用多重标准甄别天才儿童，使学生不会因种族、文化或社会经济背景、身体残疾、家庭地理位置、性别等因素而在教育上处于不利地位。该州天才儿童政策提出，智力得不到正常开发的儿童、有天赋的残疾儿童以及不同文化背景的儿童，均应包含在天才儿童认证体系中。维多利亚州重点高中的录取依据是入学考试成绩，但会将部分名额分配给来自较低社会经济背景的儿童和原住民儿童等。[7]

五、澳大利亚天才儿童升入大学的途径

澳大利亚天才儿童无进入大学的特殊通道，但可提前入学和跳级。儿童需要参加统一的选拔考试，依据学业成绩进入大学。但是在加速制培养模式下，会存在提前入学和跳级情况。提前入学是指天才儿童通常较早地进入幼儿园，进而较早地入读小学、中学乃至大学，提前入学要求对儿童的心智（intellectual functioning）、学术水平（academic skill levels）和社会情绪的成熟程度（social-emotional maturity）进行全面评估，再由校长、家长或监护人、学校心理咨询师和授课教师等多方共同做出决定。跳级是指天才儿童通过参加一些加速培养项目，学习高年级或下阶段教学内容。[15]

例如，南澳州三所公立高中开发了“点燃项目”（Ignite Program）。其前身是 1997 年南澳州教育与儿童服务部设立的“高智商及有潜力学生计划”。经过考试和面试被录取的儿童第一年参加 8 年级的充实和加速课程，第二年便可跳过 9 年级而直接就读 10 年级。维州公立中学设有选择性入学的重点加速学习项目（Select Entry Accelerated Learning）。学校将 7—10 年级大部分科目的课程内容进行压缩、扩展和充实。参加该项目的儿童可在三年内完成 7—10 年级的学业，即提前一年完成学业。[7]

大学设置荣誉学士学位。荣誉哲学学士学位［Bachelor of Philosophy（Honours），PHB］是澳大利亚国立大学在本科阶段最高级别的以研究为重点的学位，提供给那些学习能力突出、能够在本科教育阶段就接受基本

科研训练的学生。申请 PHB 要求：一是入学成绩特别是数学、物理、化学等学科成绩必须很高，同时，中学时获得国家、州的各级学科竞赛奖项是很重要的一个参考；二是必须有两个推荐人，中学校长和老师的推荐非常重要，而且第一选择是澳大利亚国立大学，才能申请 PHB。学生如果能够取得 PHB，将可以直接攻读博士学位。[16]

总而言之，澳大利亚天才儿童的学习时间会因天赋突出有所缩短，但天才儿童在升学方面没有明确的特权。

参考文献：

［1］张亚星，江雪梅. 澳大利亚英才教育政策及其实施现状［J］. 教育科学研究，2015（7）：69–74.

［2］谢宜宸. 澳大利亚天才教育政策研究［D］. 福州：福建师范大学，2012.

［3］WA Government Department of Education. Gifted and talented in public schools policy［EB/OL］.（2010–07–27）［2022–12–19］. https://www.education.wa.edu.au/web/policies/-/gifted-and-talented-in-public-schools-policy?p_l_back_url = %2Fweb%2Fpolicies%2Fsearch%3Fq%3D2018-8-27Gifted%2Band%2BTalented%2Bin%2BPublic%2BSchools%2BPolicy.

［4］Tasmanian Government. Department for education，children and young people［EB/OL］.（2023–10–06）［2023–12–09］. https://www.decyp.tas.gov.au/learning/supporting-student-need/gifted-students/.

［5］State of Victoria.Aiming high: a strategy for gifted and talented children and young people 2014–2019［M］. Melbourne: Department of Education and Early Childhood Development, 2014.

［6］Queensland Government Department of Education and Training. P–12 curriculum, assessment and reporting framework［EB/OL］.（2022–02–04）［2023–12–09］. https://education.qld.gov.au/curriculums/Documents/p-12-curriculum-assessment-reporting-framework.pdf#search = Curriculum%20provision%20to%20gifted%20and%20talented%20students.

［7］姚林. 澳大利亚英才教育的历史、实践与经验［J］. 全球教育展望，2021（9）：80–91.

［8］Tasmanian Government Department of Education. Extended learning for gifted students procedure [EB/OL]. (2022-03-09) [2022-12-19]. https://publicdocumentcentre.education.tas.gov.au/library/Document%20 Centre/Extended-Learning-for-Gifted-Students-Procedure.pdf.

[9] New South Wales Department of Education. Opportunity classes available in NSW [EB/OL]. (2022-02-21) [2022-12-19]. https://education.nsw.gov.au/public-schools/selective-high-schools-and-opportunity-classes/year-5/what-are-opportunity-classes/list-of-opportunity-classes.

[10] 高莉，褚宏启，王佳. 卓越与公平：澳大利亚英才教育发展 [J]. 比较教育研究，2012，34 (12)：44-48.

[11] Fraser-Seeto K. Pre-service teacher training in gifted and talented education: an Australian perspective [J]. Journal of Student Engagement: Education matters, 2013, 3 (1): 29–38.

[12] Hudson P, Hudson S, Lewis K, et al. Embedding gifted education in preservice teacher education: a collaborative school - university approach [J]. Australasian Journal of Gifted Education, 2010, 19 (2): 5-15.

[13] 蒋洁蕾，王晶晶. 澳大利亚童年早期英才儿童鉴定工具评析 [J]. 外国中小学教育，2018 (9)：22-29 + 14.

[14] Tasmanian Government. Department for education, children and young people: school associations in Tasmanian governmentschools [EB/OL]. (2008-05-14) [2023-12-09]. https://www.decyp.tas.gov.au/?s = Tasmanian + association + of + the + gifted.

[15] Tasmanian Government. Department of Education. Acceleration of gifted students procedure [EB/OL]. (2022-03-09) [2023-03-09]. https://publicdocumentcentre.education.tas.gov.au/library/Document%20Centre/Acceleration-of-Gifted-Students-Procedures.pdf.

[16] 周慧霞. 澳大利亚 PHB 与我国拔尖人才培养比较——以澳大利亚国立大学与南京大学为例 [J]. 黑龙江高教研究，2014 (5)：71-74.

第二十章
南非天才儿童教育研究

天才儿童教育关乎国家和世界未来的发展，是推动现代经济所需的关键人力资本的重要来源，在全球范围内都备受关注。作为一个多元文化的国家，南非在历史上曾经历过不平等的种族隔离政策，在废除种族隔离政策之后，南非的教育重点是建立包容性的教育系统，因而在意识到对有天赋的学生提供优质教育的重要性之后，南非天才儿童教育被顺势纳入主流教育体系之中。虽然总体上取得了一定的成就，但南非天才儿童教育的现状依然不容乐观。

一、南非对天才儿童教育的定义及发展历史

南非将天才儿童称为“有天赋的儿童”（gifted children）、“有才能的儿童”（gifted and talented children）、“有天赋的学生”（gifted learners）等，对“天赋”的理解包括：天赋是一个变量，存在于所有人身上；天赋通常表现在某一特定领域；天赋是一种可以培养的潜力；天赋是相对的而不是绝对的。南非对于天才儿童的理解经历了从单维智力向多元智能的转变。在20世纪七八十年代，天才儿童一般被定义为智力排名前20%的儿童。随着对天才儿童的理解不断深入，学者们意识到定义天才儿童不能只依赖智力测验，而应该考虑到个体在不同领域的表现和才能。例如，南非

教育心理学家兼全国天才儿童协会主席科克特（Kokot）教授将天才儿童定义为在一个或多个领域中具有卓越成就潜力的儿童，这些天赋和能力可能表现在不同的领域，如语言、数学、音乐、体育、艺术等。[1] 综合来看，南非天才儿童教育强调在发掘和培养天才儿童时，需要关注其多元智能的表现，而非单一的智力水平。

南非是撒哈拉以南最早关注天才儿童教育的国家之一，最早可以追溯至20世纪20年代。但受政治因素影响，南非天才儿童教育的发展并不顺利，直到20世纪80年代才真正得到官方认可。1980年10月1日，尼思林（Neethling）被任命为南非首位天才儿童教育规划师，这是第一个为天才儿童教育而设立的全职职位，标志着天才教育被正式纳入教育总框架中。[2] 当时南非的高等教育机构开设了一些天才儿童项目和课程，以支持有天赋和才华的学生。鉴于种族隔离政策的影响，当时政府关注的重点主要是白人天才儿童，直到1988年才为黑人天才儿童建立了一所特殊学校。1994年南非实行民主化后，废除了种族隔离制度，同时实施了一系列政策和措施，以促进教育机会平等，最重要的一点便是将包容性教育视为旨在“重新思考种族、阶级、残疾和性别问题以及改变不平等的社会结构”的方法。[3] 天才儿童作为一类特殊的学习者在固有观念中经常被视为“精英群体”，属于白人群体，因此政府关闭了专门为天才儿童设立的学校，将天才儿童融入主流学校环境，推行全纳教育。南非的全纳教育模式是对联合国教科文组织《萨拉曼卡特殊教育声明及行动框架》（*The Salamanca Statement and Framework for Action on Special Needs Education*）精神的回应[4]，即将融合的重点转移到主流学校和课堂中。伴随隔离制度的废除，南非对于天才儿童的理解由最初的关注种族转向关注儿童能力本身。

二、南非天才儿童教育的保障机制

南非政府将天才儿童教育纳入全纳教育体系，并制定了一系列相关的政策法规，以保证有天赋和才华的学生得到相应的资源支持。

（一）制定教育法规

虽然南非没有专门为天才儿童培养制定法律，但是在现有法律中确实关注到天才儿童的培养和发展，鼓励政府部门为天才儿童提供更多支持和资源，提高天才儿童的教育水平。1996年通过的《南非宪法》（*Constitution of the Republic of South Africa*）中明确规定，禁止任何形式的歧视，并确保每个人都有平等的机会接受教育和发展自己的才华。同年通过的《南非教育法》（*South African Schools Act*）规定，南非政府应该采取措施确保有才华的学生能够充分发挥他们的潜力，并获得适当的教育和培训，学校要制订个性化的教育方案，以满足每个学生的不同需求。此外，该法案还规定了为天才儿童提供奖学金和其他形式的支持政策和计划，并强调天才儿童的培养是南非教育的一个重要方面，应该得到政府和社会的广泛支持和重视。

（二）政策适度引导

1995年，南非教育部发布《南非教育白皮书》（*The White Paper on Education and Training*），提出南非教育体制应该坚持“适应学习者的需要”“教育机会平等”“发展多元化的能力”等原则[5]，同时注重学生天赋的发展并尊重每个学生的个性差异。白皮书的提出为南非天才儿童教育提供了更好的制度保障。2001年的《教育白皮书之六：特殊需求教育——构建一种全纳的教育与培训体制》（*Education White Paper 6:*

Building an Inclusive Education and Training System）强调了个性化学习的重要性，包括为天才儿童提供更具挑战性的学习机会。同时建议在学校中创造多样化的学习环境，以支持不同学习风格和能力水平的学生，为有天赋的儿童提供更多支持和资源，如课程、导师计划、进一步的培训和发展机会等，[6]以实现天才儿童的最大潜力。

在具体实施方面，南非教育部在2001年发布了《数学、科学和技术教育国家战略》（*National Strategy for Mathematics, Sciences and Technology Education*），并将其定为长期战略。该战略的愿景非常明确，即在100所专门学校中识别和培养数学领域的“卓越”潜力学习者。南非教育部长也在会议中承认政府需要为这些具有天赋的学生提供更多的学习机会。[7]2008年南非教育部启动“优质学习和教学运动”（Quality Learning and Teaching Campaign），旨在提升所有学生的学习质量和教师的教学质量，提高南非的整体教育水平。[8]《2014年筛查、识别、评估和支持政策》（*Policy on Screening, Identification, Assessment and Support 2014*）中虽没有直接提及天才儿童，但该政策的重点是确保所有学生都能够获得适当的支持和帮助，以充分发挥他们的潜力，其中涉及早期发现学生的学习困难并为他们提供早期干预和支持等问题。筛选、识别的过程同样适用于天才儿童，因为他们同样需要特别的支持，以便能够在学术和其他领域继续发展和成长。此外，该政策文件还着重于教师的培训和发展，有利于为教师提供更好的工具和技能，以便识别和支持天才儿童的需求。[9]

（三）支持教师专业建设

南非教育部并未设立专门的天才儿童教师培养计划，但通过多种方式培训和支持教师的发展，以提高南非学校的总体教学质量。其一，南非教育部通过专业发展计划为教师提供各种专业发展机会，包括研讨会、研究项目和跨学科项目等，帮助教师提高自己的教学技能和知识水平。其二，为教师提供定期的培训工作坊，这些工作坊涵盖了许多主题，如科学、数学、语言等。其三，提供一系列的教学资源，包括教学大纲、练习册、评估工具等，帮助教师为学生提供更好的学习体验。其四，通过各种社区和网络平台为教师提供支持和资源，如在线课程、博客、讨论板和社交媒体等，为教师的教学提供最佳实践案例和问题解决方案。

值得一提的是，在教师培养方面，部分大学还开设了与天才儿童教育相关的选修课程，对于天才儿童教师的培养起到一定的积极作用。比如威特沃特斯兰德大学（University of the Witwatersrand）的教育学院面向本科师范生开设了一门“多元化天才学习者教育”（Education for Diverse Gifted Learners）的选修课，课程内容包括鉴定文化多元的天才儿童、对不同种族和文化多元化群体的天才儿童开展哲学和心理学方面的指导、为师范生们提供适用于南非背景的天才儿童教育基础知识。[10] 在这门选修课的基础上，威特沃特斯兰德大学教育学院的院长奥斯曼（Osman）教授和另外一位教授斯科特（Scott）共同创立了国际天才教育教师发展网络（International Gifted Education Teacher Development Network），旨在提供天才儿童教育研究和实践领域相关的专业知识，重点是让任课教师能够识别和培养具有多元文化天赋的天才儿童，并将家长、教师和研究人员联系起来，为所有参与天才儿童教育的人提供一个理想的平台，不仅为南非的天才儿童教师服务，也为世界上其他国家的教育工作者提供服务。在教师发展方面，国际天才教育教师发展网络提供了不同级别的培训和研讨活动。比如第 1 级培训是向教师们介绍天才儿童教育的发展历史和当前的实践情况，特别关注来自少数民族和劣势背景的天才儿童；第 2 级是分析天才儿童的主要特征，培训教师如何通过观察工具识别天才儿童；第 3 级是研究课堂差异化和多样化的教学策略；第 4 级侧重于专门为天才儿童设计丰富的课外活动方案。[11]

三、南非天才儿童的选拔培养体系

（一）选拔方式多样化

由于天赋和才华的范围很广，涵盖了许多不同的领域和能力，因此在具体实践中，一些学校和教育机构会使用多种测试和评估工具来确定学生是否有天赋和才华。评估和选拔天才儿童的过程是全面的、多元的，包括但不限于学术成绩、学科兴趣、才艺特长、创造力、领导能力、团队合作精神、独立思考能力等。

南非选拔天才儿童的评估和测试工具主要包括以下几种。一是智力测试，旨在评估学生的智力水平，包括认知能力、分析能力、空间能力等，通常包括标准化测试，例如韦氏儿童智力量表和瑞文渐进矩阵测试。二是学科测试，即评估学生在某个学科中的表现。南非的学科测试包括南非国家高级证书考试（National Senior Certificate）和其他学科测试，如南非数学和科学奥林匹克竞赛（South African Mathematics and Science Olympiad）。三是创造力测试，评估学生的创造性能力。创造力测试包括标准化测试，例如托兰斯创新思维测试（Torrance Tests of Creative Thinking）。四是兴趣调查，即对学生的兴趣和爱好进行评估，包括《南非职业兴趣调查表》（South African Career Interest Inventory）和其他在线调查问卷。五是综合评价，即通过多种评估和测试工具了解学生的整体天赋和才华，包括学术表现、创造性能力、兴趣和爱好等综合因素。六是推荐和评价。教育工作者、家长和其他社会人士可以向南非教育部门提供学生的推荐信和相关评价，帮助评估学生在学校中的表现和潜力。教师推荐通常要求教师描述学生在学术、创造性、领导力和人际交往等方面的表现。

在评估和选拔过程中，南非教育部强调公正、客观、透明、多元的原则，保障所有学生的平等权利，并将选拔过程中发现的学生个人情况和发展需求与家长和学校进行沟通与协商，制订个性化的培养计划。

（二）培养方式差异化

南非天才儿童的培养体系是一个全方位、综合性的体系，注重学术、领导力和创新能力的培养，同时为学生提供比较全面的支持和鼓励，以帮助他们实现个人潜力的最大化。南非主流公立学校一般不会专门开设天才儿童班，课程也不包括针对天才儿童的特殊课程，而是采取不同程度的课程差异化或个性化教学的方式，尽可能满足学生的个性化需求和学习差异。课程差异化是满足天才儿童学习者需求的一个关键策略，它涉及修改、适应、扩展和改变教学模式、教学策略、评估策略的过程，[12]具体包括以下几点。

一是课程内容差异化，为学习者提供一系列的分级材料。在普通班级的课堂上，天才儿童往往需要更高级别或更复杂的内容。例如，对于阅读能力出色的儿童，教师会给他们提供新的、多样的材料，设置相对复杂和抽象的问题以防止他们感到厌烦。

二是教学过程差异化。在安排课堂任务时，教师会根据学习者的不同水平将他们分成不同的小组，以布鲁姆六级分类法或其他分类法为指导，为不同能力的学习者设置不同的任务，使能力更强的学习者能够分配到具有挑战性的任务。例如，让小学 3 年级的学生研究学校所在路口的交通系统时，一般水平的学生被要求以表格的形式系统记录在一个小时内通过的不同车辆的数量，而水平较高的学生则被要求将他们的发现写成报告，并研究其对解决路口交通超载问题的启示。

三是评估结果差异化。评估和教学是一个循环，可以相互促进。差异化的评估将使不同能力和不同经验的学习者能够最好地展示他们的知识。例如，一个学生解决数学问题的能力相当强，但是他心算的能力很弱。经过思考观察，教师在评估问题解决能力时，排除了使用心算的要求，允许他使用计算器，从而更好地展示其良好的解决问题能力。

四是学习环境差异化。无论何种水平的学生，都需要拥有一个支持性的学习环境，这意味着教师需要调整学习者的座位安排，包括纳入各种类型的家具，确保课堂上有一些空间让能力强的学生单独或分组安静地工作，不受干扰。[13]

同时，南非还有一些私立学校注重采用创新和个性化的教学方法，扩展学习内容，以满足学生的不同需求和兴趣。虽然这些课程不是专门为天才儿童设定的，但是因其支持学生的特殊需求而同样适用于在这些学校就读的天才儿童。例如，桥楼学校（Bridge House School）会为学生定制课程和不同的作业以激发学生的兴趣、能力和个性；红山学校（Redhill School）会为学生提供各种扩展课程，包括辩论、演讲、机器人、编程、3D 打印等；岭顶学校（Ridge School）会为学生定制不同的学习方式，提供多元化的教育、文化、体育和艺术活动，确保每位学生得到其需要的学业和情感支持。

此外，南非也有少量专门为天才儿童开设的特殊学校，位于约翰内斯堡的拉德福德之家（Radford House）就是代表性学校之一。其宗旨是为在普通学校无法得到充分挑战的天才儿童提供针对性的教育，以帮助他们充分发展自己的潜力。该校成立于 1995 年 9 月，至今已有 29 年的历史，提供从幼儿园到整个中学阶段的教育。学校注重以儿童为中心的教学方式，保持小班教学（教师与学生比例最高为 1∶16，平均为 1∶12），强调个性化教育，鼓励学生在全面的学科和非学科领域中探索和发展自己的潜力，注重创造性思维和批判性思维的培养。学校在提供各种文化和体育活动的同时，还通过各种选修科目和“充实日”（enrichment day）来扩展学生的认知和实践领域。“充实日”每学期举办一次，其形式是教师介绍各种主题或科目的信息，或者是开展有教育价值的外出活动，主题多种多样，让学生们有机会学习没有接触过的知识。

（三）升学途径多元化

南非天才儿童有多种升学途径，取决于他们所选择的天赋课程、学校和学校的招生政策。首先，一些天才儿童可能会选择在完成中学学业后继续在大学攻读学士学位，这些学位可能涉及他们特定的天赋领域，如数学、科学、音乐等。但南非的大学一般不会专门针对天才儿童进行招生。一般来说，学生都需要通过南非国家高级证书考试并取得一定的分数才能申请大学。此外，多数大学还会要求学生通过特定的入学考试来证明他们的学术能力和适应能力。比如申请开普敦大学（University of Cape Town）、斯泰伦博斯大学（Stellenbosch University）的学生还需要参加国家基准测试（National Benchmark Test），主要包括学术素养和定量能力测试（Academic Literacy and Quantitative Literacy Test）及数学能力测试（Mathematics Test），分数必须达到该校的入学要求。天才儿童可能会因其出色的学术表现而受到大学的关注，在录取决策中具有一定的优势，更有机会获得高校提供的入学奖学金（Entrance Scholarship）。

除了学业成绩和入学考试，南非的天才儿童还可以通过大学的特殊招生进入大学，主要依据是学生的学科成绩、运动、音乐、艺术等特长。以约翰内斯堡大学（University of Johannesburg）为例，该校设有“杰出成就者奖励计划”（Top Achievers Rewards Programme），旨在为优秀学生提供特别支持，专门为11、12年级的优秀学生设置了橙色地毯奖励计划（Orange Carpet Rewards Programme），只要学生在 11 和 12 年级的学科成绩符合要求，就可以提前在约翰内斯堡大学获得入学名额。此外，在运动方面达到省级或更高水平的天才儿童有资格获得该校的体育奖学金。[14]

天才学生也可以参加国际考试和课程，如国际文凭课程和剑桥国际考试，以帮助他们进入国外的顶尖大学。如在英国国际学院（British International Colleges）就读的学生学术能力普遍较强，不愿意参加南非大学入学考试的学生可以选择相应的英国高中课程，为未来职业发展做更多的准备。学生高中毕业后可以直接申请剑桥大学、牛津大学、伦敦政治经济学院、伦敦帝国理工学院以及美国的常春藤盟校，也可以选择进入南非当地的大学。

此外，南非还有一些非学术性的升学途径，例如天才儿童可能选择进入专业的体育、艺术或表演领域。南非也有一些专业机构和组织，如南非数学基金会（South African Mathematics Foundation）、南非计算机奥林匹克基金会（South African Computer Olympiad Trust）、体育信托基金会（Sports Trust）、艺术与文化信托基金（Arts and Culture Trust）等，可以为天才儿童提供培训和支持，帮助他们实现自己的职业梦想。无论天才儿童选择哪种升学途径，他们均有机会从南非的各种机构和资源中获得支持和帮助。

四、南非天才儿童教育的困境和挑战

南非的天才儿童教育经历了多年的发展和改进，现在拥有一系列比较完善的选拔、培养和支持体系，为天才儿童成长提供了良好机会。国内也成立了一些天才儿童教育相关的研究机构，如南非天才儿童协会

（National Association for Gifted and Talented Children in South Africa）、约翰内斯堡大学的天才儿童教育中心（Centre for Gifted Education）、开普敦大学的天才儿童研究所（Gifted Child Research and Resource Centre）等。但从培养结果上看，南非天才儿童的教育水平并不十分理想。自1999年以来，南非学生一直参加国际数学和科学趋势研究（Trends in International Mathematics and Science Study）这项国际性评估，但表现欠佳，这引起了人们对天才儿童教育质量的质疑。[15] 由于天才儿童教育的复杂性和挑战性，南非仍需要不断探索和创新，克服目前的困境。

第一，教育政策执行困难。南非作为一个发展中国家，教育资源相对不足，教育质量不高，因此天才儿童教育的实际效果也受到影响，尽管全纳教育政策倡议旨在确保所有人获得优质教育，但实际上很多天才儿童没有得到应有的关注和支持。由于持续强调融合，南非的天才学生们表示自己在“包容性”的教室里被忽视了，如教室里过于拥挤，教师在课堂中没有提供特别的空间来帮助他们充分发挥自己的潜力，这使得天才学习者在这种教育环境中得到很少的关注。[16] 事实上，全纳教育系统并没有为天才儿童学生提供足够的服务。

第二，教师培训不足，对于天才儿童的教育针对性不强。教师在天才儿童教育中至关重要，在了解天才儿童特殊学习需要方面，职前和在职的教师培训同样重要。虽然南非教育部提供了一些与教师教育相关的培训和发展计划，以提高师资水平和教学能力，帮助他们更好地满足学生们的需求，但目前并没有专门的天才儿童教师培养计划，南非很多教师没有接受过专业的天才儿童教育培训，缺乏管理差异化活动所需要的知识和技能，无法为天才儿童学生提供专业的指导和支持，部分教师甚至在区分和挑选教学材料方面还存在困难，无法保证课程的灵活性和教学的科学进度。教师培训不足也使许多教师无法识别天才儿童的特殊才能。

第三，缺乏对天才儿童心理问题的关注。聪明或有天赋的儿童往往高度敏感，有些天才儿童在学习上表现突出，但在情感和社交方面存在问题。这些问题不仅影响他们的学习，也会影响他们的成长和发展。南非是一个多元文化的国家，学生们具有不同的文化背景，教师只有在了解学生的文化和家庭背景的条件之下，才能照顾到天才儿童的情感需要。科克特教授表示，天赋经常被误诊或忽视，因为其特征与多动症相似，这些“症状”可能是由于在教育环境中受到的刺激不足或被误解造成的。[17]在缺乏内在动机和挑战等情况下，高天赋学生还可能遭遇焦虑等心理问题。[18]因此，南非天才儿童教育需要更多关注天才儿童的情感需求和心理问题。

第四，学校之间差异巨大，天才儿童受教育的机会极不均衡。南非是拥有世界上最不平等的学校系统的国家之一，[19]天才儿童教育主要集中在一些富裕地区和大城市中的私立学校，很多偏远地区和贫困地区的天才儿童得不到充分的支持和培养机会。大多数学生就读的公立学校基础设施薄弱，在公立学校就读的天才儿童处境极其恶劣，甚至连基本的安全和健康问题都难以保障，这和一些条件优越的私立学校形成了鲜明的对比。同时，公立学校师资力量薄弱，教师数量不足，特别是在偏远和贫困地区更加明显，这也是影响天才儿童教育质量的制约因素之一。

参考文献:

[1] Oswald M, Rabie E. Rethinking gifted education in South Africa: the voices of gifted grade 11 students [J]. Gifted Education International, 2017, 33 (3): 273–285.

[2] Neethling J S. Historical overview of gifted education in South Africa from about 1918 [J]. Gifted International, 1985, 3 (1): 51–64.

[3] Westhuizen C. Undervalued and under-served: the gifted disadvantaged [J]. Gifted Education International, 2007, 23 (2): 138–148.

[4] UNESCO. The Salamanca Statement and Framework for Action on Special Needs Education [EB/OL]. (1994) [2023–02–10]. https://unesdoc.unesco.org/ark:/48223/pf0000098427Salamanca:World Conforence on Special Quality, 1994.

[5] Department of Education. The White Paper on education and training [EB/OL]. (1995) [2023–02–10]. https://www.education.gov.za/Portals/0/Documents/Legislation/White%20paper/White%20paper%20on%20Education%20and%20Training%201995.pdf?ver = 2008–03–05–111656–000.

[6] Department of Education. Education White Paper 6: building an inclusive education and training system [EB/OL]. (2001–07) [2023–02–10]. https://www.education.gov.za/Portals/0/Documents/Legislation/White%20paper/Education%20%20White%20Paper%206.pdf?ver = 2008-03-05-104651-000.

[7] Department of Basic Education. National strategy for mathematics, science and technology MST education in GET&FET (2019–2030) [EB/OL]. (2018–08–06) [2023–02–10]. http://www.nstf.org.za/wp–content/

uploads/2018/07/2-AUGUST-NSTF-STEM-EDUCATION-FORUM.MsKhembopptx.pdf.

[8] Department of Basic Education. A Gudice for QLTC structures [EB/OL]. (2008) [2023-02-10]. https://www.education.gov.za/Portals/0/Documents/Publications/Guide%20for%20QLTC%20Structures%20English.pdf?ver = 2013-07-09-070054-000.

[9] Department of Basic Education. Policy on Screening, Identification, Assessment and Support 2014 [EB/OL]. (2014) [2023-02-10]. https://wcedonline.westerncape.gov.za/Specialised-ed/documents/SIAS-2014.pdf.

[10] Scott J M, Davis J L, Osman R. Bringing best practices in gifted education for culturally diverse learners to developing countries: beginning with South Africa [J]. The International Journal of Learning, 2009, 15 (12): 105–110.

[11] International Gifted Education Teacher-Development Network.Teacher Development [EB/OL]. (2001–07) [2023-02-10]. https://www.iget-network.org/programs/teacher-development/.

[12] Department of Basic Education. Government briefing series-guidelines for responding to learner diversity in the classroom [EB/OL]. (2016) [2023-02-10]. https://www.education.gov.za/Portals/0/Documents/Publications/GUIDELINES%20FOR%20RESPONDING%20TO%20LEARNER%20DIVERSITY%20%20THROUGH%20CAPS%20(FINAL).pdf?ver = 2016–02–24–110910–340.

[13] Department of Basic Education. Government briefing series-differentiated teaching draft [EB/OL]. (2018) [2023-02-10]. https://www.education.gov.za/Portals/0/Documents/Publications/NEEDU%20POLICY%20BRIEF%20SERIES/Policy%20Brief%206-Differentiated%20teaching%20draft%20.pdf?ver = 2018–07–02–103214–960.

[14] University of Johannesburg. Orange Carpet Programme 2023 [EB/OL]. (2022) [2023-02-10]. https://www.uj.ac.za/wp-content/uploads/2021/

09/uj_orangecarpet2023_brochure_fordigitalbook.pdf.

[15] Milne A, Mhlolo M. Lessons for South Africa from Singapore's gifted education–a comparative study [J]. South African Journal of Education, 2021, 41 (1): 1–8.

[16] Oswald M, Rabie E. Rethinking gifted education in South Africa: the voices of gifted grade 11 students [J]. Gifted Education International, 2017, 33 (3): 273–285.

[17] Zietsman M. Guidance for parents of intellectually gifted children [EB/OL]. (2020–03–19) [2023–02–10]. https://www.childmag.co.za/guidance-for-parents-of-intellectually-gifted-children/.

[18] 秦琳，张永军，康建朝. 让高天赋学生获得适宜的教育——国际天才教育前沿研究、政策与实践启示 [J]. 人民教育，2022 (10)：61–65.

[19] Amnesty International. Broken and unequal: the state of education in South Africa [EB/OL]. (2020–02–11) [2023–02–23]. https://amnesty.org.za/wp–content/uploads/2020/02/FINALBrokenAndUnequal_FULLREPORTredu_compressed.pdf.